스마트팜을 위한
오픈소스 컴퓨터 프로그램

저자 **조영열**

머리말

저자 **조영열**

　　　　　　　농업과 공학의 융합은 이해하기 어려운 학문입니다. 농업 전공자나 공학 전공자들은 자신의 전공 분야 이외의 학문에서 필요한 부분을 찾아내어 전공에 융합시키는 것은 어려운 일이라고 생각합니다. 농학 전문가가 되기 위해서는 많은 시간과 노력이 필요하며, 공학 전문가도 마찬가지입니다. 그러나 현대의 세상에서는 프로그램 개발이 간편해져서 비전공자도 손쉽게 접근할 수 있는 다양한 프로그램들이 많이 등장하고 있습니다. 이러한 프로그램들은 공학적인 접근을 하는 데 큰 도움을 주고 있습니다. 그러므로 사용자 친화적인 프로그램들을 소개하는 것이 중요하며, 이러한 프로그램들이 서로 연관성을 가지고 있다는 사실을 알려줘야 합니다.

본 책은 간단한 프로그램을 활용하여 다양한 프로그램들을 만들 수 있으며, 이러한 프로그램들 간에는 연결고리가 있다는 사실을 명확히 보여줍니다. 예를 들어, 온도와 상대습도를 측정하기 위해서는 센서와 계측기가 필요합니다. 환경 센서와 계측기를 사용하면 환경을 정확하게 측정할 수 있습니다. 그러나 센서와 계측기에서 나온 신호를 컴퓨터나 핸드폰에서 확인할 수 있는 프로그램이 있다면 훨씬 편리하게 사용할 수 있습니다. 또한 컴퓨터나 핸드폰을 활용하여 환경 계측 수치를 이용해 온도나 상대습도를 제어할 수 있다면 더욱 효과적일 것입니다. 이러한 기능을 인공지능을 활용하여 자동 판단 및 제어가 가능하다면 더욱 효율적일 것으로 기대됩니다.

이 책은 모든 프로그램들을 하나의 통합된 프로그램으로 개발할 수 있는 가능성을 제시하며, 스마트 원예에 관심 있는 사람들에게 큰 도움이 될 것입니다.

2023년 10월

목 차

01　온도와 상대습도 측정

1. Arduino　8
2. Node-red　13
3. mBlock　22

02　온도와 상대습도 응용

1. Arduino　26
2. Node-red　29

03　블루투스 Bluetooth 통신을 이용한 온도와 상대습도 측정

1. Arduino　38
2. App Inventor　43

04　블루투스 Bluetooth 통신을 이용한 온도와 상대습도 제어

1. Arduino　48
2. App Inventor　55

05　측정값 안정화 필터링

1. Arduino　60

06　지그비 ZigBee 통신을 이용한 온도와 상대습도 측정

1. Arduino　70

07　이더넷 Ethernet 통신을 이용한 온도와 상대습도 측정

1. Arduino　78
2. App Inventor　84

08　와이파이 WiFi 통신을 이용한 온도와 상대습도 측정

1. Arduino　88
2. App Inventor　95

09　와이파이 ESP8266 통신을 이용한 온도와 상대습도 측정

1. Arduino　100
2. App Inventor　106

10　와이파이 ESP8266 통신을 이용한 환경 제어

1. Arduino　110
2. App Inventor　115

11 블루투스 통신을 이용한 온도와 상대습도 측정, 제어 및 저장

1. Arduino — 118

16 화상 관찰하기

1. Arduino — 188
2. Node-red — 195

12 로라 LoRa 통신을 이용한 수분센서, 온도와 상대습도 측정 및 제어

1. Arduino — 130
2. Node-red — 142
3. Machine learning for Kids — 147

17 화상 인식으로 아두이노 제어하기

1. Arduino — 202
2. Node-red — 204

13 온도 센서를 이용한 습공기 성질 파악하기

1. Arduino — 154

18 스마트팜 만들기

1. Arduino — 208
2. Node-red — 215

14 피드백 Feedback 제어하기

1. Arduino — 168

19 mBlock 엠블럭

1. 사용방법 — 234
2. 온습도 센서 — 238
3. 온습도 센서와 LCD — 240
4. 수분센서, LCD와 릴레이 — 243
5. 릴레이와 블루투스 — 246
6. LCD, 릴레이와 리얼타임 — 248
7. LCD, 릴레이, 온습도와 수분 센서 — 250
8. 네오픽셀 — 253
9. 먼지 센서 — 256
10. 인공지능 — 259

15 PID 제어하기

1. Arduino — 180

온도와 상대습도 측정

OPEN SOURCE COMPUTER PROGRAM
for SMART FARM

Arduino + **Node-red** + **mBlock**
아두이노   노드레드   엠블럭

01

Arduino
아두이노

❶ 개요
시설 내부 또는 외부를 대상으로 아두이노와 온습도 센서를 이용해서 온도와 상대습도를 측정하고자 합니다.

❷ 필요한 부품
실습에 필요한 부품 목록입니다(단, 점퍼 케이블은 변동 수량).

NO	부품명	사진	수량
1	아두이노 우노		1
2	온습도 센서 (DHT22/AM2302)		1
3	점퍼 케이블 (Male to Male) (Female to Male)		5 3
4	브레드보드		1

3 연결하기

온습도 센서와 아두이노의 연결 방법입니다.

아두이노와 브레드보드를 연결합니다.
빨간색 선은 5V, 검은색 선은 GND.

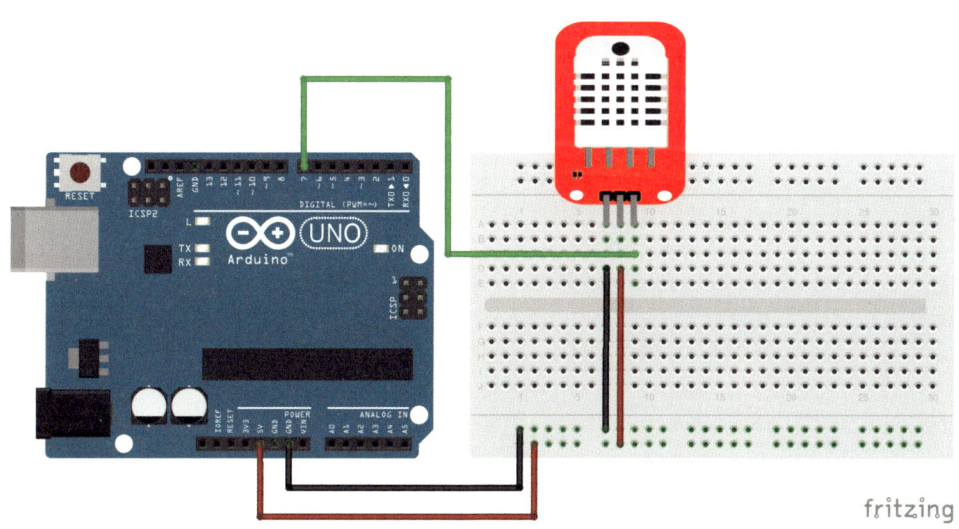

온습도 센서의 빨간색 선은 5V,
검은색 선은 GND,
연두색 선은 아두이노보드 D7에 연결합니다.

❹ 완성된 모습

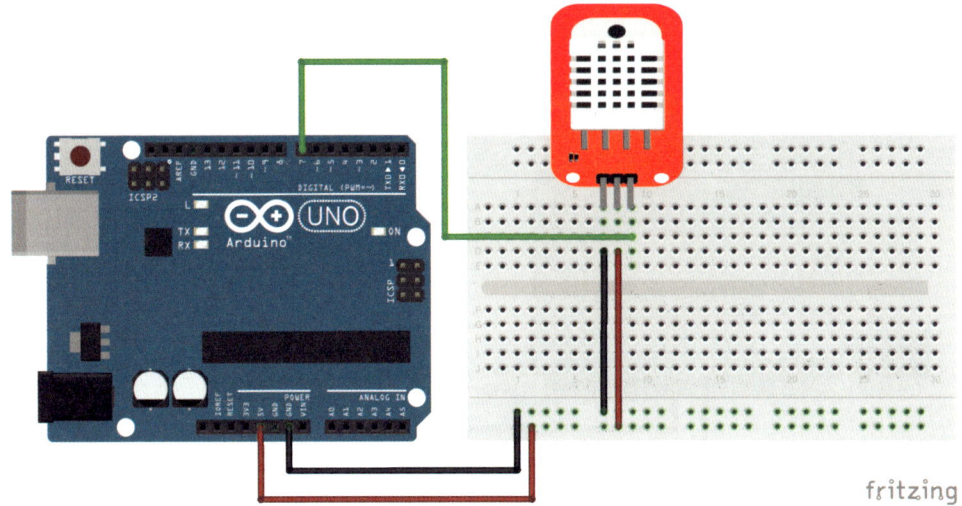

5 소프트웨어 코딩

아두이노 프로그램을 이용해 코딩한 예제입니다.

```
#include <dht.h>                          //dht.zip 라이브러리를 설치
#define DHT22_PIN 7                       //D7 연결

dht DHT;

float temperature ;
float humidity ;

void setup()
{
  Serial.begin(9600);                     //시리얼모니터 출력
  delay(300);
}

void loop()
{
  float chk = DHT.read22(DHT22_PIN);

  temperature = DHT.temperature;          //온도
  humidity = DHT.humidity;                //상대습도

  Serial.print(temperature, 1);           //소숫점 1자리만 출력
  Serial.println(" C");                   //다음 단락

  Serial.print(humidity, 1);              //소숫점 1자리만 출력
  Serial.println(" %");                   //다음 단락

  delay(1000);                            //1초마다 반복 실행
}
```

6 테스트 결과

온습도를 측정하기 위해 테스트한 결과로 시리얼모니터에 온도와 상대습도가 출력하는 화면입니다.

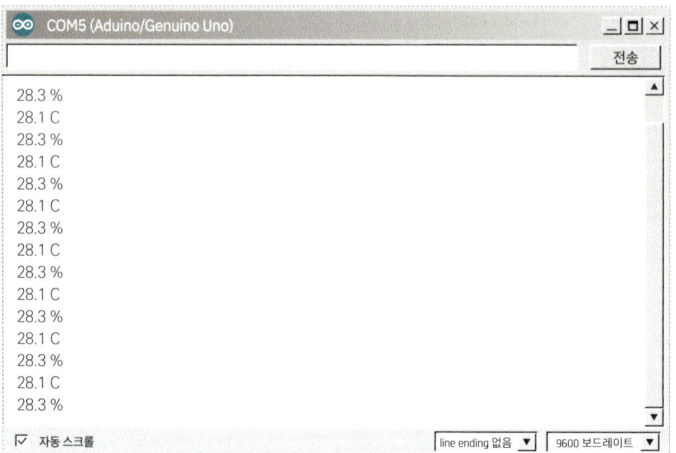

주의사항 및 참고사항	아두이노 소프트웨어 코딩 시 센서에 맞는 라이브러리를 꼭 설치해야 합니다. 참고로 다음 링크를 다운로드 받을 수 있습니다. https://github.com/choyoungyeol/Arduino/blob/main/dht.zip

Node-red
노드레드

1 개요
시설 내부 또는 시설 외부의 온도와 상대습도를 측정하고자 합니다.

2 아두이노 소프트웨어 코딩(콤마)
아두이노 프로그램을 이용해 코딩한 예제입니다. 콤마(,)로 분리하는 방법을 알아봅시다.

```
#include <dht.h>              //dht.zip 라이브러리를 설치
#define DHT22_PIN 7           //D7 연결

dht DHT;

float temperature ;
float humidity ;

void setup()
{
  Serial.begin(9600);         //시리얼모니터 출력
}

void loop()
{
  float chk = DHT.read22(DHT22_PIN);

  temperature = DHT.temperature;    //온도
  humidity = DHT.humidity;          //상대습도

  Serial.print(temperature, 1);     //소숫점 1자리만 출력
  Serial.print(", ");
  Serial.println(humidity, 1);      //소숫점 1자리만 출력
  delay(1000);                      //1초마다 반복 실행
}
```

❸ 아두이노 소프트웨어 코딩(JSON)

아두이노 프로그램을 이용해 코딩한 예제입니다. JSON으로 하는 방법을 알아봅시다.

```
#include <dht.h>
#define DHT11_PIN 12

dht DHT;

void setup() {
  Serial.begin(9600);
}

void loop() {
  float chk = DHT.read11(DHT11_PIN);
  Serial.print("{\"temp\":");
  Serial.print(DHT.temperature);
  Serial.print(",\"humidity\":");
  Serial.print(DHT.humidity);
  Serial.println("}");
  delay(5000);
}
```

❹ Node-red 대쉬보드(dashboard)

문자열 데이터를 Temperature와 Humidity 함수를 통해 각각 온도와 습도로 분류합니다.

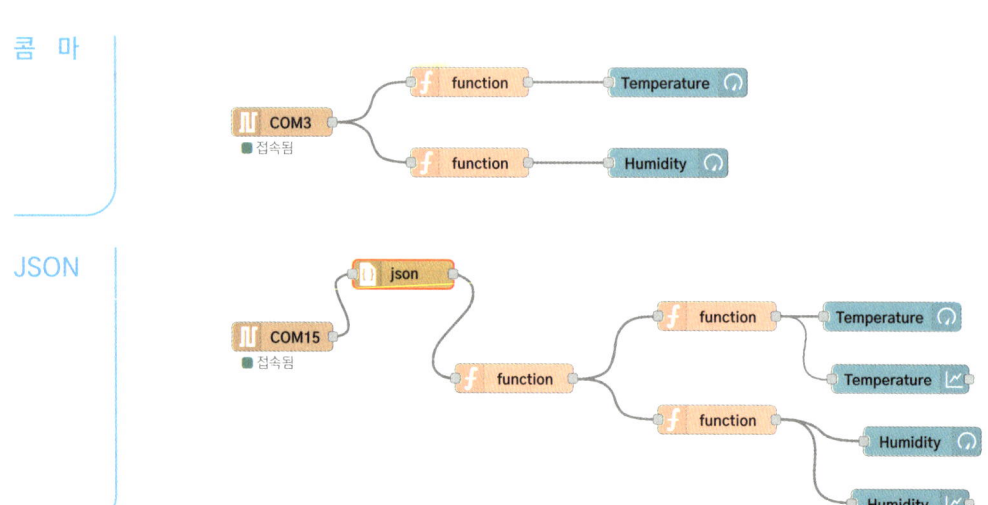

5 Temperature 함수 구현(콤마)

Temperature 함수에서 코드를 다음과 같이 입력합니다. Humidity 함수도 같은 코드를 입력합니다. 다만 변수와 출력값 위치를 구분해야 합니다.

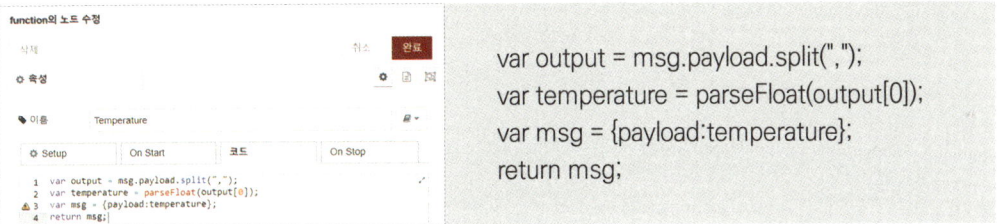

```
var output = msg.payload.split(",");
var temperature = parseFloat(output[0]);
var msg = {payload:temperature};
return msg;
```

6 Temperature 함수 구현(JSON)

Temperature 함수에서 코드를 다음과 같이 입력합니다. Humidity 함수도 같은 코드를 입력합니다. 다만 변수와 출력값 위치를 구분해야 합니다.

```
msg.payload=msg.payload.temp;
return msg;
```

7 Gauge 추가

Dashboard에서 gauge를 추가합니다.

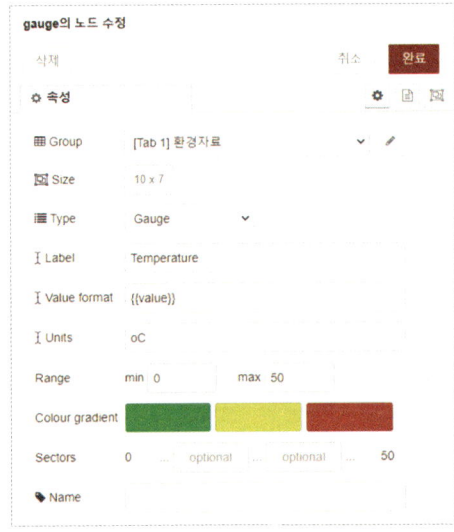

8 JSON 함수 이용 시 json의 노드 수정

9 배포하기 실행하기

배포하여 실행해 봅니다. 다만 +tab을 꼭 추가해야 합니다.

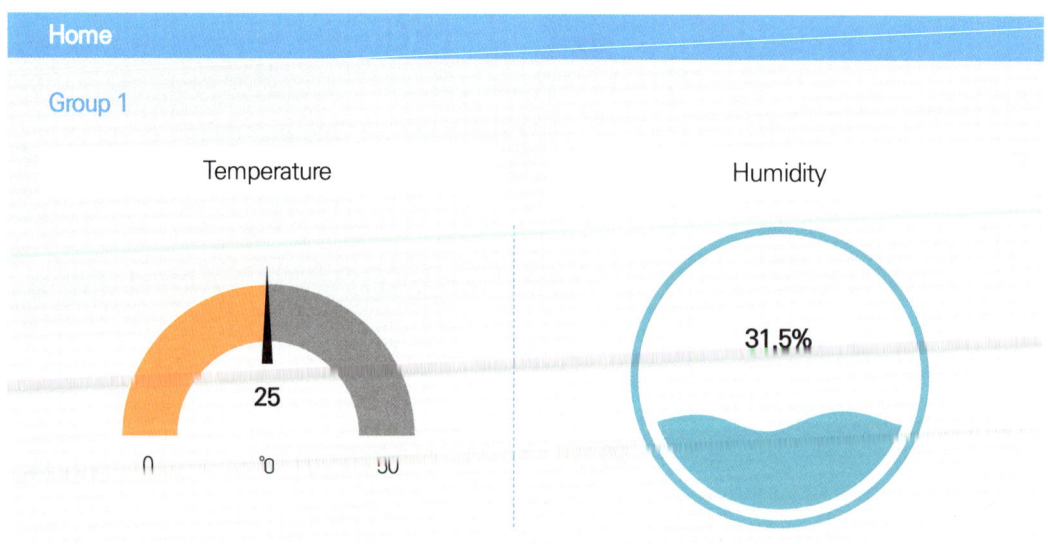

🔟 소스 코드(콤마)

```
[{"id":"424274a3be67792e","type":"tab","label":"플로우 2","disabled":false,"info":""},{"id":"dcde9c2ffc51e851","type":"serial in","z":"424274a3be67792e","name":"","serial":"fcaf6ccd23db1cc7","x":130,"y":240,"wires":[["f01ad1b26242596f","9f5586ed0ffec4a1"]]},{"id":"f01ad1b26242596f","type":"function","z":"424274a3be67792e","name":"","func":"var output = msg.payload.split(\",\");\nvar Ea = parseFloat(output[0]);\nvar msg = {payload:Ea};\nreturn [msg];\n","outputs":1,"noerr":0,"initialize":"","finalize":"","libs":[],"x":320,"y":200,"wires":[["159deed86e3e438e"]]},{"id":"9f5586ed0ffec4a1","type":"function","z":"424274a3be67792e","name":"","func":"var output = msg.payload.split(\",\");\nvar WC = parseFloat(output[1]);\nvar msg = {payload:WC};\nreturn [msg];\n","outputs":1,"noerr":0,"initialize":"","finalize":"","libs":[],"x":320,"y":280,"wires":[["c25619fedb48da2a"]]},{"id":"159deed86e3e438e","type":"ui_gauge","z":"424274a3be67792e","name":"","group":"b77ded9d1d746205","order":3,"width":6,"height":5,"gtype":"gage","title":"Temperature","label":"oC","format":"{{value}}","min":0,"max":"50","colors":["#00b500","#e6e600","#ca3838"],"seg1":"","seg2":"","className":"","x":530,"y":200,"wires":[]},{"id":"c25619fedb48da2a","type":"ui_gauge","z":"424274a3be67792e","name":"","group":"b77ded9d1d746205","order":4,"width":6,"height":5,"gtype":"wave","title":"Humidity","label":"%","format":"{{value}}","min":0,"max":"100","colors":["#00b500","#e6e600","#ca3838"],"seg1":"","seg2":"","className":"","x":520,"y":280,"wires":[]},{"id":"fcaf6ccd23db1cc7","type":"serial-port","serialport":"COM3","serialbaud":"9600","databits":"8","parity":"none","stopbits":"1","waitfor":"","dtr":"none","rts":"none","cts":"none","dsr":"none","newline":"\\n","bin":"false","out":"char","addchar":"","responsetimeout":"10000"},{"id":"b77ded9d1d746205","type":"ui_group","name":"Group 1","tab":"190c058d17d2c22c","order":1,"disp":true,"width":22},{"id":"190c058d17d2c22c","type":"ui_tab","name":"Home","icon":"dashboard","disabled":false,"hidden":false}]
```

11 소스 코드(JSON)

```
[{"id":"2bbab0616484a801","type":"tab","label":"Temp_RH_JSON","disabled":false,"info":""},{"id":"1b5315b30fb5abed","type":"serial in","z":"2bbab0616484a801","name":"","serial":"c1103d13aef36fa3","x":130,"y":200,"wires":[["a30330732b4691ed"]]},{"id":"a30330732b4691ed","type":"json","z":"2bbab0616484a801","name":"","property":"payload","action":"","pretty":true,"x":250,"y":140,"wires":[["c3081ebbcdaee62d"]]},{"id":"c3081ebbcdaee62d","type":"function","z":"2bbab0616484a801","name":"","func":"var b = JSON.parse(JSON.stringify(msg.payload));\nb=msg;\nreturn msg;","outputs":1,"noerr":0,"initialize":"","finalize":"","libs":[],"x":360,"y":240,"wires":[["d9a9aaa57d2eda0b","5e3492c0ee925d8f"]]},{"id":"d9a9aaa57d2eda0b","type":"function","z":"2bbab0616484a801","name":"","func":"msg.payload=msg.payload.temp;\nreturn msg;","outputs":1,"noerr":0,"initialize":"","finalize":"","libs":[],"x":560,"y":180,"wires":[["faa592d787fd4ec1","b5cfa80b2394da2c"]]},{"id":"faa592d787fd4ec1","type":"ui_gauge","z":"2bbab0616484a801","name":"","group":"ddb9acc26e9bbb3f","order":1,"width":6,"height":6,"gtype":"gage","title":"Temperature","label":"oC","format":"{{value}}","min":0,"max":"50","colors":["#00b500","#e6e600","#ca3838"],"seg
```

다음 페이지에 계속

Source Code

1":"25","seg2":"30","x":730,"y":180,"wires":[]},{"id":"5e3492c0ee925d8f","type":"function","z":"2bbab0616484a801","name":"","func":"msg.payload=msg.payload.humidity;\nreturn msg;","outputs":1,"noerr":0,"initialize":"","finalize":"","libs":[],"x":560,"y":280,"wires":[["cce404820a3b27e8","d6889783ca965eb3"]]},{"id":"cce404820a3b27e8","type":"ui_gauge","z":"2bbab0616484a801","name":"","group":"ddb9acc26e9bbb3f","order":2,"width":6,"height":6,"gtype":"wave","title":"Humidity","label":"%","format":"{{value}}","min":0,"max":"100","colors":["#00b500","#e6e600","#ca3838"],"seg1":"30","seg2":"50","x":760,"y":300,"wires":[]},{"id":"b5cfa80b2394da2c","type":"ui_chart","z":"2bbab0616484a801","name":"","group":"ddb9acc26e9bbb3f","order":9,"width":6,"height":7,"label":"Temperature","chartType":"line","legend":"false","xformat":"HH:mm:ss","interpolate":"linear","nodata":"","dot":false,"ymin":"0","ymax":"50","removeOlder":1,"removeOlderPoints":"","removeOlderUnit":"60","cutout":0,"useOneColor":false,"useUTC":false,"colors":["#1f77b4","#aec7e8","#ff7f0e","#2ca02c","#98df8a","#d62728","#ff9896","#9467bd","#c5b0d5"],"outputs":1,"useDifferentColor":false,"x":740,"y":240,"wires":[[]]},{"id":"d6889783ca965eb3","type":"ui_chart","z":"2bbab0616484a801","name":"","group":"ddb9acc26e9bbb3f","order":10,"width":6,"height":7,"label":"Humidity","chartType":"line","legend":"false","xformat":"HH:mm:ss","interpolate":"linear","nodata":"","dot":false,"ymin":"0","ymax":"100","removeOlder":1,"removeOlderPoints":"","removeOlderUnit":"3600","cutout":0,"useOneColor":false,"useUTC":false,"colors":["#1f77b4","#aec7e8","#ff7f0e","#2ca02c","#98df8a","#d62728","#ff9896","#9467bd","#c5b0d5"],"outputs":1,"useDifferentColor":false,"className":"","x":750,"y":360,"wires":[[]]},{"id":"f44f8ead7ae668cb","type":"ui_spacer","z":"2bbab0616484a801","name":"spacer","group":"d55947fd14c91720","order":5,"width":18,"height":1},{"id":"bdde5e5862f77376","type":"ui_spacer","z":"2bbab0616484a801","name":"spacer","group":"d55947fd14c91720","order":6,"width":18,"height":1},{"id":"f187dbcff6975u7f","type":"ui_spacer","z":"2bbab0616484a801","name":"spacer","group":"d55947fd14c91720","order":8,"width":12,"height":1},{"id":"c443703bb8d51141","type":"ui_spacer","z":"2bbab0616484a801","name":"spacer","group":"d55947fd14c91720","order":9,"width":12,"height":1},{"id":"8b88a968574a190c","type":"ui_spacer","z":"2bbab0616484a801","name":"spacer","group":"d55947fd14c91720","order":10,"width":12,"height":1},{"id":"b0c777c4bf619c48","type":"ui_spacer","z":"2bbab0616484a801","name":"spacer","group":"d55947fd14c91720","order":11,"width":12,"height":1},{"id":"77cbd9c1e9d7b067","type":"ui_spacer","z":"2bbab0616484a801","name":"spacer","group":"d55947fd14c91720","order":12,"width":3,"height":1},{"id":"6153ca22667590ab","type":"ui_spacer","z":"2bbab0616484a801","name":"spacer","group":"d55947fd14c91720","order":14,"width":3,"height":1},{"id":"fd8f6070bd0d31ca","type":"ui_spacer","z":"2bbab0616484a801","name":"spacer","group":"d55947fd14c91720","order":15,"width":9,"height":1},{"id":"9a7ebc1bb03618e4","type":"ui_spacer","z":"2bbab0616484a801","name":"spacer","group":"d55947fd14c91720","order":16,"width":9,"height":1},{"id":"5e8602a6154fd3c5","type":"ui_spacer","z":"2bbab0616484a801","name":"spacer","group":"d55947fd14c91720","order":17,"width":9,"height":1},{"id":"2d7b44d8fa13daf8","type":"ui_spacer","z":"2bbab0616484a801","name":"spacer","group":"d55947fd14c91720","order":18,"width":9,"height":1},{"id":"5d945360e7c4dde4","type":"ui_spacer","z":"2bbab0616484a801","name":"spacer","group":"d55947fd14c91720","order":19,"width":9,"height":1},{"id":"6b588e5636e8b125","type":"ui_spacer","z":"2bbab0616484a801","name":"spacer","group":"d55947fd14c91720","order":21,"width":1,"height":1},{"id":"4983cdd96d345478","type":"ui_spacer","z":"2bbab0616484a801","name":"spacer","group":"d55947fd14c91720","order":23,"width":2,"height":1},{"id":"99918505c5c0c6b7","type":"

Source Code

ui_spacer","z":"2bbab0616484a801","name":"spacer","group":"d55947fd14c91720","order":24,"width":1,"height":1},{"id":"cd483b56a536c7f7","type":"ui_spacer","z":"2bbab0616484a801","name":"spacer","group":"d55947fd14c91720","order":25,"width":2,"height":1},{"id":"f00ba901af15935a","type":"ui_spacer","z":"2bbab0616484a801","name":"spacer","group":"d55947fd14c91720","order":26,"width":1,"height":1},{"id":"22e5f31df17dbf5d","type":"ui_spacer","z":"2bbab0616484a801","name":"spacer","group":"d55947fd14c91720","order":27,"width":2,"height":1},{"id":"e6fe87610ebf7a18","type":"ui_spacer","z":"2bbab0616484a801","name":"spacer","group":"d55947fd14c91720","order":28,"width":1,"height":1},{"id":"ae51edcc8d74cea4","type":"ui_spacer","z":"2bbab0616484a801","name":"spacer","group":"d55947fd14c91720","order":29,"width":2,"height":1},{"id":"1ba299d8ab6acafe","type":"ui_spacer","z":"2bbab0616484a801","name":"spacer","group":"d55947fd14c91720","order":30,"width":1,"height":1},{"id":"dd3b9f949ef611de","type":"ui_spacer","z":"2bbab0616484a801","name":"spacer","group":"d55947fd14c91720","order":31,"width":2,"height":1},{"id":"e63ffc202638662f","type":"ui_spacer","z":"2bbab0616484a801","name":"spacer","group":"d55947fd14c91720","order":32,"width":1,"height":1},{"id":"6d63aed97c3f7a2a","type":"ui_spacer","z":"2bbab0616484a801","name":"spacer","group":"d55947fd14c91720","order":33,"width":2,"height":1},{"id":"3c2bado459a4be2d","type":"ui_spacer","z":"2bbab0616484a801","name":"spacer","group":"d55947fd14c91720","order":34,"width":9,"height":1},{"id":"a47112260666a18c","type":"ui_spacer","z":"2bbab0616484a801","name":"spacer","group":"ddb9acc26e9bbb3f","order":3,"width":2,"height":1},{"id":"69f55f8fe5a93b1c","type":"ui_spacer","z":"2bbab0616484a801","name":"spacer","group":"ddb9acc26e9bbb3f","order":4,"width":2,"height":1},{"id":"e13f3a553fe23d13","type":"ui_spacer","z":"2bbab0616484a801","name":"spacer","group":"ddb9acc26e9bbb3f","order":5,"width":2,"height":1},{"id":"1267ff0fce6c19d5","type":"ui_spacer","z":"2bbab0616484a801","name":"spacer","group":"ddb9acc26e9bbb3f","order":6,"width":2,"height":1},{"id":"e3671185dc405df3","type":"ui_spacer","z":"2bbab0616484a801","name":"spacer","group":"ddb9acc26e9bbb3f","order":7,"width":2,"height":1},{"id":"1cb6b377b730cd69","type":"ui_spacer","z":"2bbab0616484a801","name":"spacer","group":"ddb9acc26e9bbb3f","order":8,"width":2,"height":1},{"id":"076f1422b9f4efc9","type":"ui_spacer","z":"2bbab0616484a801","name":"spacer","group":"ddb9acc26e9bbb3f","order":11,"width":2,"height":1},{"id":"344d72b56e7e7d7c","type":"ui_spacer","z":"2bbab0616484a801","name":"spacer","group":"ddb9acc26e9bbb3f","order":12,"width":2,"height":1},{"id":"c3639b64a1fc011b","type":"ui_spacer","z":"2bbab0616484a801","name":"spacer","group":"ddb9acc26e9bbb3f","order":13,"width":2,"height":1},{"id":"c464855a1e636991","type":"ui_spacer","z":"2bbab0616484a801","name":"spacer","group":"ddb9acc26e9bbb3f","order":14,"width":2,"height":1},{"id":"6a7035c51026c063","type":"ui_spacer","z":"2bbab0616484a801","name":"spacer","group":"ddb9acc26e9bbb3f","order":15,"width":2,"height":1},{"id":"2f90546437d1d91f","type":"ui_spacer","z":"2bbab0616484a801","name":"spacer","group":"ddb9acc26e9bbb3f","order":16,"width":2,"height":1},{"id":"3da0276ddc783857","type":"ui_spacer","z":"2bbab0616484a801","name":"spacer","group":"ddb9acc26e9bbb3f","order":17,"width":2,"height":1},{"id":"c1103d13aef36fa3","type":"serial-port","serialport":"COM15","serialbaud":"9600","databits":"8","parity":"none","stopbits":"1","waitfor":"","dtr":"none","rts":"none","cts":"none","dsr":"none","newline":"\\n","bin":"false","out":"char","addchar":"","responsetimeout":"10000"},{"id":"ddb9acc26e9bbb3f","type":"ui_group","name":"Group 1","tab":"fa77f82c0a076646","order":1,"disp":true,"width":14},{"id":"fa77f82c0a076646","type":"ui_tab","name":"Temp_RH_JSON","icon":"dashboard","order":5,"disabled":false,"hidden":false}]

다음 페이지에 계속

12 참고사항

dashboard의 gauge 또는 chart 추가하여 속성을 변경해 보면서 실행시켜 봅시다.

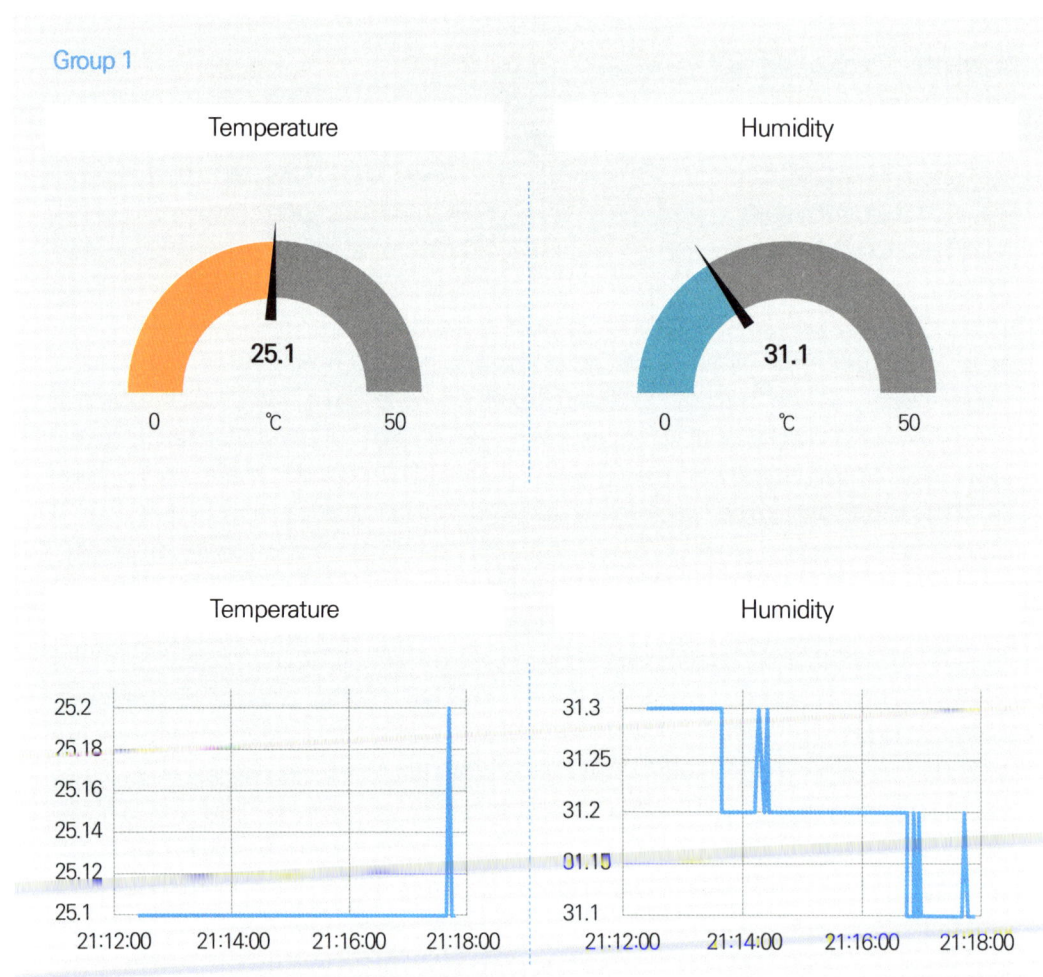

ⓑ 소스 코드

Source Code ≡

[{"id":"424274a3be67792e","type":"tab","label":"플로우 2","disabled":false,"info":""},{"id":"dcde9c2ffc51e851","type":"serial in","z":"424274a3be67792e","name":"","serial":"fcaf6ccd23db1cc7","x":130,"y":240,"wires":[["f01ad1b26242596f","9f5586ed0ffec4a1"]]},{"id":"f01ad1b26242596f","type":"function","z":"424274a3be67792e","name":"","func":"var output = msg.payload.split(\",\");\nvar Ea = parseFloat(output[0]);\nvar msg = {payload:Ea};\nreturn [msg];\n","outputs":1,"noerr":0,"initialize":"","finalize":"","libs":[],"x":320,"y":200,"wires":[["3c72ab8b8afae938","1f6a2388a7ec7fc5"]]},{"id":"9f5586ed0ffec4a1","type":"function","z":"424274a3be67792e","name":"","func":"var output = msg.payload.split(\",\");\nvar WC = parseFloat(output[1]);\nvar msg = {payload:WC};\nreturn [msg];\n","outputs":1,"noerr":0,"initialize":"","finalize":"","libs":[],"x":320,"y":280,"wires":[["cc5c8bd5fc3e7f87","b2aab7e92222feb2"]]},{"id":"3c72ab8b8afae938","type":"ui_chart","z":"424274a3be67792e","name":"","group":"adac741a3c0eddd7","order":3,"width":7,"height":5,"label":"Temperature","chartType":"line","legend":"false","xformat":"HH:mm:ss","interpolate":"linear","nodata":"","dot":false,"ymin":"","ymax":"","removeOlder":1,"removeOlderPoints":"","removeOlderUnit":"3600","cutout":0,"useOneColor":false,"useUTC":false,"colors":["#1f77b4","#aec7e8","#ff7f0e","#2ca02c","#98df8a","#d62728","#ff9896","#9467bd","#c5b0d5"],"outputs":1,"useDifferentColor":false,"className":"","x":530,"y":220,"wires":[[]]},{"id":"cc5c8bd5fc3e7f87","type":"ui_chart","z":"424274a3be67792e","name":"","group":"adac741a3c0eddd7","order":4,"width":7,"height":5,"label":"Humidity","chartType":"line","legend":"false","xformat":"HH:mm:ss","interpolate":"linear","nodata":"","dot":false,"ymin":"","ymax":"","removeOlder":1,"removeOlderPoints":"","removeOlderUnit":"3600","cutout":0,"useOneColor":false,"useUTC":false,"colors":["#1f77b4","#aec7e8","#ff7f0e","#2ca02c","#98df8a","#d62728","#ff9896","#9467bd","#c5b0d5"],"outputs":1,"useDifferentColor":false,"className":"","x":520,"y":340,"wires":[[]]},{"id":"1f6a2388a7ec7fc5","type":"ui_gauge","z":"424274a3be67792e","name":"","group":"adac741a3c0eddd7","order":1,"width":7,"height":5,"gtype":"gage","title":"Temperature","label":"C","format":"{{value}}","min":0,"max":"50","colors":["#00b500","#e6e600","#ca3838"],"seg1":"","seg2":"","className":"","x":530,"y":160,"wires":[]},{"id":"b2aab7e92222feb2","type":"ui_gauge","z":"424274a3be67792e","name":"","group":"adac741a3c0eddd7","order":2,"width":7,"height":5,"gtype":"gage","title":"Humidity","label":"%","format":"{{value}}","min":0,"max":"100","colors":["#00b500","#e6e600","#ca3838"],"seg1":"","seg2":"","className":"","x":520,"y":280,"wires":[]},{"id":"fcaf6ccd23db1cc7","type":"serial-port","serialport":"COM3","serialbaud":"9600","databits":"8","parity":"none","stopbits":"1","waitfor":"","dtr":"none","rts":"none","cts":"none","dsr":"none","newline":"\\n","bin":"false","out":"char","addchar":"","responsetimeout":"10000"},{"id":"adac741a3c0eddd7","type":"ui_group","name":"Group 1","tab":"8ff3045af8818df1","order":1,"disp":true,"width":14},{"id":"8ff3045af8818df1","type":"ui_tab","name":"Tab 2","icon":"dashboard","order":2}]

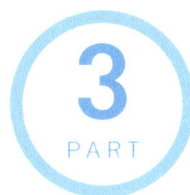

3 PART mBlock 엠블럭

1 개요

아두이노 코드를 블록코딩으로 코딩해 봅시다. 사용되는 프로그램으로는 mBlock 프로그램입니다. 다운로드(https://mblock.makeblock.com/en-us/download/) 보드 추가와 파일 업로드, 보드 연결 및 확장 블록 항목을 잘 사용해야 합니다.

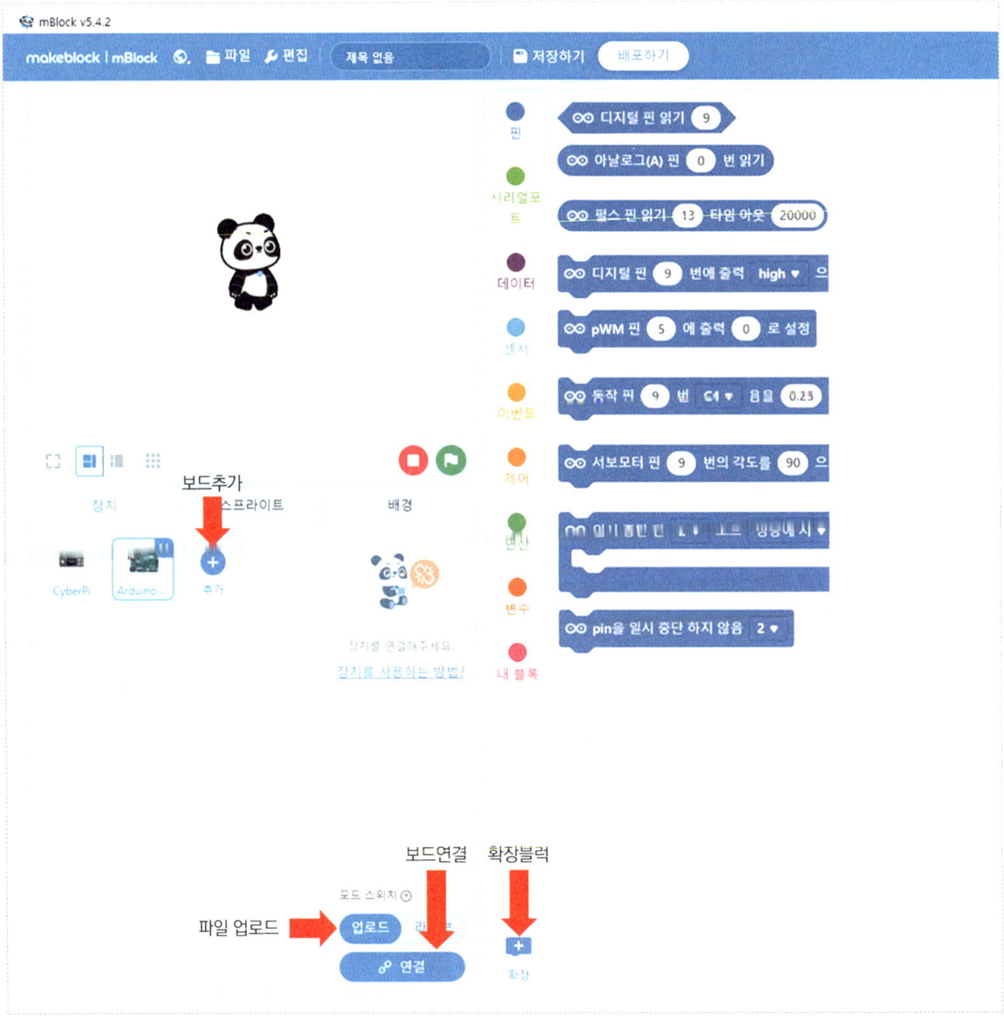

확장 블록 추가는 다음과 같은 항목이 나타나게 됩니다. 사용하는 모듈을 선택하여 추가하면 됩니다. 확장센터에는 스프라이트 확장과 디바이스 확장 탭이 있습니다.

디바이스 확장의 업로드 모드 브로드 캐스트를 추가합니다.

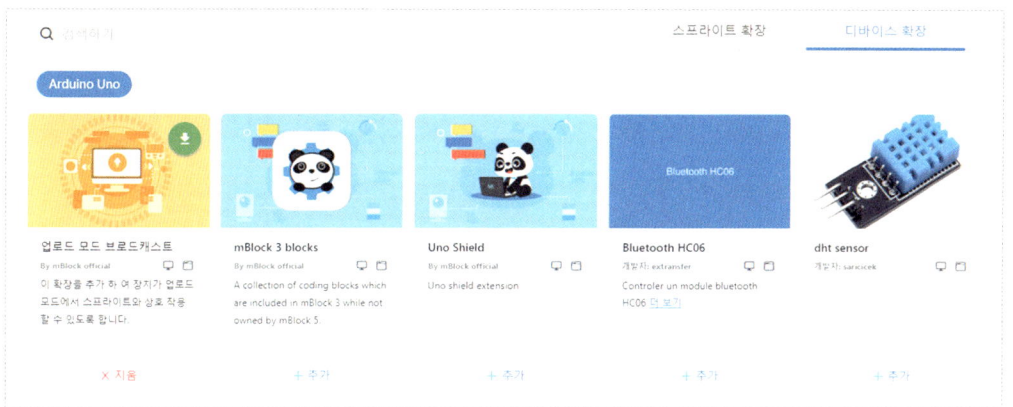

스프라이트 확장의 업로드 모드 브로드 캐스트를 추가합니다.

다양한 센서를 사용하기 위해 디바이스 확장의 한국과학창의재단을 추가합니다. 만약 사용하고자 하는 센서에 따라 디바이스를 추가하면 됩니다.

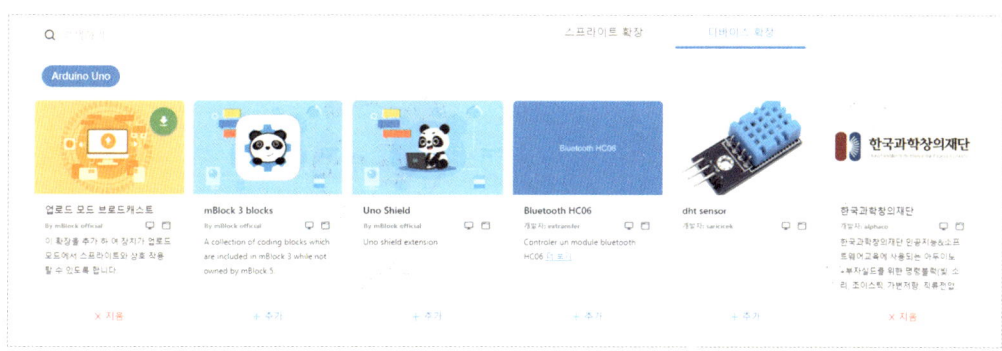

2 디바이스(장치) 소프트웨어 코딩

mBlock 프로그램을 이용해 코딩한 예제입니다.

3 스프라이트 소프트웨어 코딩

mBlock 프로그램을 이용해 코딩한 예제입니다.

4 화면 출력

Temperature : 27.80

Humidity : 27.20

온도와 상대습도 응용

OPEN SOURCE COMPUTER PROGRAM for SMART FARM

Arduino 아두이노 + Node-red 노드레드

02

Arduino
아두이노

1 개요
시설 내부 또는 외부의 온도와 상대습도를 측정하고자 합니다. 측정한 온도와 상대습도로 노점온도, 절대습도, 포화수증기압, 수증기압, 수증기압차를 출력해 봅시다.

2 소프트웨어 코딩
아두이노 프로그램을 이용해 코딩한 예제입니다.

```
#include <dht.h>                                   //dht.zip 라이브러리를 설치
#define DHT22_PIN 7                                //온도와 상대습도 센서 D7 연결

dht DHT;

float temperature ;
float humidity ;

void setup()
{
  Serial.begin(9600);                              //시리얼모니터 출력
  delay(300);
}

void loop()
{
  float chk = DHT.read22(DHT22_PIN);
  temperature = DHT.temperature;                   //온도
  humidity = DHT.humidity;                         //상대습도
  float DP = dewPoint(temperature, humidity);      //노점온도
  float AH = ((6.112 * exp((17.67 * temperature) / (temperature + 245.5)) * humidity * 18.02) / ((273.15 + temperature) * 100 * 0.08314));//절대습도
  float Psat = (6.112 * exp((17.67 * temperature) / (temperature + 243.5))) / 10;  //포화수증기압 (단위 : kPa)
  float P = (6.112 * exp((17.67 * temperature) / (temperature + 243.5)) * (humidity / 100)) / 10;  //수증기압 (단위 : kPa)
  float VPD = (Psat − P); //수증기압차 (단위 : kPa)
```

다음 페이지에 계속

```
//Serial.print("$");
Serial.print(temperature, 1);              //온도
Serial.println(" C");
//Serial.print("/");
Serial.print(humidity, 1);                 //상대습도
Serial.println(" %");
//Serial.print("/");
Serial.print(DP, 1);                       //노점온도
Serial.println(" C");
//Serial.print("/");
Serial.print(AH, 2);                       //절대습도
Serial.println(" kg/m3");
//Serial.print("/");
Serial.print(Psat, 2);                     //포화수증기압
Serial.println(" kPa");
//Serial.print("/");
Serial.print(P, 2);                        //수증기압
Serial.println(" kPa");
//Serial.print("/");
Serial.print(VPD, 2);                      //수증기압차
Serial.println(" kPa");
//Serial.println("$");
 delay(2000);
}

float dewPoint(float temperature, float humidity)
{
  // (1) Saturation Vapor Pressure = ESGG(T)
  float RATIO = 373.15 / (273.15 + temperature);
  float RHS = -7.90298 * (RATIO - 1);
  RHS += 5.02808 * log10(RATIO);
  RHS += -1.3816e-7 * (pow(10, (11.344 * (1 - 1 / RATIO ))) - 1) ;
  RHS += 8.1328e-3 * (pow(10, (-3.49149 * (RATIO - 1))) - 1) ;
  RHS += log10(1013.246);

  // factor -3 is to adjust units - Vapor Pressure SVP * humidity
  float VP = pow(10, RHS - 3) * humidity;

  // (2) DEWPOINT = F(Vapor Pressure)
  float T = log(VP / 0.61078); // temp var
  return (241.88 * T) / (17.558 - T);
}
```

❸ 테스트 결과

시리얼모니터에 온도, 상대습도, 노점온도, 절대습도, 포화수증기압, 수증기압, 수증기압차를 출력되는 화면입니다.

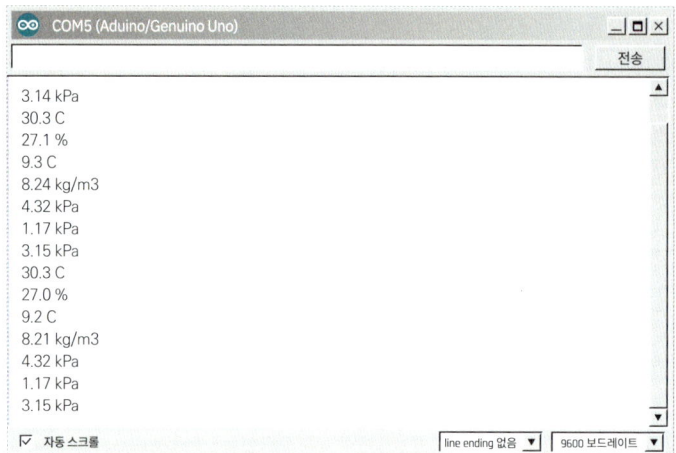

주의사항 및 참고사항	아두이노 소프트웨어 코딩 시 센서에 맞는 라이브러리를 꼭 설치해야 합니다. 참고로 다음 링크를 통해 다운로드 받을 수 있습니다. ⬇ https://github.com/choyoungyeol/Arduino/blob/main/dht.zip

Node-red
노드레드

❶ 개요
시설 내부 또는 시설 외부의 온도와 상대습도를 측정하고자 합니다. 측정한 온도와 상대습도로 노점온도, 절대습도, 포화수증기압, 수증기압, 수증기압차를 출력해 봅시다.

❷ 아두이노 소프트웨어 코딩(콤마)
아두이노 프로그램을 이용해 코딩한 예제입니다. 콤마(,)로 출력값을 구분하였다.

```
Example

#include <dht.h>                            //dht.zip 라이브러리를 설치
#define DHT22_PIN 7                         //온도와 상대습도 센서 D7 연결
dht DHT;
float temperature ;
float humidity ;

void setup()
{
  Serial.begin(9600);                       //시리얼모니터 출력
  delay(300);
}

void loop()
{
  float chk = DHT.read22(DHT22_PIN);
  temperature = DHT.temperature;            //온도
  humidity = DHT.humidity;                  //상대습도
  float DP = dewPoint(temperature, humidity); //노점온도
  float AH = ((6.112 * exp((17.67 * temperature) / (temperature + 245.5)) * humidity * 18.02) / ((273.15 + temperature) * 100 * 0.08314));//절대습도
  float Psat = (6.112 * exp((17.67 * temperature) / (temperature + 243.5))) / 10;  //포화수증기압 (단위 : kPa)
  float P = (6.112 * exp((17.67 * temperature) / (temperature + 243.5)) * (humidity /
```

다음 페이지에 계속

```
      100)) / 10;  //수증기압 (단위 : kPa)
      float VPD = (Psat - P); //수증기압차 (단위 : kPa)
      //Serial.print("$");
      Serial.print(temperature, 1);               //온도
      Serial.print(", ");
      Serial.print(humidity, 1);                  //상대습도
      Serial.print(", ");
      Serial.print(DP, 1);                        //노점온도
      Serial.print(", ");
      Serial.print(AH, 2);                      n //절대습도
      Serial.print(", ");
      Serial.print(Psat, 2);                      //포화수증기압
      Serial.print(", ");
      Serial.print(P, 2);                         //수증기압
      Serial.print(", ");
      Serial.print(VPD, 2);                       //수증기압차
      Serial.println("");
      delay(2000);
}

float dewPoint(float temperature, float humidity)
{
  // (1) Saturation Vapor Pressure = ESGG(T)
  float RATIO = 373.15 / (273.15 + temperature);
  float RHS = -7.90298 * (RATIO - 1);
  RHS += 5.02808 * log10(RATIO);
  RHS += -1.3816e-7 * (pow(10, (11.344 * (1 - 1 / RATIO ))) - 1) ;
  RHS += 8.1328e-3 * (pow(10, (-3.49149 * (RATIO - 1))) - 1) ;
  RHS += log10(1013.246);

  // factor -3 is to adjust units - Vapor Pressure SVP * humidity
  float VP = pow(10, RHS - 3) * humidity;

  // (2) DEWPOINT = F(Vapor Pressure)
  float T = log(VP / 0.61078); // temp var
  return (241.88 * T) / (17.558 - T);
}
```

③ Node-red 대쉬보드

문자열 데이터를 Temperature, Humidity, Dewpoint, Absolute, Saturation, Pressure와 VPD 함수를 통해 각각 온도, 상대습도, 노점온도, 절대습도, 포화수증기압, 수증기압과 수중기압차로 분류합니다.

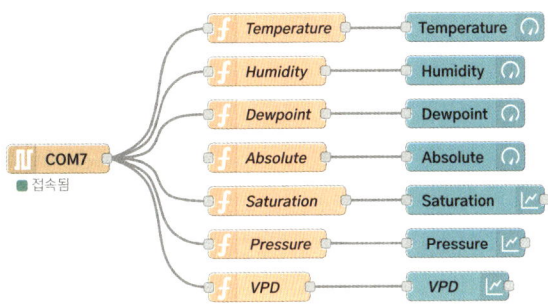

④ Temperature 함수 구현

Temperature 함수에서 코드를 다음과 같이 입력합니다. 다른 함수도 같은 코드를 입력합니다. 다만 변수와 출력값 위치를 구분해야 합니다.

```
var output = msg.payload.split(",");
var temperature = parseFloat(output[0]);
var msg = {payload:temperature};
return msg;
```

5 Gauge와 Chart 추가

Dashboard에서 gauge와 chart를 추가합니다.

6 배포하기 실행하기

배포하여 실행해 봅니다. 다만 +tab을 추가합니다.

환경자료

Temperature

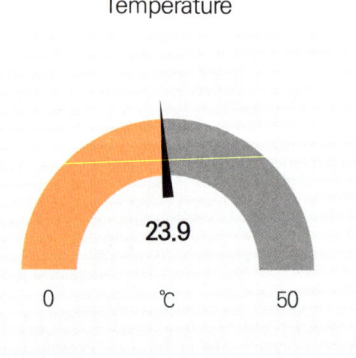

Humidity

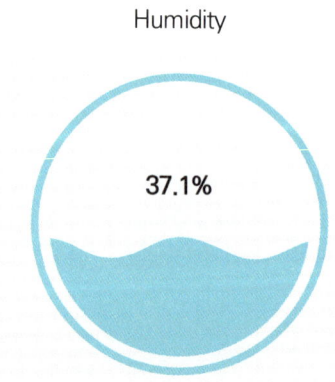

Dewpoint

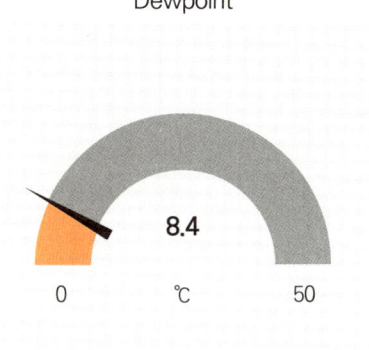

Absolute

Saturation

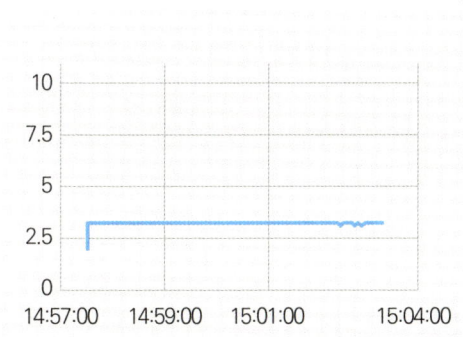

VPD

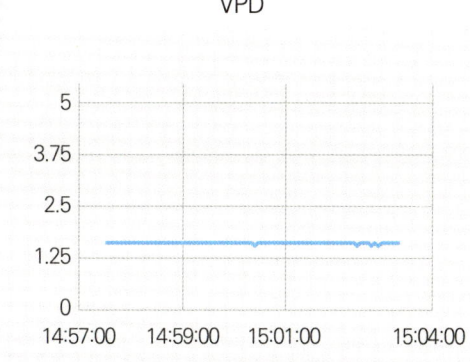

Pressure

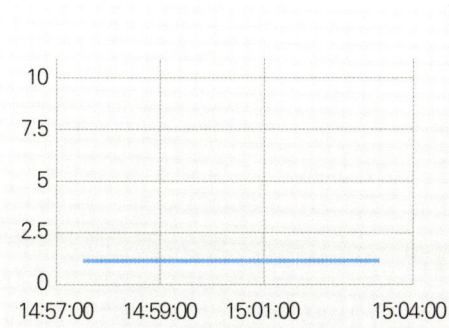

33

7 소스 코드

Source Code

[{"id":"588a326781268f7c","type":"tab","label":"플로우 1","disabled":false,"info":""},{"id":"57275dc6424da6ed","type":"serial in","z":"588a326781268f7c","name":"","serial":"066fa432219a662d","x":284.5,"y":238,"wires":[["d77c3f38921c00e0","a31d8dd8c6d5d55c","50ba7d9c177b522c","1c92d8489b7a8071","ef9a05224089235c","269cef5bd2bb2aa6","95b38de183e127a1"]]},{"id":"d17d8ff30f21676f","type":"ui_gauge","z":"588a326781268f7c","name":"","group":"49eed59c.ec92cc","order":1,"width":6,"height":5,"gtype":"gage","title":"Temperature","label":"oC","format":"{{value}}","min":0,"max":"50","colors":["#00b500","#e6e600","#ca3838"],"seg1":"","seg2":"","x":688.5,"y":116,"wires":[]},{"id":"6e15d1b2324208d2","type":"ui_gauge","z":"588a326781268f7c","name":"","group":"49eed59c.ec92cc","order":2,"width":6,"height":5,"gtype":"wave","title":"Humidity","label":"%","format":"{{value}}","min":0,"max":"100","colors":["#00b500","#e6e600","#ca3838"],"seg1":"","seg2":"","x":680.5,"y":159,"wires":[]},{"id":"d77c3f38921c00e0","type":"function","z":"588a326781268f7c","name":"Temperature","func":"var output = msg.payload.split(\",\");\nvar temperature = parseFloat(output[0]);\nvar msg = {payload:temperature};\nreturn msg;","outputs":1,"noerr":0,"initialize":"","finalize":"","libs":[],"x":499.5,"y":117,"wires":[["d17d8ff30f21676f"]]},{"id":"a31d8dd8c6d5d55c","type":"function","z":"588a326781268f7c","name":"Humidity","func":"var output = msg.payload.split(\",\");\nvar humidity = parseFloat(output[1]);\nvar msg = {payload:humidity};\nreturn msg;","outputs":1,"noerr":0,"initialize":"","finalize":"","libs":[],"x":491,"y":158,"wires":[["6e15d1b2324208d2"]]},{"id":"50ba7d9c177b522c","type":"function","z":"588a326781268f7c","name":"Dewpoint","func":"var output = msg.payload.split(\",\");\nvar dewpoint = parseFloat(output[2]);\nvar msg = {payload:dewpoint};\nreturn msg;","outputs":1,"noerr":0,"initialize":"","finalize":"","libs":[],"x":491,"y":199,"wires":[["9c1064dd11a31469"]]},{"id":"1c92d8489b7a8071","type":"function","z":"588a326781268f7c","name":"Absolute","func":"var output = msg.payload.split(\",\");\nvar absolute = parseFloat(output[3]);\nvar msg = {payload:absolute};\nreturn msg;","outputs":1,"noerr":0,"initialize":"","finalize":"","libs":[],"x":491,"y":238,"wires":[["14ed5d0db92006af"]]},{"id":"ef9a05224089235c","type":"function","z":"588a326781268f7c","name":"Saturation","func":"var output = msg.payload.split(\",\");\nvar saturation = parseFloat(output[4]);\nvar msg = {payload:saturation};\nreturn msg;","outputs":1,"noerr":0,"initialize":"","finalize":"","libs":[],"x":499,"y":282,"wires":[["20e03d542da9cc73"]]},{"id":"269cef5bd2bb2aa6","type":"function","z":"588a326781268f7c","name":"Pressure","func":"var output = msg.payload.split(\",\");\nvar pressure = parseFloat(output[5]);\nvar msg = {payload:pressure};\nreturn msg;","outputs":1,"noerr":0,"initialize":"","finalize":"","libs":[],"x":485,"y":324,"wires":[["b4b0b560ecac0a31"]]},{"id":"95b38de183e127a1","type":"function","z":"588a326781268f7c","name":"VPD","func":"var output = msg.payload.split(\",\");\nvar vpd = parseFloat(output[6]);\nvar msg = {payload:vpd};\nreturn msg;","outputs":1,"noerr":0,"initialize":"","finalize":"","libs":[],"x":480,"y":367,"wires":[["12930fccd34e53f1"]]},{"id":"9c1064dd11a31469","type":"ui_gauge","z":"588a326781268f7c","name":"","group":"49eed59c.ec92cc","order":10,"width":6,"height":5,"gtype":"gage","title":"Dewpoint","label":"oC","format":"{{value}}","min":0,"max":"50","colors":["#00b500","#e6e600","#ca3838"],"seg1":"","seg2":"","x":683,"y":199,"wires":[]},{"id":"20e03d542da9cc73","type":"ui_chart","z":"588a326781268f7c","name":"","group":"49eed59c.ec92cc","order":3,"width":6,"height":5,"label":"Saturation","chartType":"line","legend":"false","xformat":"HH:mm:ss","interpol

다음 페이지에 계속

Source Code

ate":"linear","nodata":"","dot":false,"ymin":"0","ymax":"10","removeOlder":1,"removeOlderPoints":"","removeOlderUnit":"3600","cutout":0,"useOneColor":false,"useUTC":false,"colors":["#1f77b4","#aec7e8","#ff7f0e","#2ca02c","#98df8a","#d62728","#ff9896","#9467bd","#c5b0d5"],"outputs":1,"useDifferentColor":false,"x":691,"y":282,"wires":[[]]},{"id":"b4b0b560ecac0a31","type":"ui_chart","z":"588a326781268f7c","name":"","group":"49eed59c.ec92cc","order":12,"width":6,"height":5,"label":"Pressure","chartType":"line","legend":"false","xformat":"HH:mm:ss","interpolate":"linear","nodata":"","dot":false,"ymin":"0","ymax":"10","removeOlder":1,"removeOlderPoints":"","removeOlderUnit":"3600","cutout":0,"useOneColor":false,"useUTC":false,"colors":["#1f77b4","#aec7e8","#ff7f0e","#2ca02c","#98df8a","#d62728","#ff9896","#9467bd","#c5b0d5"],"outputs":1,"useDifferentColor":false,"x":678,"y":325,"wires":[[]]},{"id":"12930fccd34e53f1","type":"ui_chart","z":"588a326781268f7c","name":"","group":"49eed59c.ec92cc","order":4,"width":6,"height":5,"label":"VPD","chartType":"line","legend":"false","xformat":"HH:mm:ss","interpolate":"linear","nodata":"","dot":false,"ymin":"0","ymax":"5","removeOlder":1,"removeOlderPoints":"","removeOlderUnit":"3600","cutout":0,"useOneColor":false,"useUTC":false,"colors":["#1f77b4","#aec7e8","#ff7f0e","#2ca02c","#98df8a","#d62728","#ff9896","#9467bd","#c5b0d5"],"outputs":1,"useDifferentColor":false,"x":668,"y":366,"wires":[[]]},{"id":"14ed5d0da92006cf","type":"ui_gauge","z":"588a326781268f7c","name":"","group":"49eed59c.ec92cc","order":11,"width":6,"height":5,"gtype":"wave","title":"Absolute","label":"kg/m3","format":"{{value}}","min":0,"max":"10","colors":["#00b500","#e6e600","#ca3838"],"seg1":"","seg2":"","x":677,"y":240,"wires":[]},{"id":"213d9a9af5b215b6","type":"ui_spacer","z":"588a326781268f7c","name":"spacer","group":"49eed59c.ec92cc","order":5,"width":2,"height":1},{"id":"ae556553deea9192","type":"ui_spacer","z":"588a326781268f7c","name":"spacer","group":"49eed59c.ec92cc","order":6,"width":2,"height":1},{"id":"befcbe1c1a7b850f","type":"ui_spacer","z":"588a326781268f7c","name":"spacer","group":"49eed59c.ec92cc","order":7,"width":2,"height":1},{"id":"8e75f2616677754e","type":"ui_spacer","z":"588a326781268f7c","name":"spacer","group":"49eed59c.ec92cc","order":8,"width":2,"height":1},{"id":"dd464d6047957484","type":"ui_spacer","z":"588a326781268f7c","name":"spacer","group":"49eed59c.ec92cc","order":9,"width":2,"height":1},{"id":"7bb6d03a563f2d1f","type":"ui_spacer","z":"588a326781268f7c","name":"spacer","group":"49eed59c.ec92cc","order":13,"width":8,"height":1},{"id":"68935d883ad435eb","type":"ui_spacer","z":"588a326781268f7c","name":"spacer","group":"49eed59c.ec92cc","order":14,"width":8,"height":1},{"id":"3569d47b5d8bef90","type":"ui_spacer","z":"588a326781268f7c","name":"spacer","group":"49eed59c.ec92cc","order":15,"width":8,"height":1},{"id":"b9324031617686ad","type":"ui_spacer","z":"588a326781268f7c","name":"spacer","group":"49eed59c.ec92cc","order":16,"width":8,"height":1},{"id":"1137f6ca4dd1fe52","type":"ui_spacer","z":"588a326781268f7c","name":"spacer","group":"49eed59c.ec92cc","order":17,"width":8,"height":1},{"id":"066fa432219a662d","type":"serial-port","serialport":"COM7","serialbaud":"9600","databits":"8","parity":"none","stopbits":"1","waitfor":"","dtr":"none","rts":"none","cts":"none","dsr":"none","newline":"\\n","bin":"false","out":"char","addchar":"","responsetimeout":"10000"},{"id":"49eed59c.ec92cc","type":"ui_group","name":"환경자료","tab":"2dcaea80111a676f","order":7,"disp":true,"width":"26","collapse":false},{"id":"2dcaea80111a676f","type":"ui_tab","name":"Tab 1","icon":"dashboard","order":1}]

블루투스 Bluetooth 통신을 이용한 온도와 상대습도 측정

OPEN SOURCE COMPUTER PROGRAM for SMART FARM

Arduino 아두이노 + **App Inventor** 앱 인벤터

03

Arduino
아두이노

❶ 개요
시설 내부 또는 시설 외부를 대상으로 아두이노와 온습도 센서를 이용해서 온도와 상대습도를 측정하고자 합니다. 그리고 블루투스 모듈을 이용하여 사물인터넷 기술을 배우고자 합니다.

❷ 필요한 부품
실습에 필요한 부품 목록입니다(단, 점퍼 케이블은 최대 수량).

NO	부품명	사진	수량
1	아두이노 우노		1
2	온습도 센서 (DHT22/AM2302)		1
3	점퍼 케이블 (Male to Male) (Female to Male)		9 7
4	브레드보드		1

5	블루투스 (HC-06)		1

③ 연결하기

온습도 센서와 아두이노의 연결 방법입니다.

아두이노와 브레드보드를 연결합니다.
빨간색 선은 5V, 검은색 선은 GND.

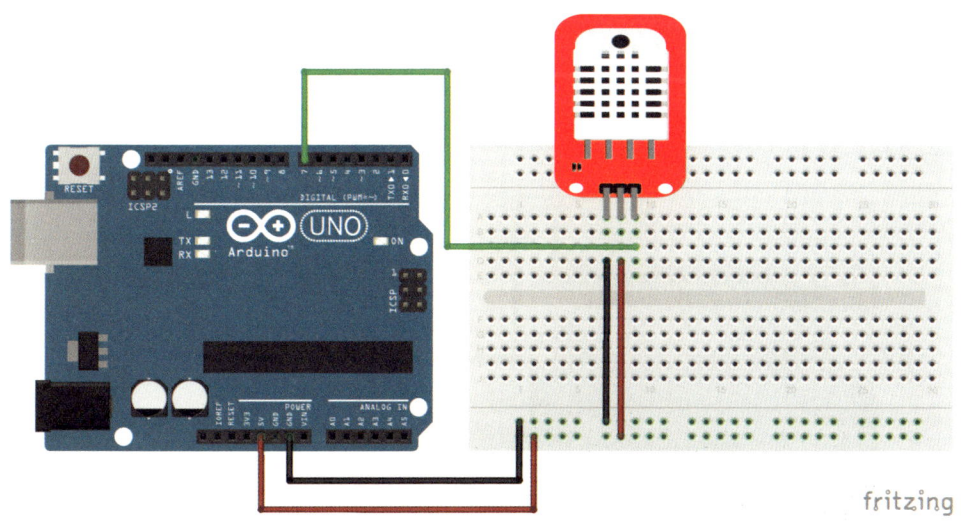

온습도 센서의 빨간색 선은 5V, 검은색 선은 GND,
연두색 선은 아두이노보드 D7에 연결합니다.

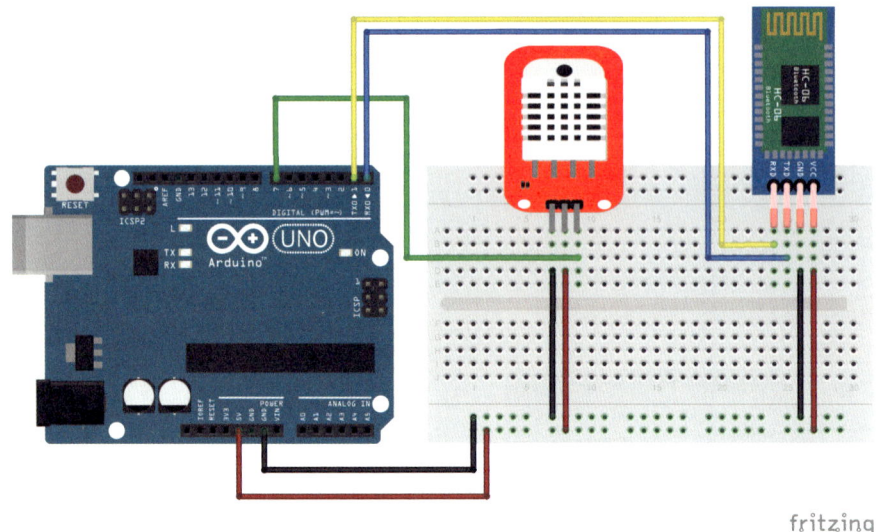

블루투스 센서의 빨간색 선은 5V,
검은색 선은 GND,
파란색 선은 아두이노 보드의 D0(RX),
노란색 선은 D1(TX)에 연결합니다.

❹ 완성된 모습

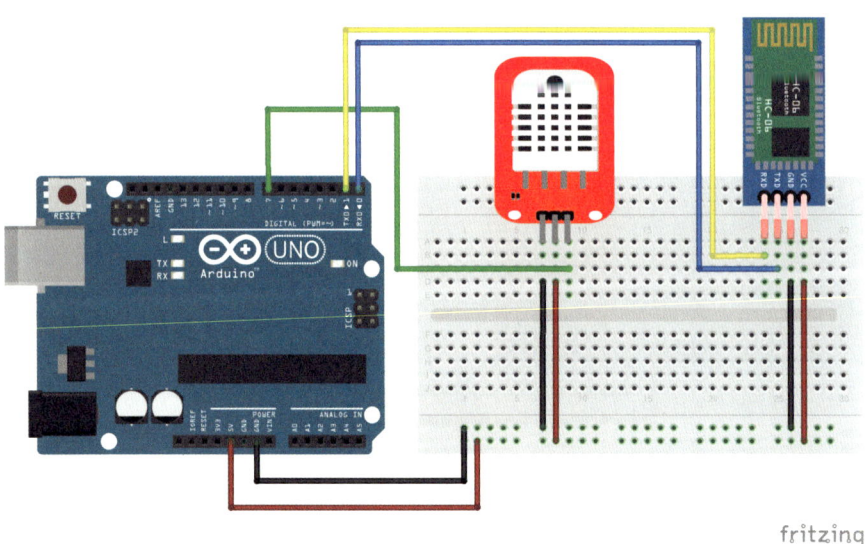

5 소프트웨어 코딩

아두이노 프로그램을 이용해 코딩한 예제입니다.

```
#include <dht.h>
#include <SoftwareSerial.h>      //SoftwareSerial.zip 라이브러리를 설치
#define DHT22_PIN 7              //D7 사용

SoftwareSerial BTSerial(0, 1);   //D0와 D1 사용
dht DHT;

float temperature ;
float humidity ;

void setup()
{
  Serial.begin(9600);
  BTSerial.begin(9600);
  delay(300);
}

void loop()
{
  float chk = DHT.read22(DHT22_PIN);

  temperature = DHT.temperature;
  humidity = DHT.humidity;

  while (Serial.available()) {    //문자 통신
    delay(3);
    char c = Serial.read();
  }

  Serial.print(temperature, 1);
  Serial.println(" C");
  Serial.print(humidity, 1);
  Serial.println(" %");
  delay(1000);
}
```

6 테스트 결과

온습도를 측정하기 위해 테스트한 결과로 시리얼모니터에 온도와 상대습도를 출력하는 화면입니다.

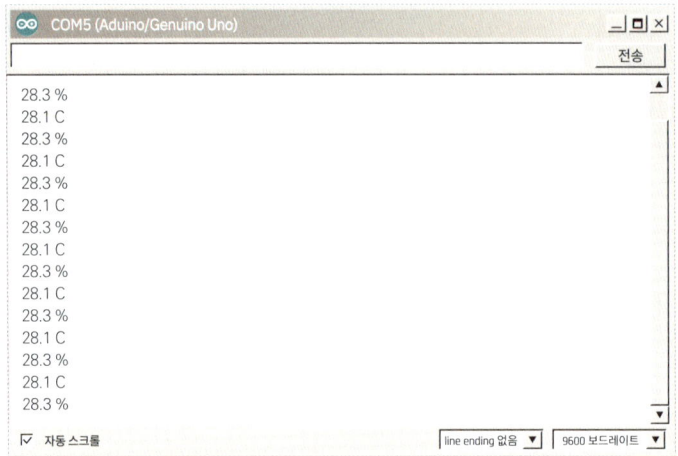

주의사항 및 참고사항	핸드폰에서 블루투스를 연결할 경우, 블루투스 주소나 모델명을 확실히 기억해야 합니다. 그리고, 프로그램 업로드 시 D0과 D1핀을 빼놓고 업로드 완료 시 블루투스의 TX핀은 아두이노의 RX(D0)로 블루투스의 RX핀은 아두이노의 TX(D1)으로 연결해 줘야 합니다. 만약 프로그램 업로드 시 D0과 D1 핀 연결 시 업로드 오류가 발생합니다.

App Inventor
앱 인벤터

① 개요
아두이노를 통해 온도와 상대습도를 출력하는 값들을 안드로이드 기반의 핸드폰으로 환경 자료를 출력해 봅시다.

② 선행 수정 사항
아두이노의 시리얼 모니터에서 출력되는 온도와 상대습도 값들을 핸드폰에서 문자열로 받아 화면에 출력해 줍니다.

Example

```
#include <dht.h>
#include <SoftwareSerial.h>
#define DHT22_PIN 7

SoftwareSerial BTSerial(0, 1);
dht DHT;

float temperature ;
float humidity ;
String readString;

void setup()
{
  Serial.begin(9600);
  BTSerial.begin(9600);
  delay(300);
}

void loop()
{
  float chk = DHT.read22(DHT22_PIN);
```

다음 페이지에 계속

```
temperature = DHT.temperature;
humidity = DHT.humidity;

readString = "";
String data = String(temperature) + "," + String(humidity) + ",";
Serial.println(data);

while (Serial.available()) {
delay(3);
  char c = Serial.read();
  readString += c;
}
  delay(1000);
}
```

③ 프로그램 화면
앱 인벤터 프로그램을 이용한 화면 구성과 코딩한 예제입니다.

Designer | 화면

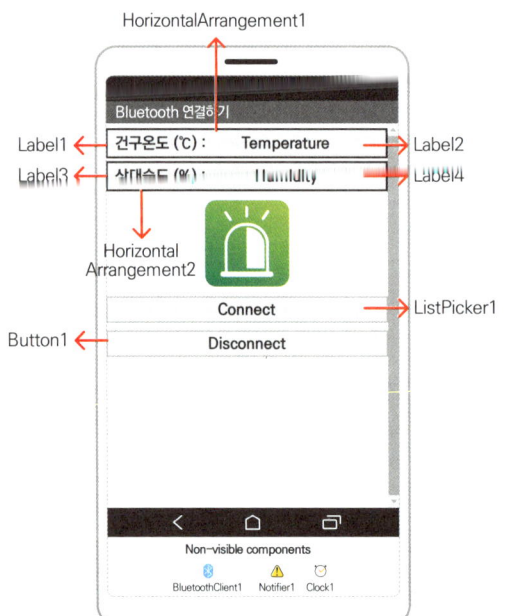
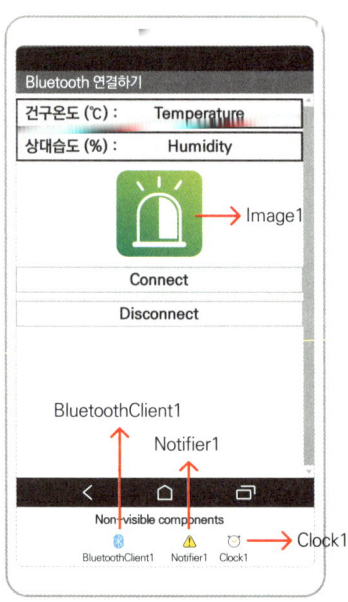

Blocks | 코딩

```
initialize global data to " 1 "

when ListPicker1.BeforePicking
do  set ListPicker1.Elements to BluetoothClient1.AddressesAndNames

when Button1.Click
do  call BluetoothClient1.Disconnect
    set ListPicker1.Visible to true
    set Clock1.TimerEnabled to false
    set Button1.Text to " Disconnect "

when ListPicker1.AfterPicking
do  if  call BluetoothClient1.Connect
            address  ListPicker1.Selection
    then set ListPicker1.Visible to false
         set Clock1.TimerEnabled to true
         set Button1.Text to " Connected "
    else call Notifier1.ShowAlert
              notice " Disconnected "

when Clock1.Timer
do  if BluetoothClient1.IsConnected
    then set global data to  split text  call BluetoothClient1.ReceiveText
                                              numberOfBytes  call BluetoothClient1.BytesAvailableToReceive
                                          at " "
         if  not is list empty? list get global data  and  2 ≤ length of list list get global data
         then set Label2.Text to select list item list get global data
                                     index 1
              set Label4.Text to select list item list get global data
                                     index 2
```

④ 프로그램 설정 사항

- HortizontalArragement 속성에서 Height와 Width을 Fill parent로 설정합니다.
- Label1과 Label3 속성에서 Height는 Fill parent로 설정하고, Width는 Automatic으로 설정합니다.
- Clock1의 속성에서 TimerInterval는 1000(1초)로 설정합니다.

5 테스트 결과

온습도를 측정하기 위해 테스트한 결과로 핸드폰 화면에 온도와 상대습도를 출력한 결과입니다.

블루투스 Bluetooth 통신을 이용한 온도와 상대습도 제어

OPEN SOURCE COMPUTER PROGRAM for SMART FARM

Arduino 아두이노 + **App Inventor** 앱 인벤터

04

Arduino
아두이노

1 개요

시설 내부 또는 시설 외부를 대상으로 아두이노와 온습도 센서를 이용해서 온도와 상대습도를 측정하고 제어해 봅시다. 그리고 블루투스 모듈을 이용하여 사물인터넷 기술을 배우고자 합니다.

2 필요한 부품

실습에 필요한 부품 목록입니다(단, 점퍼 케이블은 최대 수량).

NO	부품명	사진	수량
1	아두이노 우노		1
2	온습도 센서 (DHT22/AM2302)		1
3	점퍼 케이블 (Male to Male) (Female to Male)		15 11
4	브레드보드		1

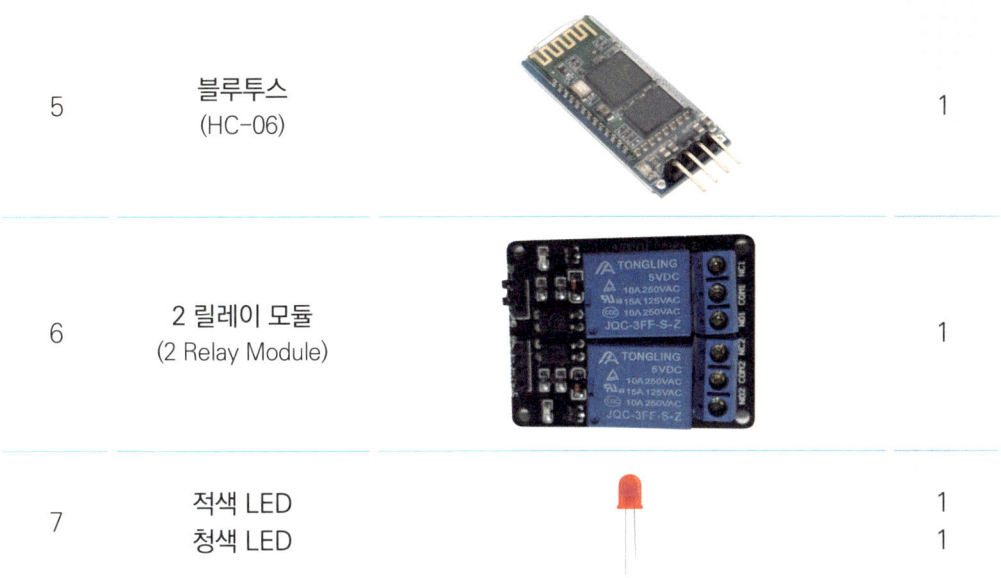

5	블루투스 (HC-06)		1
6	2 릴레이 모듈 (2 Relay Module)		1
7	적색 LED 청색 LED		1 1

릴레이의 원리에 대해 알아봅시다. 기본적으로 5V에서 동작됩니다. 릴레이는 전자석의 원리로 전류가 흐르면 자기장을 형성해 자기력으로 자석을 끌어당겼다가 전류가 흐르지 않으면 자석을 놓는 원리입니다. 즉 릴레이는 스위치와 같은 역할을 합니다. 연결하는 방법은 220V 기계는 대부분 2선(A와 B)으로 작동하는데, 제어하고자 하는 기계의 전원선 한 선(A)만 전원 입력(COM1)에 연결한 후 전원 출력(NO1)에 연결된 선을 기계의 전원선 한 선(A)에 연결하면 됩니다. 릴레이의 개수에 따라 제어 기계의 수가 결정됩니다. 참고로 5VDC의 의미는 5V 직류(DC)로 동작시키는 릴레이라는 의미이고, 10A 250VAC로 쓰여 있는데, 접점용량으로 전류는 10A 이하로, 전압은 250V AC(교류) 이하로 사용해야 한다는 것을 의미합니다. NC(Normal Close)는 평상시에 전원을 ON 상태로 유지합니다가 신호를 주어 OFF 할 때 사용, NO(Normal Open)는 평상시에 전원을 OFF 상태로 유지합니다가 신호를 주어 ON 할 때 사용합니다. Com(Common port)는 공통 단자로 전력 또는 외부기기의 한쪽 선을 항상 연결해야 하는 단자입니다.

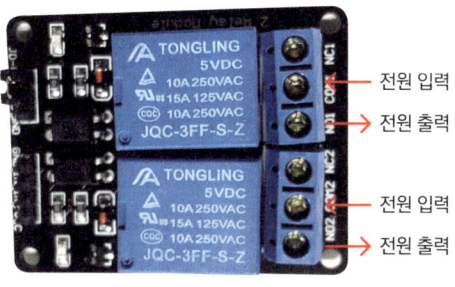

Relay ON시 전원 입력 (COM1)과 전원 출력(NO1)이 연결됨

③ 연결하기

온습도 센서와 아두이노의 연결 방법입니다.

아두이노와 브레드보드를 연결합니다.
빨간색 선은 5V, 검은색 선은 GND.

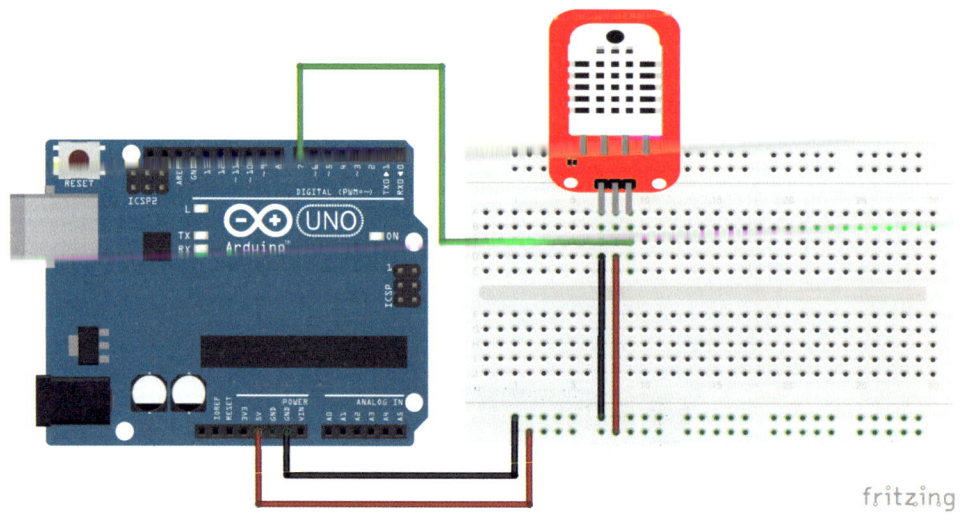

온습도 센서의 빨간색 선은 5V, 검은색 선은 GND,
연두색 선은 아두이노보드 D7에 연결합니다.

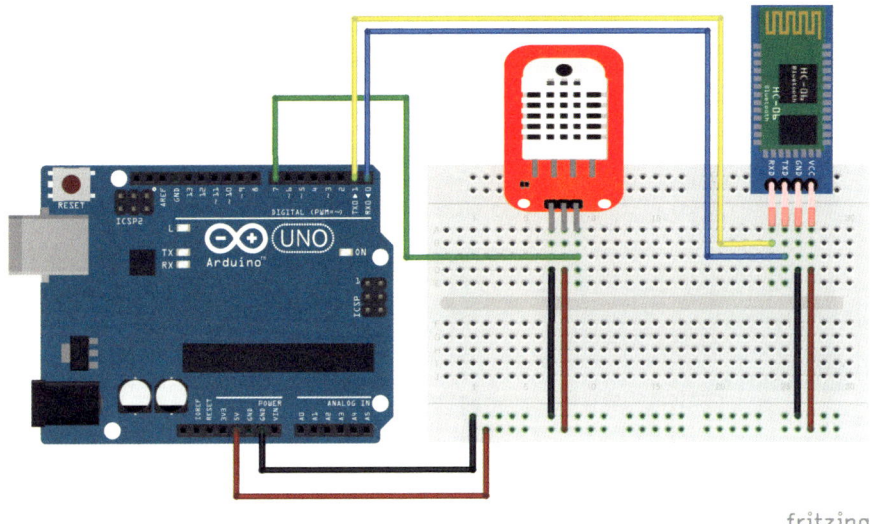

블루투스 센서의 빨간색 선은 5V, 검은색 선은 GND, 파란색 선은 아두이노 보드의 D0(RX), 노란색 선은 D1(TX)에 연결합니다.

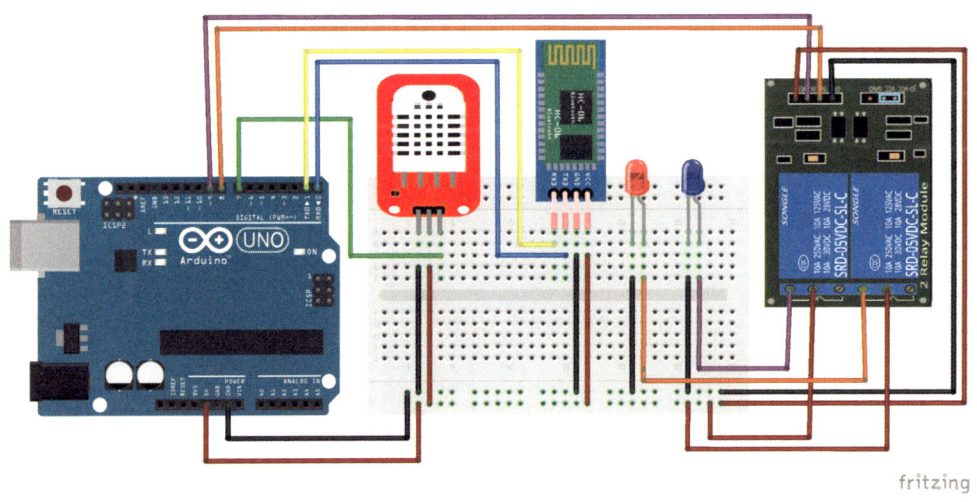

릴레이와 아두이노를 연결합니다. 빨간색 선은 릴레이의 VCC와 아두이노 보드의 5V, 검은색 선은 릴레이의 GND와 아두이노 보드의 GND, 오렌지색은 릴레이의 NI1과 아두이노 보드의 D8, 보라색 선은 릴레이의 NI2와 아두이노 보드의 D9와 연결. 적색과 청색 LED의 음극(-)은 GND와 연결, 적색 LED의 양극(+)은 릴레이 NI1의 NO1와 청색 LED의 양극(+)은 릴레이 NI2의 NO2와 연결합니다.

④ 완성된 모습

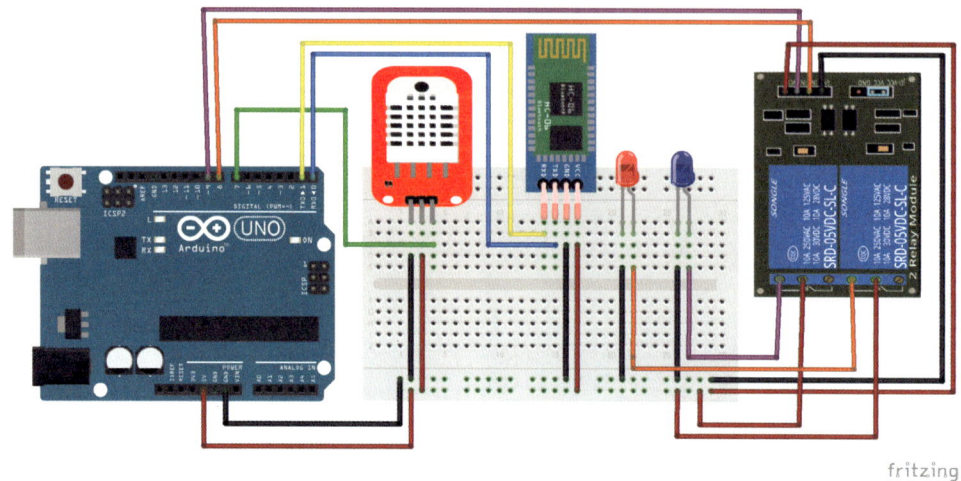

⑤ 소프트웨어 코딩

아두이노 프로그램을 이용해 코딩한 예제입니다.

```
#include <dht.h>
#include <SoftwareSerial.h>
#define DHT22_PIN 7
#define Temp_Cont 8                //온도 D8에서 제어
#define RH_Cont 9                  //상대습도 D9에서 제어

SoftwareSerial BTSerial(0, 1);
dht DHT;
float temperature ;
float humidity ;

void setup()
{
  Serial.begin(9600);
  BTSerial.begin(9600);
  pinMode(Temp_Cont, OUTPUT);      //D8에서 출력
  delay(300);
```

다음 페이지에 계속

```
    pinMode(RH_Cont, OUTPUT);        //D9에서 출력
    delay(300);
}

void loop()
{
  float chk = DHT.read22(DHT22_PIN);
  temperature = DHT.temperature;
  humidity = DHT.humidity;

  while (Serial.available()) {
    delay(3);
    char c = Serial.read();
  }

  Serial.print(temperature, 1);
  Serial.println(" C");
  Serial.print(humidity, 1);
  Serial.println(" %");

  if (temperature >= 24) {
    digitalWrite(Temp_Cont, HIGH);   //온도 24℃ 이상에서 릴레이 작동 ON
  } else {
    digitalWrite(Temp_Cont, LOW);    //온도 24℃ 이하에서 릴레이 작동 OFF
  }

  if (humidity >= 40) {
    digitalWrite(RH_Cont, HIGH);     //상대습도 40% 이상에서 릴레이 작동 ON
  } else {
    digitalWrite(RH_Cont, LOW);      //상대습도 40% 이하에서 릴레이 작동 OFF
  }
  delay(5000);
}
```

6 테스트 결과

온습도를 측정하기 위해 테스트한 결과로 시리얼 모니터에 온도와 상대습도를 출력하는 화면입니다. 온도 24℃ 이상에서 릴레이가 작동되며, 상대습도 40% 이하에서는 릴레이가 작동하지 않습니다. 참고적으로, 난방기와 냉방기 사용 시와 가습기와 제습기 사용 시에 따라 온도와 상대습도 제어 설정값을 해 주는 것이 좋습니다.

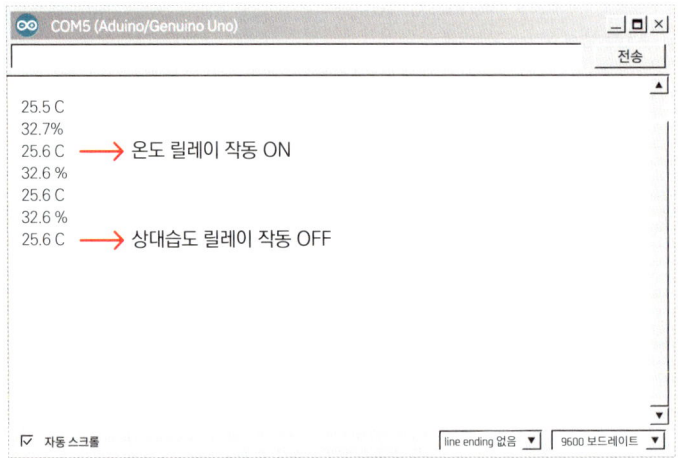

주의사항 및 참고사항	아두이노 소프트웨어 코딩 시 블루투스 라이브러리(SoftwareSerial.zip)를 꼭 설치해야 합니다. 다음 링크로 다운로드하면 됩니다. https://github.com/choyoungyeol/Arduino/blob/main/SoftwareSerial-master.zip 보통 릴레이 신호가 ON일 경우, 불빛이 켜지는 릴레이가 있고 불빛이 꺼지는 릴레이가 있습니다. 따라서, 아두이노 프로그램에서 digitalWrite 명령어에서 HIGH와 LOW의 기능을 달리할 수 있으므로, 이점에 대해 주의가 필요합니다. 릴레이 용량에 대해 주의가 필요합니다. 동작시키는 릴레이의 용량과 정전용량으로 전류는 몇 A(암페어), 전압은 몇 V AC(교류) 또는 몇 V DC(직류) 이하로 사용해야 하는지 주의해야 합니다.

App Inventor
앱 인벤터

❶ 개요
아두이노를 통해 온도와 상대습도를 출력하는 값들을 안드로이드 기반의 핸드폰으로 환경 자료를 출력해 보고, 핸드폰에서 온도나 상대습도를 제어해 봅시다.

❷ 프로그램 화면
앱 인벤터 프로그램을 이용한 화면 구성과 코딩한 예제입니다.

Designer | 화면

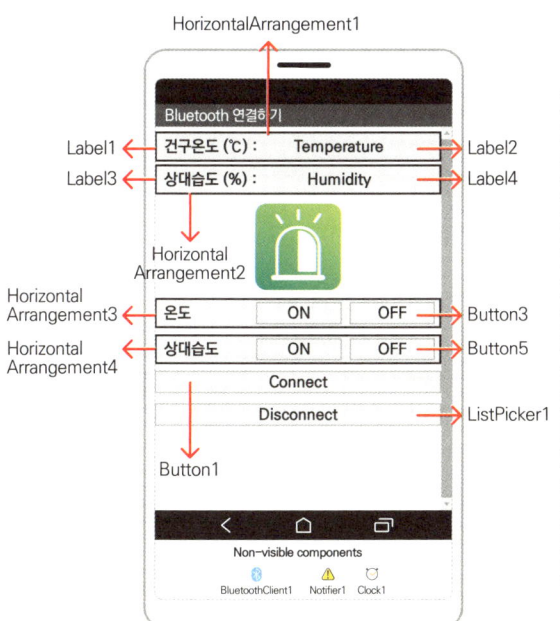
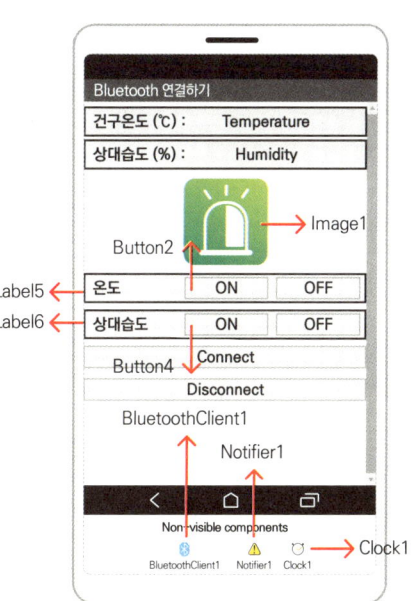

Blocks | 코딩

```
initialize global data to " "
initialize global data2 to " "

when ListPicker1.BeforePicking
do  set ListPicker1.Elements to BluetoothClient1.AddressesAndNames

when ListPicker1.AfterPicking
do  if   call BluetoothClient1.Connect
                address  ListPicker1.Selection
    then set ListPicker1.Visible to false
         set Clock1.TimerEnabled to true
         set Button1.Text to "Connected"
    else call Notifier1.ShowAlert
              notice "Disconnected"

when Button1.Click
do  call BluetoothClient1.Disconnect
    set ListPicker1.Visible to true
    set Clock1.TimerEnabled to false
    set Button1.Text to "Disconnect"

when Button2.Click
do  call BluetoothClient1.SendText
                          text "f"
    set Button2.BackgroundColor to ▇
    set Button3.BackgroundColor to ▇

when Button3.Click
do  call BluetoothClient1.SendText
                          text "e"
    set Button2.BackgroundColor to ▇
    set Button3.BackgroundColor to ▇

when Button4.Click
do  call BluetoothClient1.SendText
                          text "h"
    set Button4.BackgroundColor to ▇
    set Button5.BackgroundColor to ▇

when Button5.Click
do  call BluetoothClient1.SendText
                          text "g"
    set Button4.BackgroundColor to ▇
    set Button5.BackgroundColor to ▇
```

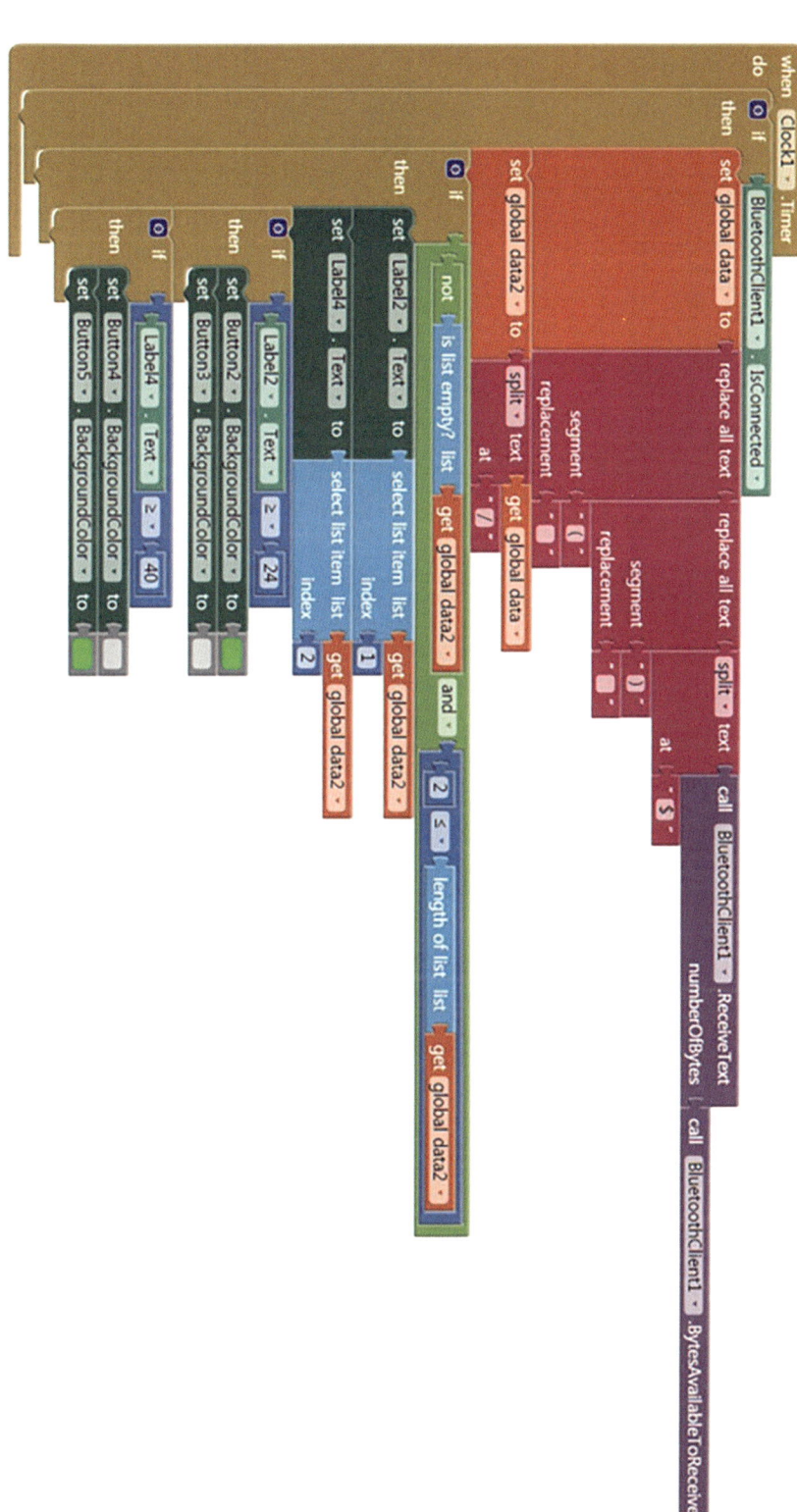

③ 프로그램 설정 사항

- HortizontalArragement 속성에서 Height와 Width을 Fill parent로 설정합니다.
- Label1, Label3, Label5와 Label6 속성에서 Height는 Fill parent로 설정하고, Width는 Automatic으로 설정합니다.
- Clock1의 속성에서 TimerInterval는 1000(1초)로 설정합니다.
- Button2, Button3, Button4와 Button5 속성에서 Height는 Automatic으로 설정하고, Width는 30 percent로 설정합니다.

④ 테스트 결과

온습도를 측정하기 위해 테스트한 결과로 핸드폰 화면에 온도와 상대습도가 출력한 결과입니다. 온도 24℃ 이상일 때 릴레이가 작동한 결과이고, 상대습도 40% 이상일 때 릴레이가 작동하지 않는 결과입니다. 온도의 ON 버튼이나 OFF 버튼을 누르면 릴레이가 작동 또는 작동하지 않으며, 상대습도 또한 같습니다.

참고사항	아두이노에서 블루투스 쉴드의 프로그램 전송과 핸드폰과 블루투스 쉴드 간의 연결할 때 스위치를 달리 해야 합니다. Arduino 프로그램 전송 시에는 SoftSerial로 스위치가 있어야 하고, 블루투스 연결 시에는 Direct로 스위치가 있어야 합니다.

측정값 안정화
필터링

OPEN SOURCE COMPUTER PROGRAM for SMART FARM

Arduino
아두이노

05

1 개요

시설 내부 또는 시설 외부의 온도와 상대습도를 측정하고자 할 때, 기기 출력값이 비정상적으로 작동하는 경우가 있습니다. 이를 해결하는 방법으로 여러 가지가 있는데, 센서값이 잘못 출력될 경우 이전 값으로 입력하는 방법, 센서값을 반복해서 읽은 다음에 평균을 내는 방법과 한 번만 센싱을 하고 그것을 저장한 다음, 현재 읽은 출력값을 또 저장한 후, 순차적으로 저장한 출력값들을 평균값으로 출력하는 방법들을 배워봅시다.

2 필요한 부품

실습에 필요한 부품 목록입니다(단, 점퍼 케이블은 최대 수량).

NO	부품명	사진	수량
1	아두이노 우노		1
2	온습도 센서 (DHT22/AM2302)		1
3	점퍼 케이블 (Male to Male) (Female to Male)		5 3
4	브레드보드		1

③ 연결하기

온습도 센서와 아두이노의 연결 방법입니다.

아두이노와 브레드보드를 연결합니다.
빨간색 선은 5V, 검은색 선은 GND.

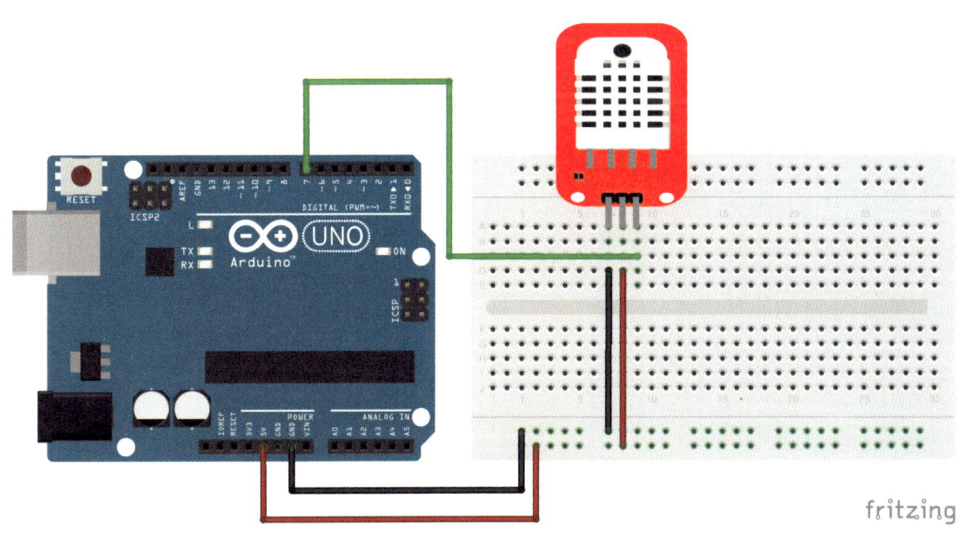

온습도 센서의 빨간색 선은 5V, 검은색 선은 GND,
연두색 선은 아두이노보드 D7에 연결합니다.

④ 완성된 모습

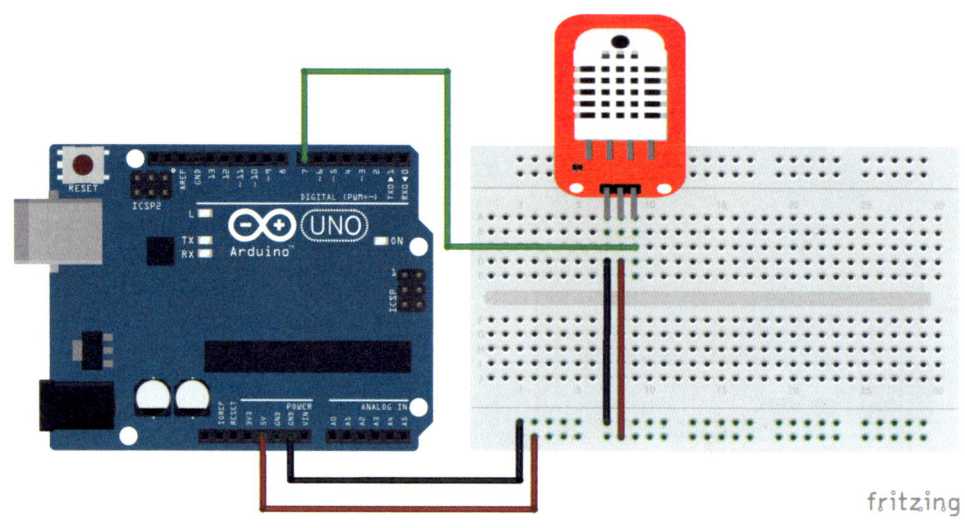

⑤ 잘못 출력된 측정값

온습도를 측정하기 위해 테스트한 결과로 시리얼 모니터에 온도와 상대습도가 출력하는 화면입니다. 불규칙적으로 측정 오류값이 발생합니다.

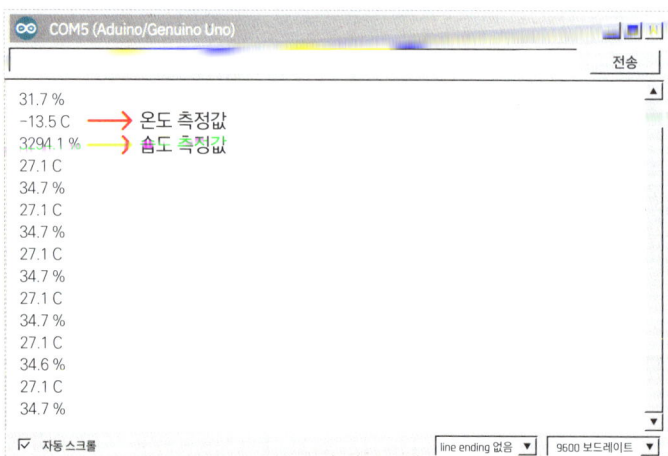

6 이전 값 사용 소프트웨어 코딩

아두이노 프로그램을 이용해 코딩한 예제입니다.

```
#include <dht.h>                              //dht.zip 라이브러리를 설치해야 함
#define DHT22_PIN 7

dht DHT;

float temperature;
float humidity;
float After_temperature;                      //온도의 오류값을 대비한 변수
float After_humidity;                         //상대습도의 오류값을 대비한 변수

void setup()
{
  Serial.begin(9600);                         //시리얼모니터 출력
  delay(300);
}

void loop()
{
  float chk = DHT.read22(DHT22_PIN);

  temperature = DHT.temperature;              //온도
  humidity = DHT.humidity;                    //상대습도

  if ((temperature <= -10) || (humidity > 100)) { //오류값에 대한 검증
    temperature = After_temperature;          //이전값을 현재값에 입력
    humidity = After_humidity;
  }
  After_temperature = temperature;            //현재값을 이전값에 입력
  After_humidity = humidity;


  Serial.print(temperature, 1);               //온도 현재값 출력
  Serial.println(" C");

  Serial.print(humidity, 1);                  //상대습도 현재값 출력
  Serial.println(" %");

  delay(1000);
}
```

7 테스트 결과

온습도를 측정하기 위해 테스트한 결과로 시리얼모니터에 온도와 상대습도를 출력하는 화면입니다.

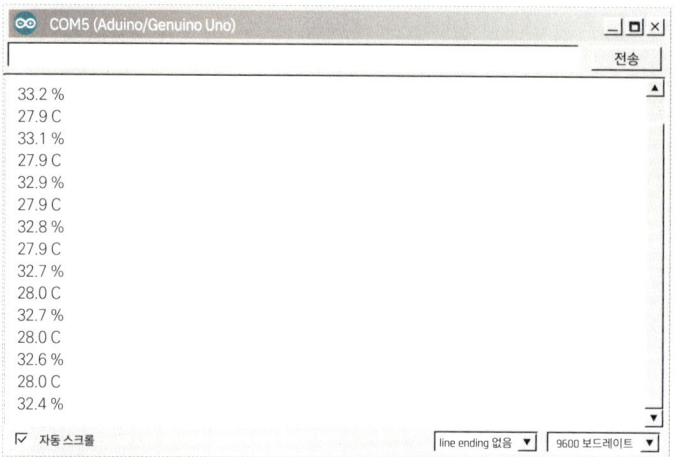

8 평균값

평균값으로 출력하는 방법의 결과 화면입니다. 이 방법은 센싱을 여러 번 해도 상관없는 상태라면 좀 더 즉각적인 데이터를 얻을 수 있으나, 이러한 방법은 센서값을 너무 많이 읽게 된다는 단점이 있습니다.

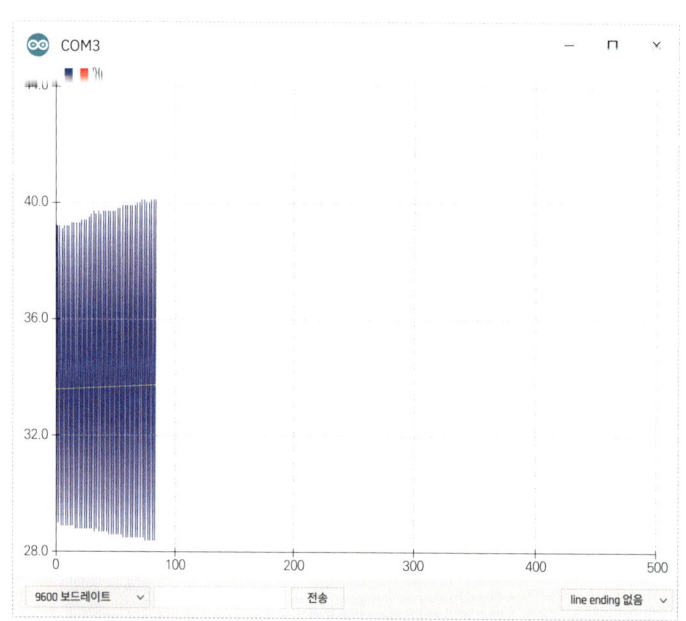

❾ 평균값 사용 소프트웨어 코딩
아두이노 프로그램을 이용해 코딩한 예제입니다.

```
#include <dht.h>                          //dht.zip 라이브러리를 설치해야 함
#define DHT22_PIN 7
dht DHT;

float temperature;
float humidity;

void setup()
{
  Serial.begin(9600);                     //시리얼모니터 출력
  delay(300);
}

void loop()
{
  float chk = DHT.read22(DHT22_PIN);

  for (int i = 0; i < 100; i++) {         //평균온도
    temperature += DHT.temperature;
    delay(10);
  }
  temperature /= 10;
  for (int i = 0; i < 100; i++) {         //평균상대습도
    humidity += DHT.humidity;
    delay(10);
  }
  humidity /= 10;
  Serial.print(temperature, 1);           //평균온도값 출력
  Serial.println(" C");
  Serial.print(humidity, 1);              //평균상대습도값 출력
  Serial.println(" %");
}
```

🔟 평균값 개선

한 번만 센싱을 하고 그것을 저장한 다음, 현재 읽은 출력값을 또 저장한 후, 순차적으로 저장한 출력값들을 평균값으로 출력하는 방법의 결과 화면입니다. 이 방법은 필터링이 잘 되는 특징이 있으나, 반응이 조금 느려지는 단점이 있습니다. 즉 약간의 딜레이가 생길 수 있는 단점이 있습니다.

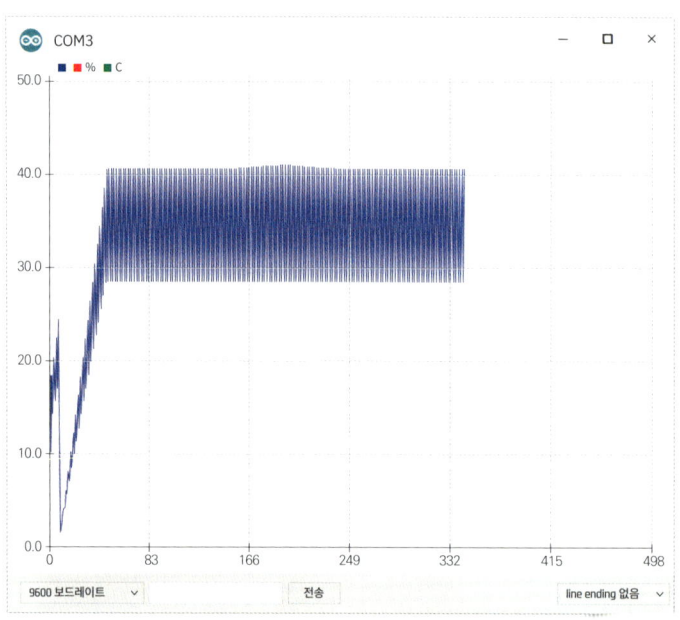

1️⃣1️⃣ 평균값 개선 사용 소프트웨어 코딩

아두이노 프로그램을 이용해 코딩한 예제입니다.

```
#include <dht.h>              //dht.zip 라이브러리를 설치해야 함
#define DHT22_PIN 7
#define num 20                //20개 측정값

dht DHT;

float temp[num];              //배열 작성
float humi[num];              //배열 작성
float temperature;
float humidity;
```

Example ≡

```
void setup()
{
  Serial.begin(9600);              //시리얼모니터 출력
  delay(300);
}

void loop()
{
  float chk = DHT.read22(DHT22_PIN);

  for (int i = 0; i < num - 1; i++) {
    temp[i] = temp[i + 1];
  }
  temp[num - 1] = DHT.temperature;

  for (int i = 0; i < num; i++) {
    temperature += temp[i];
  }
  temperature /= num;              //평균온도
  delay(10);

  for (int i = 0; i < num - 1; i++) {
    humi[i] = humi[i + 1];
  }
  humi[num - 1] = DHT.humidity;

  for (int i = 0; i < num; i++) {
    humidity += humi[i];
  }
  humidity /= num;                 //평균상대습도
  delay(10);
  Serial.print(temperature, 1);    //평균온도값 출력
  Serial.println(" C");
  Serial.print(humidity, 1);       //평균상대습도값 출력
  Serial.println(" %");
  delay(500);
}
```

지그비 ZigBee 통신을 이용한 온도와 상대습도 측정

OPEN SOURCE COMPUTER PROGRAM for SMART FARM

Arduino 아두이노

06

Arduino
아두이노

❶ 개요
아두이노와 지그비(XBee) 쉴드를 이용하여 시설 내부 또는 시설 외부의 온도와 상대습도를 측정하고, 지그비 통신을 이용하여 컴퓨터에서 환경자료를 받고자 합니다.

❷ 필요한 부품
실습에 필요한 부품 목록입니다(단, 점퍼 케이블은 최대 수량).

NO	부품명	사진	수량
1	아두이노 우노		2
2	온습도 센서 (DHT22/AM2302)		1
3	점퍼 케이블 (Male to Female)		3

4	XBee shield		2
5	XBee		2

ZigBee의 어원은 zig-zag와 Bee의 합성어로 벌이 이리지리 날아다니면서 다른 벌들과 의사소통을 하는 것에 착안하여 붙여진 이름입니다. ZigBee 통신은 다른 무선 통신에 비해 가격이 싸고, 저전력 이라는 특징을 가지는 개인 근거리 무선통신 표준 기술입니다. 주파수는 대부분 2.4GHz를 사용 하며, 대략 100m-1.7km까지 근거리 무선통신이 가능합니다. 2개의 아두이노를 이용한 경우, 송신부와 수신부 쪽의 아두이노 모두 코딩해야 하지만, 1개의 아두이노를 이용한 경우에는 송신부 쪽에서만 코딩하면 됩니다.

❸ 연결하기

온습도 센서, XBee 쉴드와 아두이노를 연결해 봅시다.

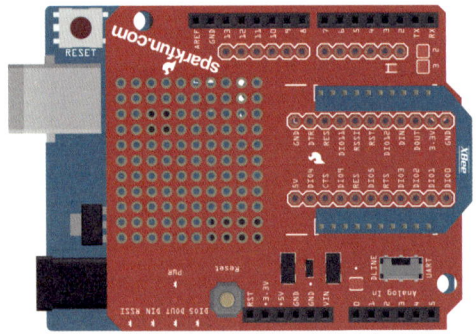 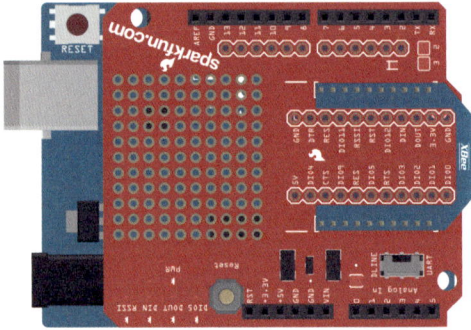

아두이노와 XBee 쉴드 연결(Master)　　아두이노와 XBee 쉴드 연결(Slave)

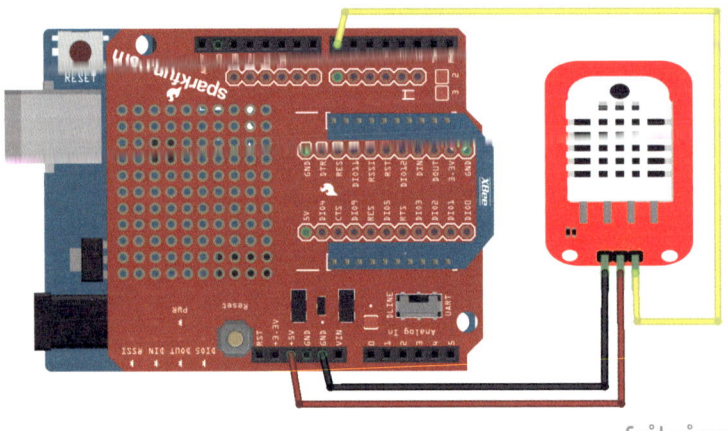

XBee 쉴드와 온습도를 연결합니다. 빨간색 선은 VCC와 XBee 쉴드의 5V,
검은색 선은 GND와 XBee 쉴드의 GND, 노란색 선은 아두이노 보드 D7에 연결합니다.

❹ 완성된 모습

Master

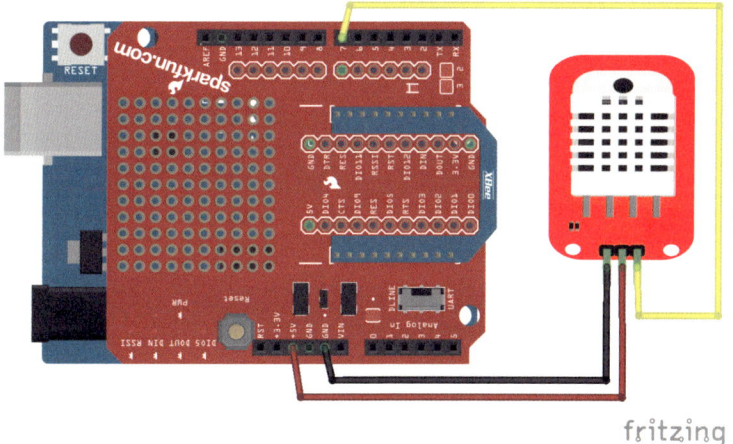

Slave

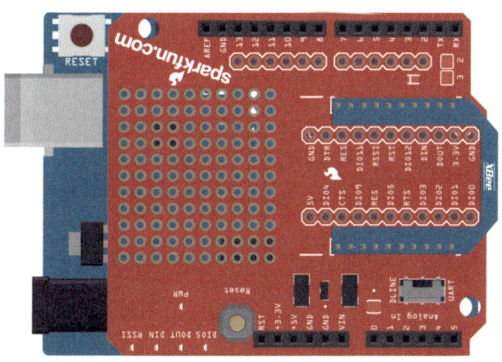

5 소프트웨어 코딩

아두이노 프로그램을 이용해 코딩한 예제입니다. Master는 온도와 상대습도를 측정하는 아두이노 기기를 말하고, Slave쪽은 환경 데이터를 받는 기기를 말합니다.

Example

```
#include <dht.h>
#include <SoftwareSerial.h>
#define DHT22_PIN 7

SoftwareSerial BTSerial(2, 3);
dht DHT;

float temperature ;
float humidity ;
float After_temperature;              //온도의 오류값을 대비한 변수
float After_humidity;                 //상대습도의 오류값을 대비한 변수

String readString;

void setup()
{
  Serial.begin(9600);
  BTSerial.begin(9600);
  delay(300);
}

void loop()
{
  float chk = DHT.read22(DHT22_PIN);

  temperature = DHT.temperature;
  humidity = DHT.humidity;

  if ((temperature <= -10) || (humidity > 100)) {   //오류값에 대한 검증
    temperature = After_temperature;                //이전값을 현재값에 입력
    humidity = After_humidity;
  }
  After_temperature = temperature;                  //현재값을 이전값에 입력
```

다음 페이지에 계속

```
readString = "";
String data = "$" + String(temperature) + "/" + String(humidity) + "$";
Serial.println(data);

while (Serial.available()) {
delay(3);
  char c = Serial.read();
  readString += c;
}
  delay(1000);
}
```

6 테스트 결과

온습도를 측정하기 위해 테스트한 결과로 시리얼모니터에 온도와 상대습도가 출력하는 화면입니다. 시리얼통신을 통해 비주얼베이직 프로그램에 이 측정값을 받아들이면 됩니다.

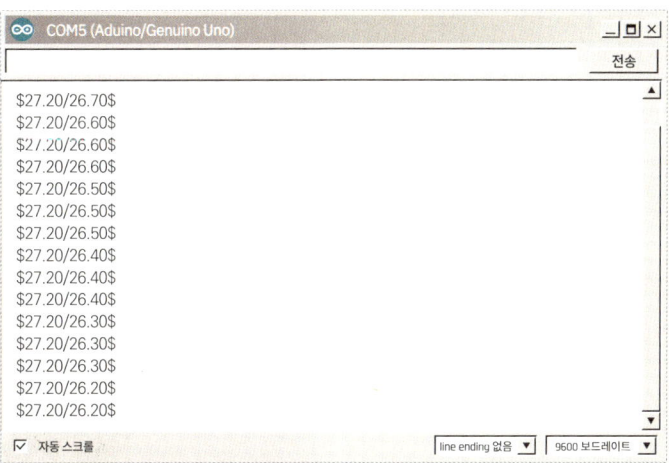

주의사항

아두이노 소프트웨어 코딩 시 블루투스 라이브러리(SoftwareSerial.zip)를 꼭 설치해야 합니다. 다음과 같은 홈페이지 다운로드합니다.

https://github.com/choyoungyeol/Arduino/blob/main/SoftwareSerial-master.zip

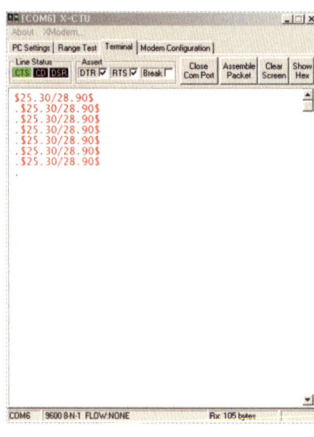

XBee 쉴드를 이용해 자료를 무선으로 받으려면 X-CTU 프로그램이 필요합니다. http://www.Digi.com에서 이 프로그램을 다운로드 해서 XBee Explorer Dongle과 연결하면 됩니다. 반드시 X-CTU 프로그램과 XBee 사용방법에 대해 숙지해야 합니다. 특히, X-CTU 프로그램에서 XBee 쉴드와 XBee Explorer Dongle의 ID가 같게 설정해야 합니다.

XBee 쉴드에는 스위치 위치가 중요합니다. 아두이노를 USB로 연결해서 XBee 세팅 중이거나 코딩 업로드 중일 때는 스위치가 DLINE 쪽으로 있어야 하며, XBee 통신을 할 때에는 그 반대쪽(UART)에 있어야 합니다. 서로 반대쪽에 있을 경우, 코딩이 업로드되지 않고 ZigBee 통신도 이루어지지 않으므로 주의해야 합니다.

이더넷 Ethernet 통신을 이용한 온도와 상대습도 측정

OPEN SOURCE COMPUTER PROGRAM for SMART FARM

Arduino 아두이노 + **App Inventor** 앱 인벤터

07

Arduino
아두이노

PART 1

❶ 개요
시설 내부 또는 시설 외부를 대상으로 온도와 상대습도를 측정하고자 하고, 이것을 인터넷 통신을 이용해 인터넷에서 볼 수 있게 합니다.

❷ 필요한 부품
실습에 필요한 부품 목록입니다(단, 점퍼 케이블은 최대 수량).

NO	부품명	사진	수량
1	아두이노 우노		1
2	인터넷 쉴드		1
3	온습도 센서 (DHT22/AM2302)		1
4	점퍼 케이블 (Female to Male)		3

❸ 연결하기

온습도 센서와 아두이노의 연결 방법입니다.

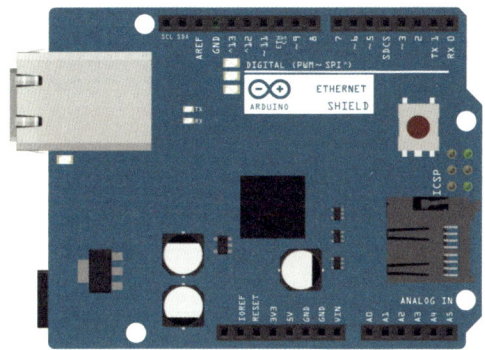

아두이노와 인터넷 쉴드를 연결합니다.

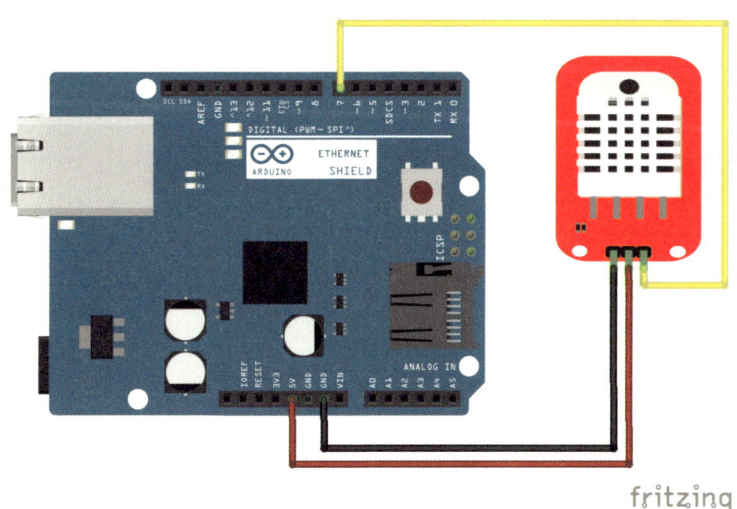

온습도 센서와 아두이노를 연결합니다. 빨간색 선은 5V, 검은색 선은 GND, 노란색 선은 아두이노 보드 D7에 연결합니다.

④ 완성된 모습

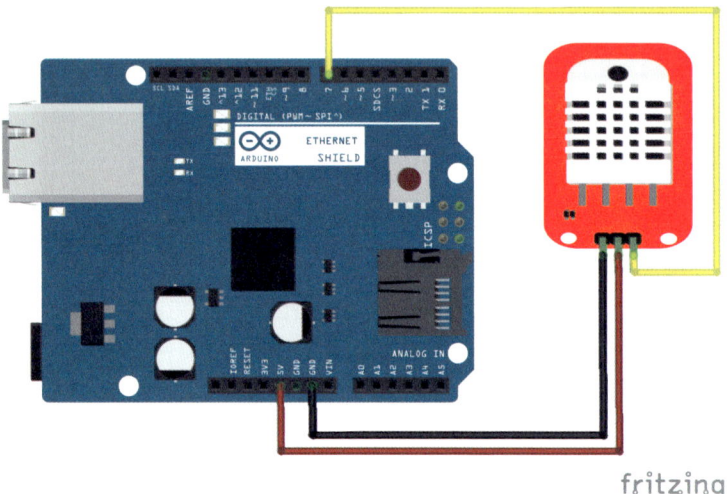

⑤ 소프트웨어 코딩

아두이노 프로그램을 이용해 코딩한 예제입니다.

```
//include <SPI.h>
#include <Ethernet.h>
#include <dht.h>
#define DHT22_PIN 7

dht DHT;

//Ethernet Shield MAC address
byte mac[] = { 0xDE, 0xAD, 0xBE, 0xEF, 0xFE, 0xED };

IPAddress dnServer(000, 000, 000, 000);
IPAddress gateway(000, 000, 000, 1);
IPAddress subnet(255, 255, 255, 0);
IPAddress ip(000, 000, 000, 000);          //IP 주소
EthernetServer server(80);
```

```
float temperature;
float After_temperature;
float humidity;
float After_humidity;

String readString;

void setup() {
  Serial.begin(9600);
  Serial.println("Sensor Ready");
  Serial.println("Trying to get an IP address using DHCP");
  Ethernet.begin(mac, ip, dnServer, gateway, subnet);
  server.begin();
}

void loop() {
  float chk = DHT.read22(DHT22_PIN);
  temperature = DHT.temperature;
  humidity = DHT.humidity;

  if ((temperature <= -10) || (humidity > 100)) {
    temperature = After_temperature;
    humidity = After_humidity;
  }
  After_temperature = temperature;
  After_humidity = humidity;
  readString = "";
  String data = "$" + String(temperature) + "/" + String(humidity) + "$";
  Serial.println(data);

  while (Serial.available()) {
    delay(3);
    char c = Serial.read();
    readString += c;
  }
  delay(1000);

  EthernetClient client = server.available();
  if (client.available()) {
    char c = client.read();
```

다음 페이지에 계속

> Example

```
        client.println("HTTP/1.1 200 OK");
        client.println("Content-Type: text/html");
        client.println("Connnection: close");
        client.println();
        client.println("<!DOCTYPE HTML>");
        client.println("<html>");
        client.println("<center>");
        client.print("<br><br><br>");
        client.print("<font size=3 color=black> <b>");
        client.print("Greenhouse Environment Condition<br>");
        client.print("<br>");
        client.print("<font size=2 color=green> <b>");
        client.print("Temperature = ");
        client.print(temperature, 1);
        client.print(" oC");
        client.print(" ");
        client.print(" ");
        client.print(" ");
        client.print("<font size=2 color=green> <b>");
        client.print("Relative Humidity = ");
        client.print(humidity, 1);
        client.print(" %");
        cllent.print("<br><br><br>");
        client.println("<font size=2 color=red><b>");
        client.println("Set Temperature : ");
        client.print("24");
        client.print(" oC");
        client.print(" ");
        client.print(" ");
        client.print(" ");
        client.println("Set Relative Humidity : ");
        client.print("40");
        client.print(" %");
        client.print("<br>");
        client.println("</body>");
        client.println("</html>");
        delay(1);
        client.stop();
      }
    }
```

6 테스트 결과

온습도를 측정하기 위해 테스트한 결과로 시리얼 모니터에 온도와 상대습도를 출력하는 화면입니다. 인터넷 연결도 확인할 수 있습니다.

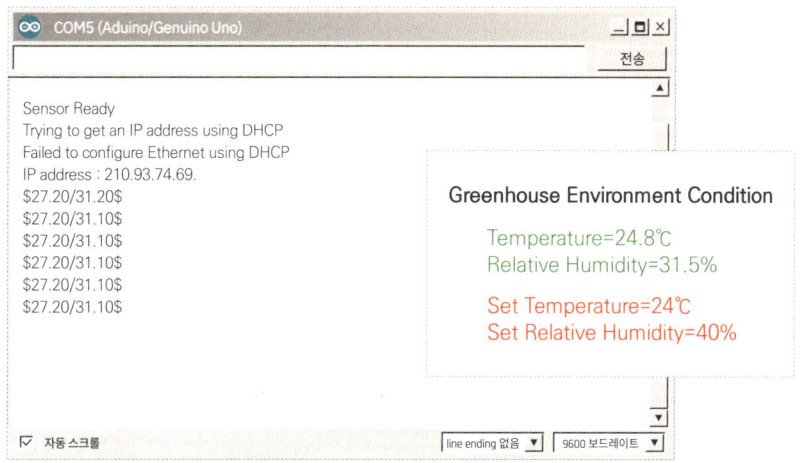

| 주의사항 | • 아두이노 소프트웨어 코딩 시 센서와 인터넷 쉴드에 맞는 라이브러리를 꼭 설치해야 합니다. 필요한 라이브러리는 SPI.h, Ethernet.h와 dht.h 입니다. |

• 아두이노 보드 설정은 Arduino Uno가 아닌 Arduino Ethernet으로 해야 합니다.

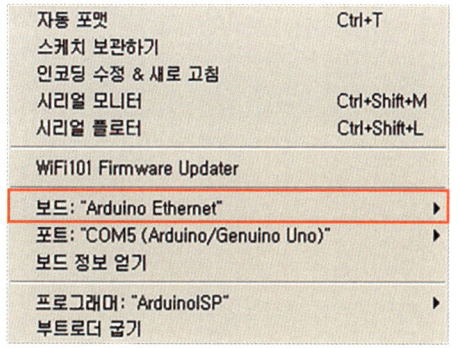

• 인터넷 주소는 고정 IP이어야 합니다. 유동 IP인 경우, 인터넷 주소가 계속해서 변동되므로 주의해야 합니다. Mac 주소는 인터넷 쉴드 뒷면에 표기되어 있습니다.

App Inventor
앱 인벤터

1 개요
시설 내부 또는 시설 외부의 온도와 상대습도를 측정하고, 이것을 인터넷 통신을 이용해 핸드폰으로 측정 환경값을 볼 수 있게 합니다.

2 아두이노 연결

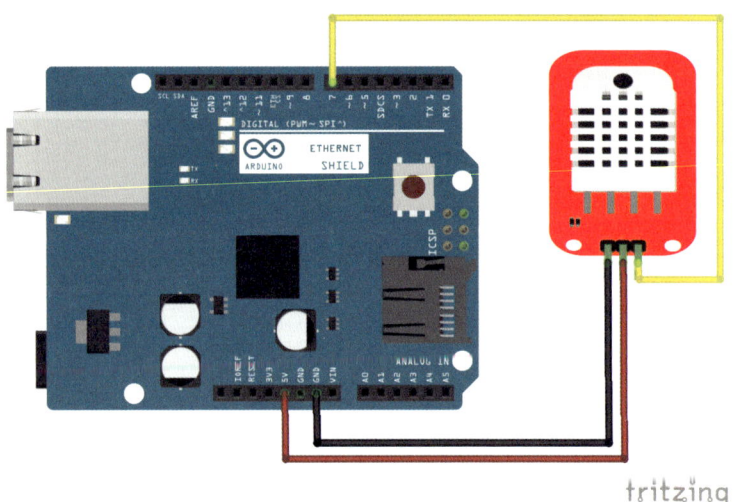

③ 프로그램 화면

프로그램 화면을 다음과 같이 만듭니다.

Designer | 화면

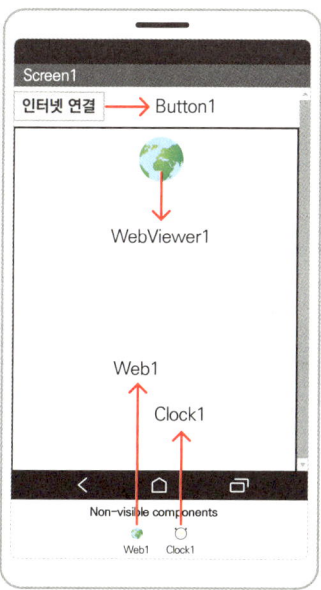

Block | 코딩

4 테스트 결과

온습도를 측정하기 위해 테스트한 결과로 인터넷을 통해 핸드폰 화면에 온도와 상대습도를 출력한 결과입니다.

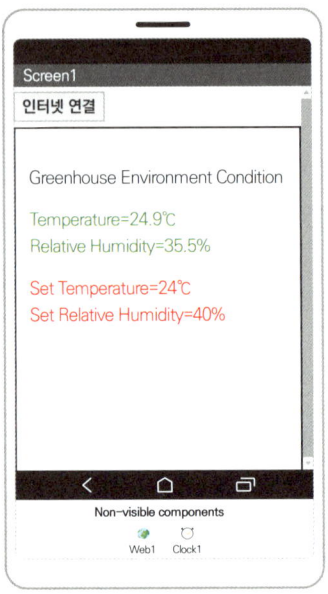

주의사항

- 핸드폰의 어플 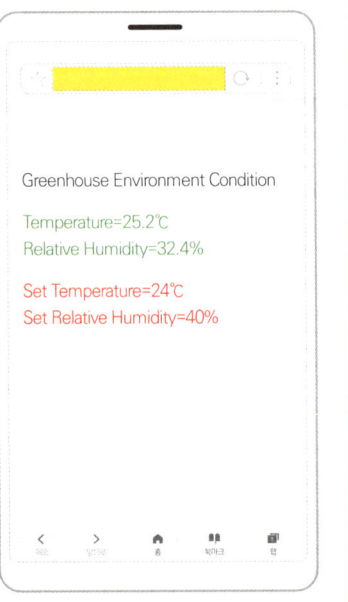 에서 직접 IP address를 치면 환경 측정값을 볼 수도 있습니다. 노란색 영역에 인터넷 주소를 입력해야 합니다.

와이파이 WiFi 통신을 이용한 온도와 상대습도 측정

OPEN SOURCE COMPUTER PROGRAM
for SMART FARM

Arduino + **App Inventor**
아두이노 앱 인벤터

08

Arduino
아두이노

1 개요
시설 내부 또는 시설 외부의 온도와 상대습도를 측정하고자 하고, 이것을 인터넷 통신 중 와이파이(WiFi) 통신으로 측정 환경값들을 볼 수 있게 합니다.

2 필요한 부품
실습에 필요한 부품 목록입니다(단, 점퍼 케이블은 최대 수량).

NO	부품명	사진	수량
1	아두이노 우노		1
2	온습도 센서 (DHT22/AM2302)		1
3	점퍼 케이블 (Male to Male) (Female to Male)		5 3
4	와이파이 쉴드		1

③ 연결하기

온습도 센서와 아두이노의 연결 방법입니다.

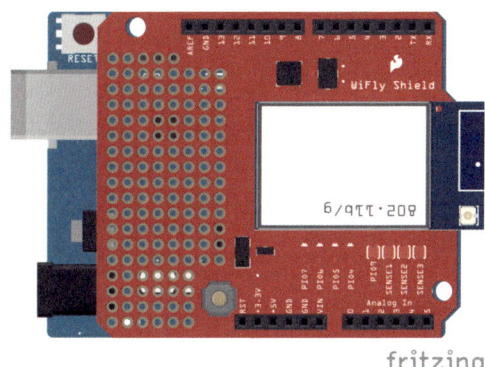

아두이노와 와이파이 쉴드를 연결합니다.

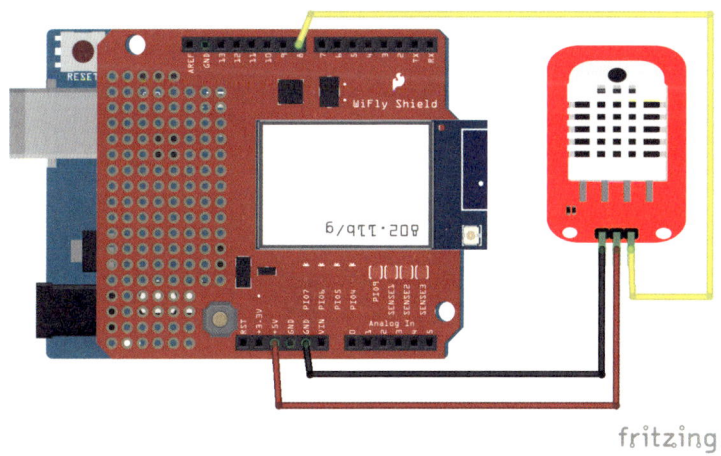

온습도 센서와 아두이노를 연결합니다. 빨간색 선은 5V,
검은색 선은 GND, 노란색 선은 아두이노 보드 D7에 연결합니다.

❹ 완성된 모습

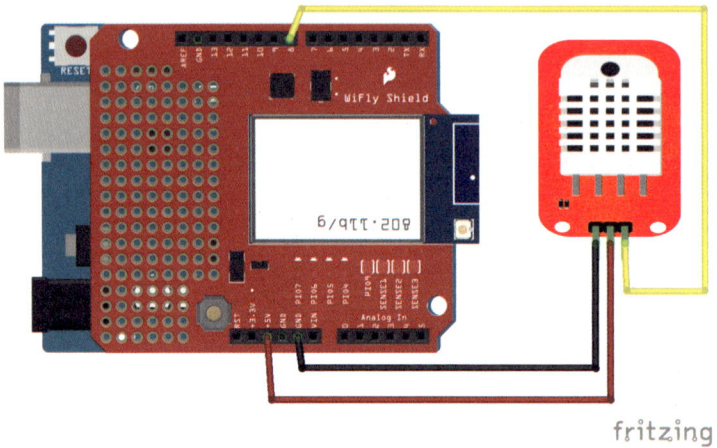

❺ 소프트웨어 코딩
아두이노 프로그램을 이용해 코딩한 예제입니다.

```
#include <SPI.h>
#include <WiFi.h>
#include <dht.h>
#define DHT22_PIN 8

dht DHT;
float temperature;
float After_temperature;
float humidity;
float After_humidity;
String readString;

char ssid[] = "000000";           //무선 ID
char pass[] = "000000";           //비밀번호
int keyIndex = 0;
```

다음 페이지에 계속

Example

```
int status = WL_IDLE_STATUS;
WiFiServer server(80);
void setup() {
  //Initialize serial and wait for port to open:
  Serial.begin(9600);
  if (WiFi.status() == WL_NO_SHIELD) {
    Serial.println("WiFi shield not present");
    while (true);
  }
  while ( status != WL_CONNECTED) {
    Serial.print("Attempting to connect to SSID: ");
    Serial.println(ssid);
    status = WiFi.begin(ssid, pass);
  }
  server.begin();
  printWifiStatus();
}

void loop() {
  float chk = DHT.read22(DHT22_PIN);
  temperature = DHT.temperature;
  humidity = DHT.humidity;
  if ((temperature <= -10) || (humidity > 100)) {
    temperature = After_temperature;
    humidity = After_humidity;
  }
  After_temperature = temperature;
  After_humidity = humidity;
  WiFiClient client = server.available();
  if (client) {
    Serial.println("new client");
    boolean currentLineIsBlank = true;
    while (client.connected()) {
      if (client.available()) {
        char c = client.read();
        if (c == '\n' && currentLineIsBlank) {
          client.println("HTTP/1.1 200 OK");
          client.println("Content-Type: text/html");
```

다음 페이지에 계속

Example

```
            client.println("Connection: close");
            client.println("Refresh: 1");
            client.println();
            client.println("<!DOCTYPE HTML>");
            client.println("<meta charset=utf-8/>");
            client.print("<meta name=view content=width=device-width, ");
              client.println("initial-scale=1.0, maximum-scale=1.0, minimum-scale=1.0, user-scalable=no />");
            client.println("<html>");
            client.println("<head>");
            client.println("<title>Environment Condition</title>");
            client.println("</head>");
            client.println("<h1>Many Sensor</h1>");
            client.println("<div data-role=content>");
            client.print("Temperature = ");
            client.println(temperature);
            client.println("<br>");
            client.println("<br>");
            client.print("Relative humidity = ");
            client.println(humidity);
            client.println("<br>");
            client.println("</div>"),
            client.println("</body>");
            client.println("</html>");
            break;
          }
          if (c == '\n') {
            currentLineIsBlank = true;
          } else if (c != '\r') {
            currentLineIsBlank = false;
          }
        }
      }
    delay(1);
    client.stop();
    Serial.println("client disonnected");
  }
  readString = "";
```

```
    String data = "$" + String(temperature) + "/" + String(humidity) + "$";
    Serial.println(data);
    delay(2000);
}
void printWifiStatus() {
  // print the SSID of the network you're attached to:
  Serial.print("SSID: ");
  Serial.println(WiFi.SSID());

  // print your WiFi shield's IP address:
  IPAddress ip = WiFi.localIP();
  Serial.print("IP Address: ");
  Serial.println(ip);

  // print the received signal strength:
  long rssi = WiFi.RSSI();
  Serial.print("signal strength (RSSI):");
  Serial.print(rssi);
  Serial.println(" dBm");
}
```

6 테스트 결과

온습도를 측정하기 위해 테스트한 결과로 시리얼모니터에 온도와 상대습도를 출력하는 화면입니다. 인터넷 연결도 확인할 수 있습니다.

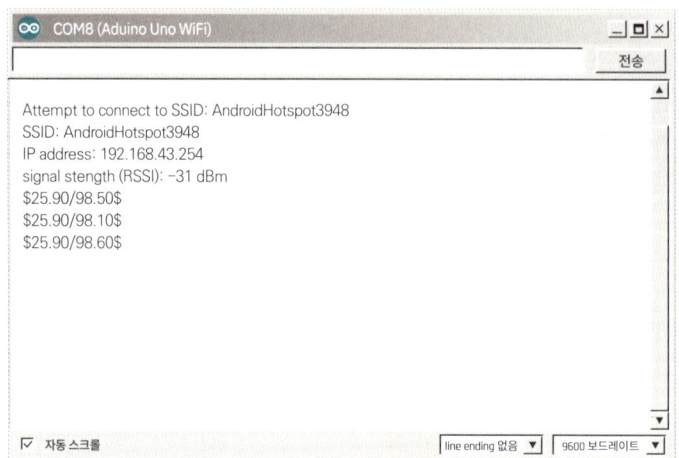

| 주의사항 | 아두이노 소프트웨어 코딩 시 센서와 인터넷 쉴드에 맞는 라이브러리를 꼭 설치해야 합니다. 필요한 라이브러리는 SPI.h, WiFi.h와 dht.h입니다. |

아두이노 보드 설정은 Arduino Uno가 아닌 Arduino Uno WiFi로 해야 합니다.

인터넷 주소는 고정 IP이어야 합니다. Mac 주소는 인터넷 쉴드 뒷면에 표기되어 있습니다.

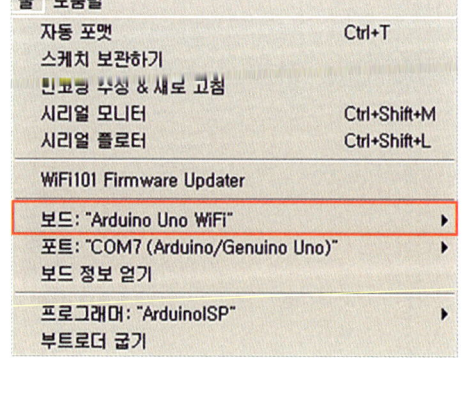

App Inventor
앱 인벤터

1 개요
시설 내부 또는 시설 외부의 온도와 상대습도를 측정하고, 이것을 인터넷 통신을 이용해 핸드폰으로 측정 환경값을 볼 수 있게 합니다.

2 아두이노 연결

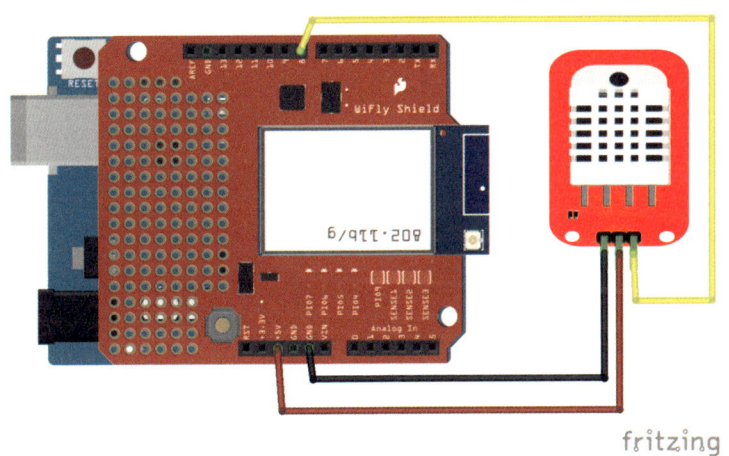

❸ 프로그램 화면

프로그램 화면을 다음과 같이 만듭니다.

Designer | 화면

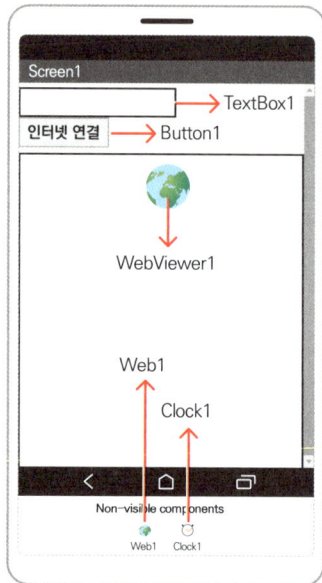

Block | 코딩

❹ 테스트 결과

온습도를 측정하기 위해 테스트한 결과로 인터넷을 통해 핸드폰 화면에 온도와 상대습도를 출력한 결과입니다. 노란색 영역에 인터넷 주소를 입력합니다.

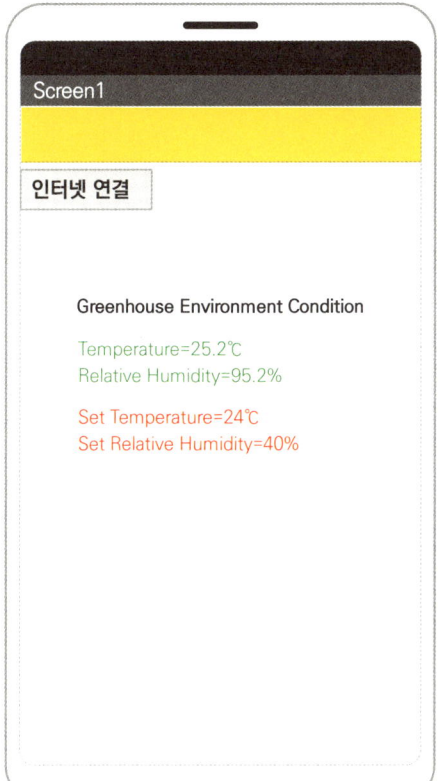 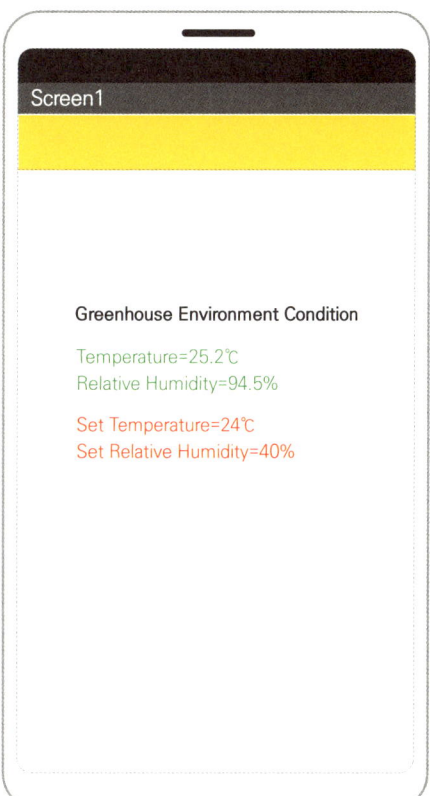

와이파이 ESP8266 통신을 이용한 온도와 상대습도 측정

OPEN SOURCE COMPUTER PROGRAM for SMART FARM

Arduino 아두이노 + **App Inventor** 앱 인벤터

09

Arduino
아두이노

PART 1

① 개요
시설 내부 또는 시설 외부의 온도와 상대습도를 측정하고자 하고, 이것을 인터넷 통신 중 와이파이 (ESP8266) 통신으로 측정 환경값들을 볼 수 있게 합니다.

② 필요한 부품
실습에 필요한 부품 목록입니다(단, 점퍼 케이블은 최대 수량).

NO	부품명	사진	수량
1	아두이노 메가		1
2	온습도 센서 (DHT22/AM2302)		1
3	점퍼 케이블 (Male to Male) (Female to Male)		5 3
4	ESP8266		1

③ 연결하기

온습도 센서와 아두이노 및 ESP8266 연결 방법입니다.

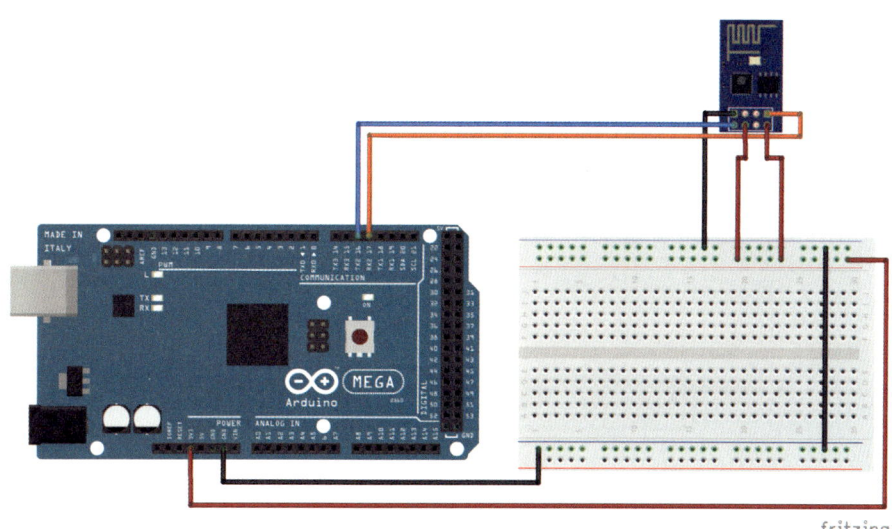

아두이노와 ESP8266을 연결합니다. 빨간색 선은 3.3V,
검은색 선은 GND, 주황색 선은 RX2, 파란색 선은 TX2에 연결합니다.

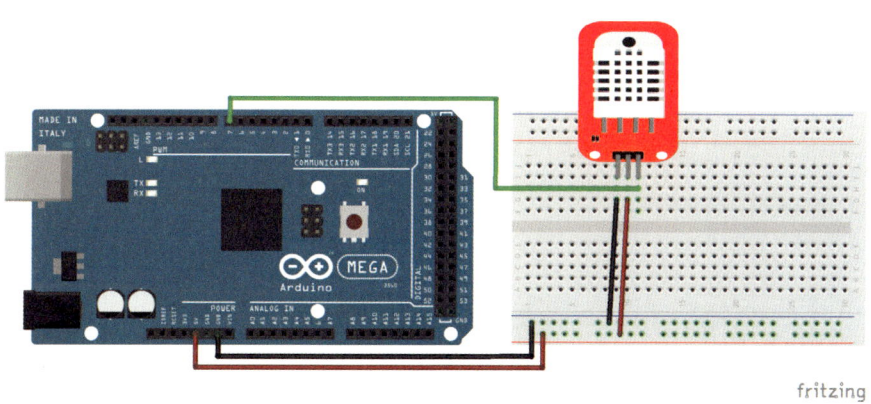

온습도 센서와 아두이노를 연결합니다. 빨간색 선은 5V,
검은색 선은 GND, 녹색 선은 아두이노보드 D7에 연결합니다.

④ 완성된 모습

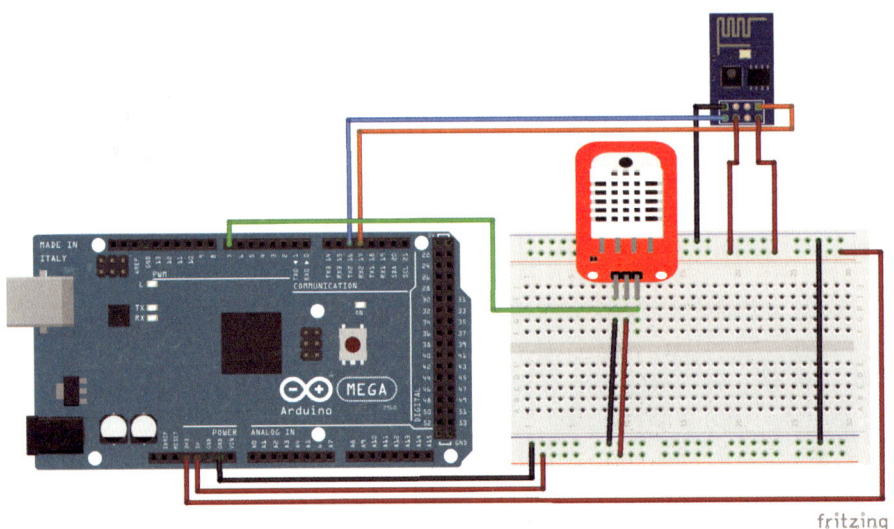

⑤ 소프트웨어 코딩

아두이노 프로그램을 이용해 코딩한 예제입니다.

```
#include "WiFiEsp.h"
#include <dht.h>
#define DHT22_PIN 7
dht DHT;
float temperature ;
float humidity ;
char ssid[] = "ID*******";          // your network SSID (name)
char pass[] = "Password**";         // your network password
int status = WL_IDLE_STATUS;        // the Wifi radio's status
int reqCount = 1;
WiFiEspServer server(80);

void setup()
{
  Serial.begin(115200);
  Serial2.begin(115200);
  WiFi.init(&Serial2);
```

Example

```
    if (WiFi.status() == WL_NO_SHIELD) {
      Serial.println("WiFi shield not present");
      while (true);
    }
    while ( status != WL_CONNECTED) {
      Serial.print("Attempting to connect to WPA SSID: ");
      Serial.println(ssid);
      status = WiFi.begin(ssid, pass);
    }
    Serial.println("You're connected to the network");
    printWifiStatus();

    server.begin();
}

void loop()
{
    float chk = DHT.read22(DHT22_PIN);
    temperature = DHT.temperature;        //온도
    humidity = DHT.humidity;              //상대습도

    WiFiEspClient client = server.available();
    if (client) {
      Serial.println("New client");
      boolean currentLineIsBlank = true;
      while (client.connected()) {
        if (client.available()) {
          char c = client.read();
          Serial.write(c);
          if (c == '\n' && currentLineIsBlank) {
            Serial.println("Sending response");
            client.print(
              "HTTP/1.1 200 OK\r\n"
              "Content-Type: text/html\r\n"
              "Connection: close\r\n"
              "Refresh: 20\r\n"
              "\r\n");
            client.print("<!DOCTYPE HTML>\r\n");
            client.print("<html>\r\n");
            client.print("<h1>Temperature and Humidity</h1>\r\n");
            client.print("Temperature : ");
```

```
            client.print(temperature);
            client.print(" oC");
            client.print("<br>\r\n");
            client.print("Humidity : ");
            client.print(humidity);
            client.print(" %");
            client.print("<br>\r\n");
            client.print("</html>\r\n");
            break;
          }
          if (c == '\n') {
            currentLineIsBlank = true;
          }
          else if (c != '\r') {
            currentLineIsBlank = false;
          }
        }
      }
    }
    delay(10);
    //client.stop();
    Serial.println("Client disconnected");
  }
  delay(1500);
  Serial2.print(temperature);
  Serial2.print(", ");
  Serial2.println(humidity);
}

void printWifiStatus()
{
  Serial.print("SSID: ");
  Serial.println(WiFi.SSID());
  IPAddress ip = WiFi.localIP();
  Serial.print("IP Address: ");
  Serial.println(ip);
  Serial.println();
  Serial.print("To see this page in action, open a browser to http://");
  Serial.println(ip);
  Serial.println();
}
```

6 테스트 결과

온습도를 측정하기 위해 테스트한 결과로 시리얼 모니터에 IP를 출력하는 화면입니다. 인터넷 연결도 확인할 수 있습니다.

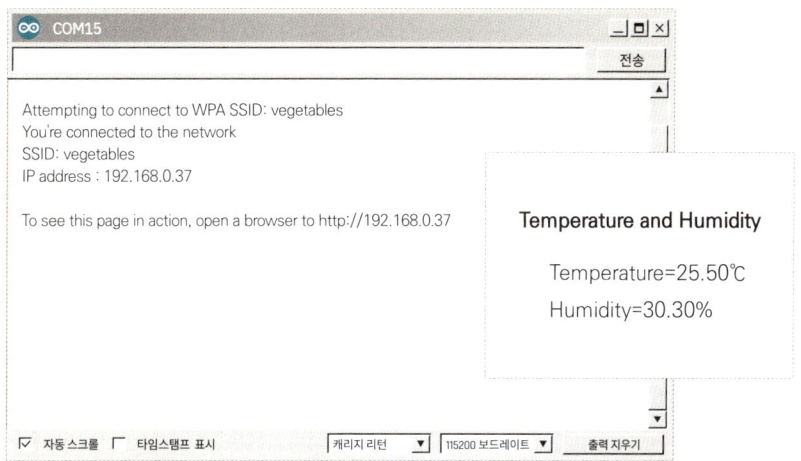

주의사항 및 참고사항

- 시리얼은 직렬이라는 뜻으로 연속적으로 통신 채널이나 컴퓨터 버스를 거쳐 한번에 하나의 비트 단위로 데이터를 전송하는 과정을 말합니다. 아두이노 우노에서는 시리얼 통신을 사용하는 경우 0과 1번 핀을 디지털 입출력으로 사용할 수 없습니다.

- 통신속도(Baud Rate)는 직렬 전송의 변조 속도를 1초간에 전송되는 신호의 수를 나타낸 값으로 단위는 bps(bit per second)입니다. 값이 높을수록 속도가 빠르지만 값이 너무 높거나 양쪽의 설정값이 다른 경우 데이터 수신에 문제가 발생합니다.

- ESP8266 모듈은 사물인터넷 등을 구성할 때 필요한 와이파이 제품에서 가장 보편적인 모델 중 하나로, 시리얼 통신을 통해 AT명령으로 설정이 변경 가능합니다. 전원은 3.3V에서 동작합니다. 이 모듈의 초기 통신 속도는 115200bps로 설정되어 있습니다.

App Inventor
앱 인벤터

1 개요

시설 내부 또는 시설 외부의 온도와 상대습도를 측정하고, 이것을 인터넷 통신을 이용해 핸드폰으로 측정 환경값을 볼 수 있게 합니다.

2 아두이노 연결

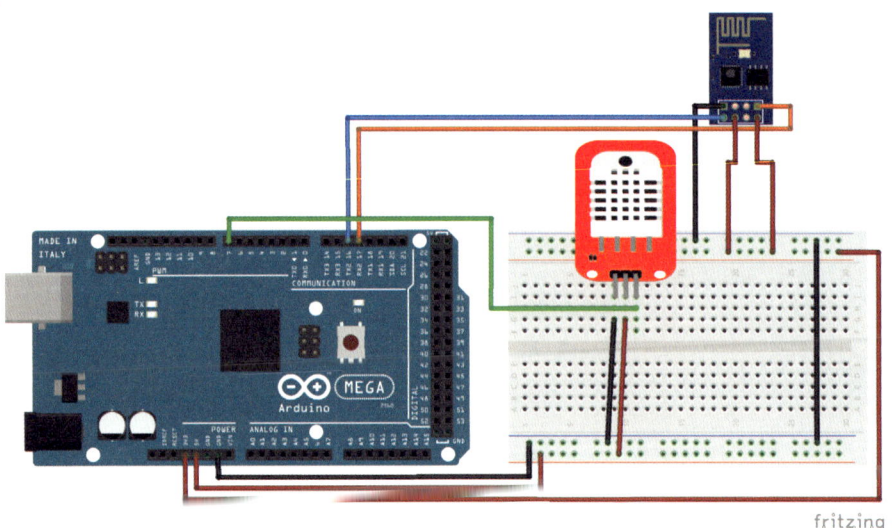

3 프로그램 화면

프로그램 화면을 다음과 같이 만듭니다.

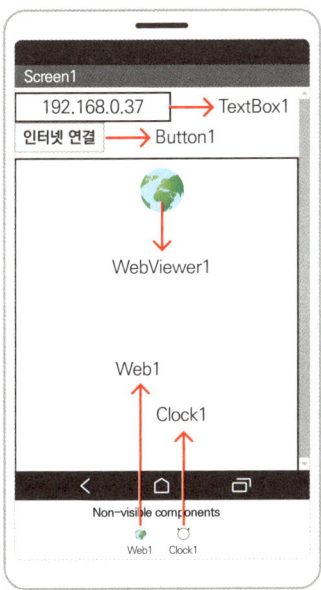

4 테스트 결과

온습도를 측정하기 위해 테스트한 결과로 인터넷을 통해 핸드폰 화면에 온도와 상대습도를 출력한 결과입니다.
노란색 영역에 인터넷 주소를 입력합니다.

와이파이 ESP8266 통신을 이용한 환경 제어

OPEN SOURCE COMPUTER PROGRAM
for SMART FARM

Arduino 아두이노 + **App Inventor** 앱 인벤터

10

Arduino
아두이노

1 개요
인터넷 통신 중 와이파이(ESP8266) 통신으로 환경을 제어하고자 합니다.

2 필요한 부품
실습에 필요한 부품 목록입니다(단, 점퍼 케이블은 최대 수량).

NO	부품명	사진	수량
1	아두이노 메가		1
2	점퍼 케이블 (Male to Male) (Female to Male)		4 8
3	ESP8266		1
4	1 릴레이 모듈 (1 Relay Module)		1

③ 연결하기

아두이노와 릴레이 및 ESP8266 연결 방법입니다.

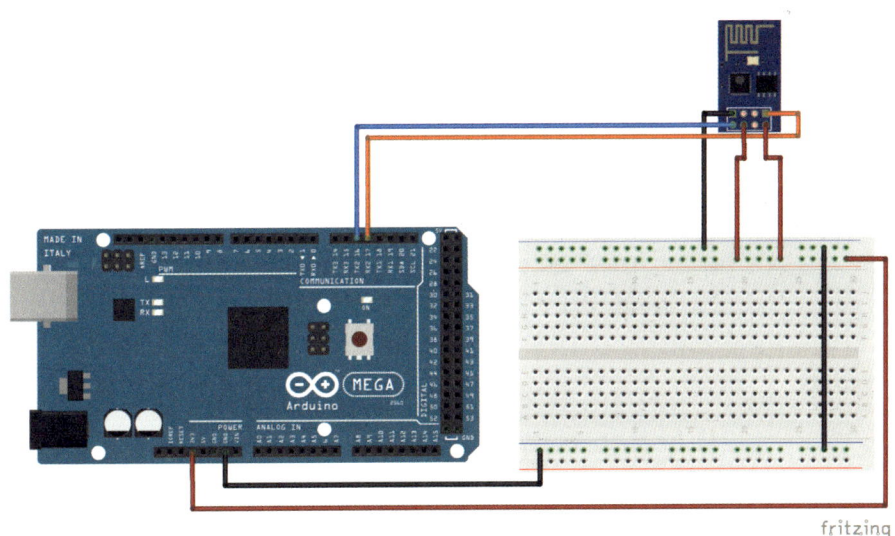

아두이노와 ESP8266을 연결합니다. 빨간색 선은 3.3V,
검은색 선은 GND, 주황색 선은 RX2, 파란색 선은 TX2에 연결합니다.

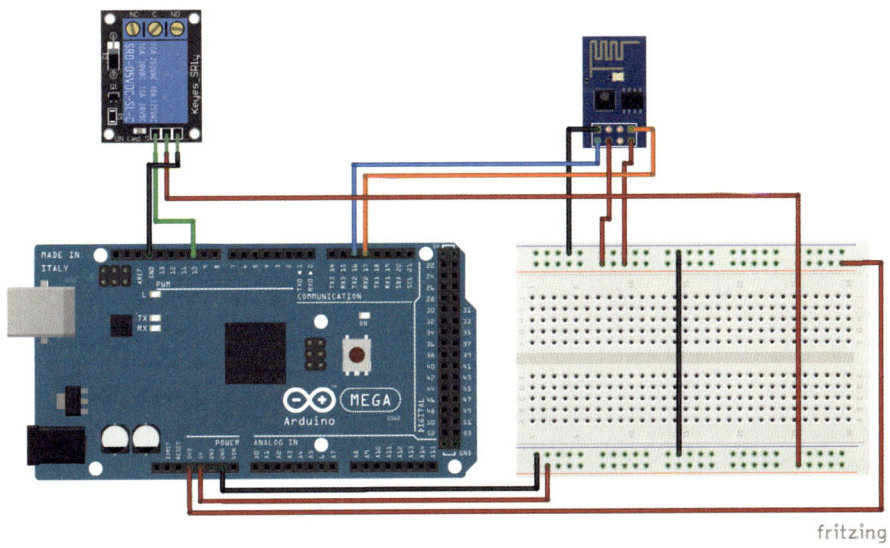

아두이노와 릴레이를 연결합니다. 빨간색 선은 5V, 검은색 선은 GND,
녹색 선은 아두이노 보드 D10에 연결합니다.

④ 완성된 모습

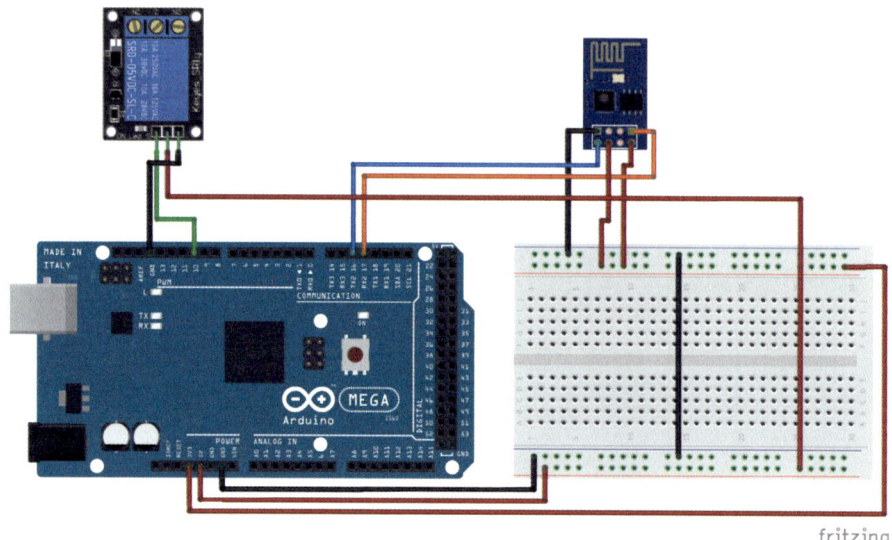

⑤ 소프트웨어 코딩

아두이노 프로그램을 이용해 코딩한 예제입니다.

```
#include "WiFiEsp.h"
#include <Servo.h>
#define Relay 10
char ssid[] = "vegetables";              // your network SSID (name)
char pass[] = "CYN1128!cyr",             // your network password
int status = WL_IDLE_STATUS;             // the Wifi radio's status
WiFiEspServer server(80);
int Relay_value = 0;

void setup()
{
  Serial.begin(9600);
  Serial2.begin(9600);
  pinMode(Relay, OUTPUT);
  digitalWrite(Relay, LOW);
  WiFi.init(&Serial2);
```

```
    WiFi.begin(ssid, pass);  // 네트웍에 설정된 id와 패스워드로 접속을 합니다.
    while (WiFi.status() != WL_CONNECTED) {
      delay(500);
      Serial.print(".");
    }
    Serial.println("");
    Serial.println("WiFi connected");
    // 서버 시작
    server.begin();
    Serial.println("Server started");
    // 서버의(esp8266) IP 주소를 출력합니다
    Serial.println(WiFi.localIP());
}

void loop()
{
  // 클라이언트가 접속하는지 체크 합니다
  WiFiEspClient client = server.available();
  if (!client) {
    return;
  }
  // 클라이언트가 데이터를 보낼 때까지 기다립니다.
  Serial.println("new client");
  while (!client.available()) {
    delay(1);
  }
  // 요청 첫 줄을 읽어 옵니다.
  String req = client.readStringUntil('\r');
  Serial.println(req);
  client.flush();
  // 요청 사항과 비교해봅니다.
  if (req.indexOf("/Relay/0") != -1) {
    Relay_value = 0;
  } else if (req.indexOf("/Relay/1") != -1) {
    Relay_value = 1;
  } else {
    Serial.println("invalid request");
    client.stop();
    return;
```

다음 페이지에 계속

Example

```
    }
    // 요청에 따라 셋팅합니다(ON 또는 OFF)
    digitalWrite(Relay, Relay_value);
    client.flush();
    // 응답을 준비합니다.
    String s1 = "HTTP/1.1 200 OK\r\nContent-Type: text/html\r\n\r\n \r\n\r\nRelay is now ";
    s1 += (Relay_value) ? "HIGH" : "LOW"; //Relay_value 값에 따라 HIGH 또는 LOW 응답합니다.
    s1 += "\n";
    // 클라이언트로 응답을 보냅니다
    client.print(s1);
    delay(1);
    Serial.println("Client disonnected");
}
```

App Inventor
앱 인벤터

1 개요
인터넷 통신을 이용해 핸드폰으로 측정 환경값을 제어해 봅시다.

2 아두이노 연결

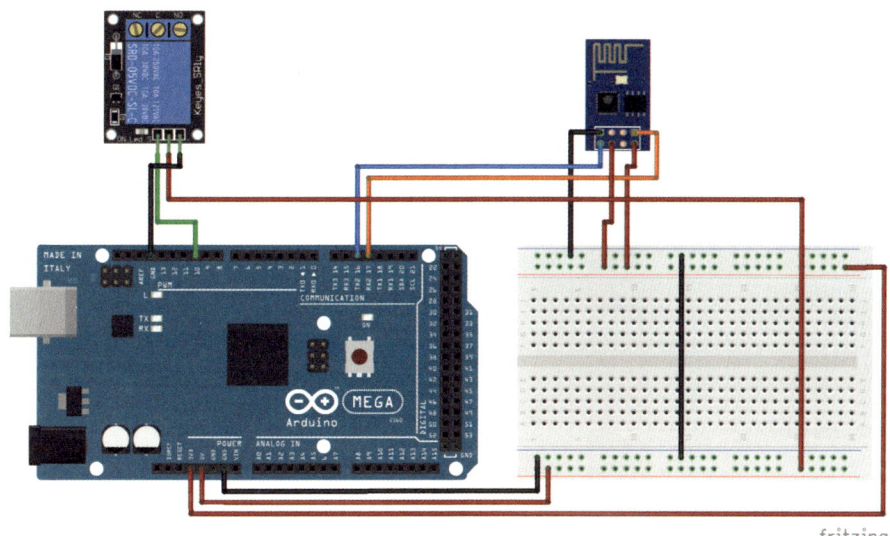

3 프로그램 화면

프로그램 화면을 다음과 같이 만듭니다.

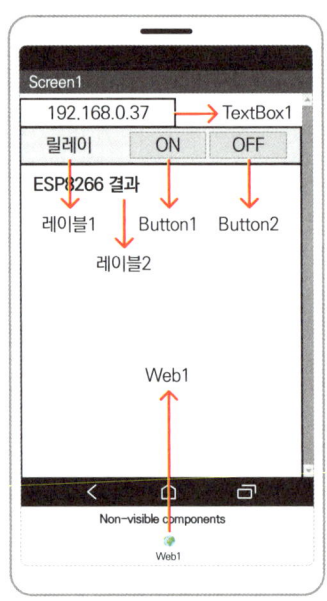

4 테스트 결과

앱의 ON과 OFF 버튼을 클릭했을 때, 릴레이가 작동되는 것을 볼 수 있습니다.

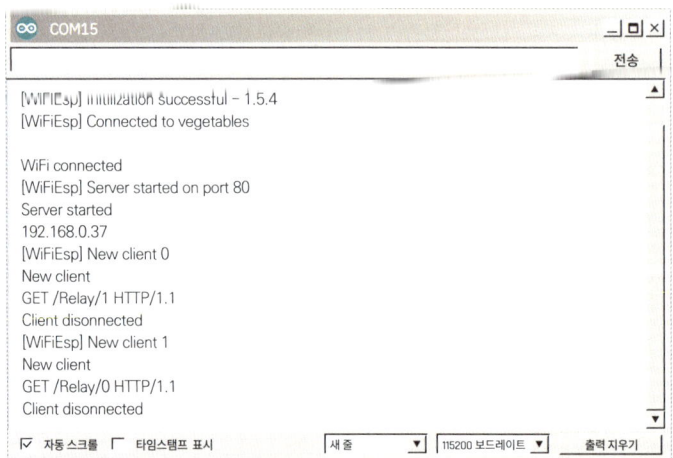

블루투스
통신을 이용한
온도와 상대습도 측정,
제어 및 저장

OPEN SOURCE COMPUTER PROGRAM
for SMART FARM

Arduino
아두이노

11

Arduino
아두이노

PART 1

❶ 개요
시설 내부 또는 시설 외부의 온도와 상대습도를 측정하고, 온도나 상대습도를 제어할 수 있으며, 측정 환경값들을 저장하고자 합니다.

❷ 필요한 부품
실습에 필요한 부품 목록입니다(단, 점퍼 케이블은 최대 수량).

NO	부품명	사진	수량
1	아두이노 우노		1
2	온습도 센서 (DHT22/AM2302)		1
3	점퍼 케이블 (Male to Male) (Female to Male)		15 11
4	브레드보드		1

5	블루투스 (HC-06)		1
6	SD 쉴드 (Data Logging Shield)		1
7	SD card		1
8	2 릴레이 모듈 (2 Relay Module)		1
9	적색 LED 청색 LED		1 1

❸ 연결하기

온습도 센서, SD 쉴드, 블루투스 및 아두이노의 연결 방법입니다.

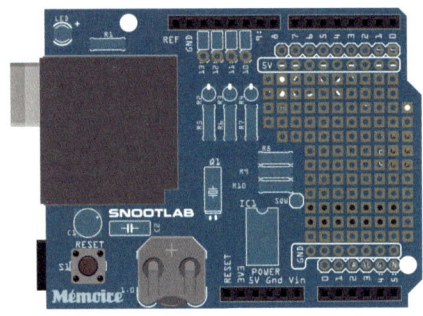

아두이노, SD 쉴드를 연결합니다.

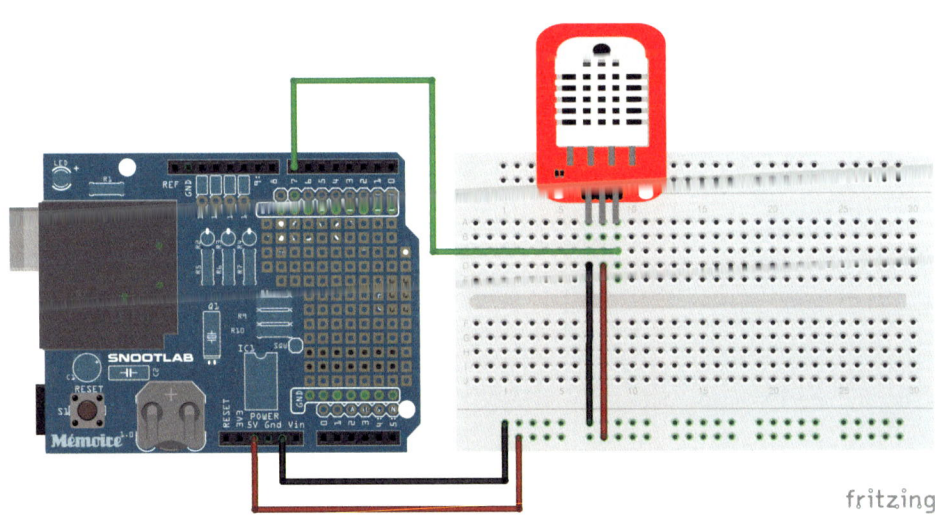

온습도 센서와 브레드보드를 연결합니다.
빨간색 선은 5V, 검은색 선은 GND, 노란색 선은 아두이노보드 D7에 연결합니다.

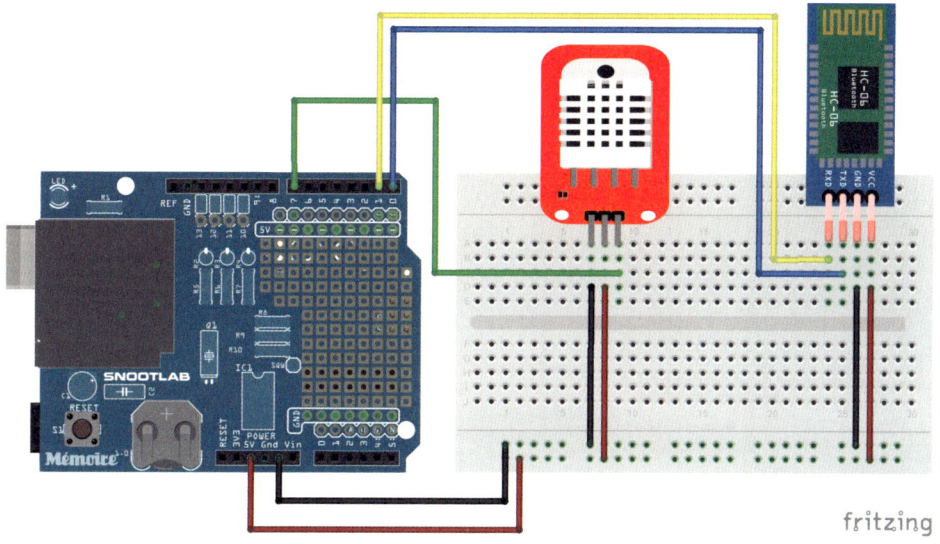

아두이노와 블루투스 모듈을 연결합니다. 블루투스 센서의 빨간색 선은 5V,
검은색 선은 GND, 파란색 선은 아두이노 보드의 D0(RX), 노란색 선은 D1(TX)에 연결합니다.

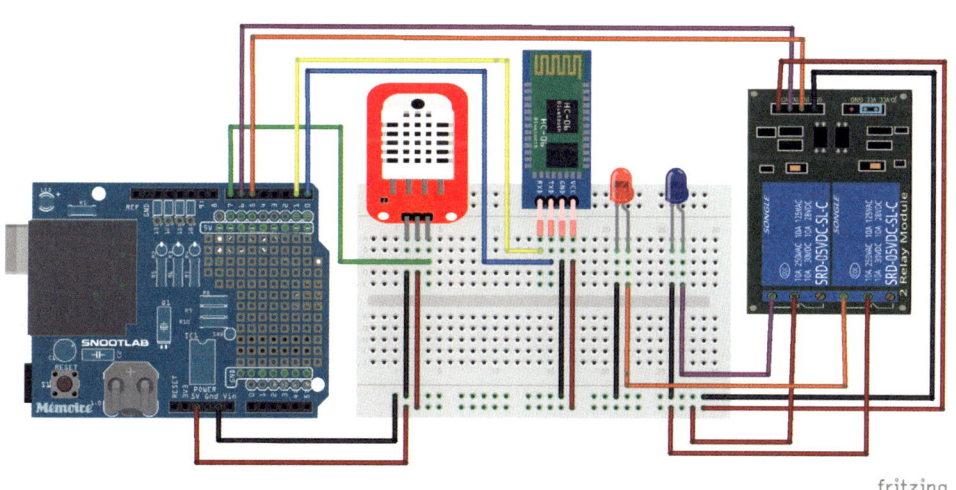

릴레이와 아두이노를 연결합니다. 빨간색 선은 릴레이의 VCC와 아두이노 보드의 5V, 검은색 선은 릴레이의 GND와 아두이노 보드의 GND, 오렌지색은 릴레이의 NI1과 아두이노 보드의 D5, 보라색 선은 릴레이의 NI2와 아두이노 보드의 D6과 연결. 적색과 청색 LED의 음극(-)은 GND와 연결, 적색 LED의 양극(+)은 릴레이 NI1의 NO1와 청색 LED의 양극(+)은 릴레이 NI2의 NO2와 연결합니다.

❹ 완성된 모습

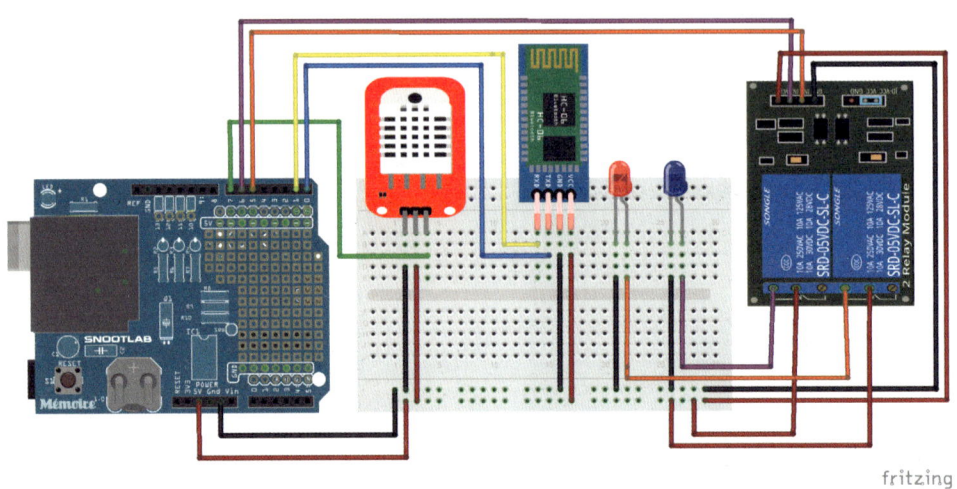

❺ 소프트웨어 코딩

아두이노 프로그램을 이용해 코딩한 예제입니다.

```
#include <SD.h>
#include <Wire.h>
#include <RTClib.h>
#include <SPI.h>
#include <dht.h>
#include <SoftwareSerial.h>
#define DHT22_PIN 7                         //온도 D7 연결
#define Temp_Cont 5                         //D5 온도제어
#define RH_Cont 6                           //D6 상대습도 제어

const int CS_PIN      = 10;                 //D10
const int SD_POW_PIN  = 8;                  //D8
const int RTC_POW_PIN = A3;                 //A3
const int RTC_GND_PIN = A2;                 //A2
const int IR_PIN      = 0;                  //A0
```

Example ≡

```
RTC_DS1307 RTC;

String year, month, day, hour, minute, second, time, date;

int raw = 0;
int raw_prev = 0;
boolean active = false;
int update_time = 0;

File dataFile;
int n = 1;
char filename[] = "LOGGER00.CSV";          //저장 파일명

SoftwareSerial BTSerial(0, 1);
dht DHT;
float temperature;
float After_temperature;
float humidity;
float After_humidity;
int Temp_Value;
int RH_Value;
int VB_Temp_Cont = 0;
int VB_RH_Cont = 0;

String readString;

void setup()
{
  Serial.begin(9600);
  BTSerial.begin(9600);
  pinMode(Temp_Cont, OUTPUT);
  delay(300);
  pinMode(RH_Cont, OUTPUT);
  delay(300);

  pinMode(CS_PIN,  OUTPUT);
  pinMode(SD_POW_PIN, OUTPUT);
```

다음 페이지에 계속

Example

```
    pinMode(RTC_POW_PIN, OUTPUT);
    pinMode(RTC_GND_PIN, OUTPUT);

    digitalWrite(SD_POW_PIN, HIGH);
    digitalWrite(RTC_POW_PIN, HIGH);
    digitalWrite(RTC_GND_PIN, LOW);

    Wire.begin();
    RTC.begin();

    if (! RTC.isrunning())
    {
      Serial.println(F("RTC is NOT running!"));
      RTC.adjust(DateTime(__DATE__, __TIME__));
    }
    if (!SD.begin(CS_PIN))
    {
      //Serial.println(F("Card Failure"));
      return;
    }
      //Serial.println(F("Card Ready"));

    for (uint8_t i = 0; i < 100; i++) {
      filename[6] = i / 10 + '0';
      filename[7] = i % 10 + '0';
      if (! SD.exists(filename)) {
        dataFile = SD.open(filename, FILE_WRITE);
        break;
      }
    }
    if (! RTC.begin()) {
      Serial.println("Couldn't find RTC");
      while (1);
    }
    if (! RTC.isrunning()) {
      Serial.println("RTC is NOT running!");
      RTC.adjust(DateTime(F(__DATE__), F(__TIME__)));
```

```
  }
}

void loop()
{
  int n = n + 1;
  DateTime datetime = RTC.now();
  float chk = DHT.read22(DHT22_PIN);

  temperature = DHT.temperature;
  humidity = DHT.humidity;

  if ((temperature <= -10) || (humidity > 100)) {
    temperature = After_temperature;
    humidity = After_humidity;
  }
  After_temperature = temperature;
  After_humidity = humidity;

  if (temperature >= 24) {
    digitalWrite(Temp_Cont, HIGH);        //온도 24℃ 이상에서 릴레이 작동 ON
    Temp_Value = 102;
    VB_Temp_Cont = 1;
  } else {
    digitalWrite(Temp_Cont, LOW);         //온도 24℃ 이하에서 릴레이 작동 OFF
    Temp_Value = 101;
    VB_Temp_Cont = 0;
  }

  if (humidity >= 40) {
    digitalWrite(RH_Cont, HIGH);          //상대습도 40% 이상에서 릴레이 작동 ON
    RH_Value = 104;
    VB_RH_Cont = 1;
  } else {
    digitalWrite(RH_Cont, LOW);           //상대습도 40% 이하에서 릴레이 작동 OFF
    RH_Value = 103;
    VB_RH_Cont = 0;
```

다음 페이지에 계속

> Example

```
  }

  readString = "";
  String data = "$" + String(temperature) + "/" + String(humidity) + "/" + String(Temp_Value) + "/" + String(RH_Value) + "/" + String(VB_Temp_Cont) + "/" + String(VB_RH_Cont) + "$";
  Serial.println(data);

File dataFile = SD.open(filename, FILE_WRITE);          //SD 카드 저장
  if (dataFile) {
    dataFile.print(n);
    dataFile.print(",");
    dataFile.print(datetime.year(), DEC);
    dataFile.print(",");
    dataFile.print(datetime.month(), DEC);
    dataFile.print(",");
    dataFile.print(datetime.day(), DEC);
    dataFile.print(",");
    dataFile.print(datetime.hour(), DEC);
    dataFile.print(",");
    dataFile.print(datetime.minute(), DEC);
    dataFile.print(",");
    dataFile.print(temperature, 1);
    dataFile.print(",");
    dataFile.print(humidity, 1);
    dataFile.print(",");
    dataFile.print(VB_Temp_Cont);
    dataFile.print(",");
    dataFile.print(VB_RH_Cont);
    dataFile.print(",");
    dataFile.println("");
    dataFile.close();
    n = n + 1;
  }
  delay(5000);
}
```

6 테스트 결과

온습도를 측정하기 위해 테스트한 결과로 시리얼모니터에 온도와 상대습도를 출력하는 화면입니다.

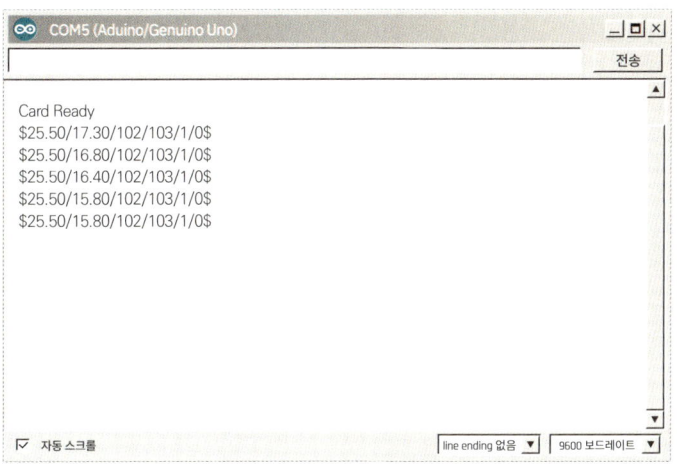

| 주의사항 및 참고사항 | 아두이노 소프트웨어 코딩 시 센서에 맞는 라이브러리를 꼭 설치해야 합니다. SD 쉴드에는 시간기능을 가지고 있어, 시간을 포함한 저장을 위해서는 SD.h, RTClib.h 등의 라이브러리가 필요합니다. SD 쉴드는 아두이노 핀 사용이 D10, D8, A0, A2, A3 등을 사용함으로, 센서 부착 시 주의해야 합니다.

SD 쉴드에서 SD 카드의 파일명은 오른쪽과 같이 프로그램이 시작할 때마다 순차적으로 파일명(LOGGER00부터)이 생성하게 됩니다. | LOGGER00
LOGGER01
LOGGER02
LOGGER03
LOGGER04
LOGGER05
LOGGER06
LOGGER07 |

로라 LoRa
통신을 이용한 수분센서, 온도와 상대습도 측정 및 제어

OPEN SOURCE COMPUTER PROGRAM
for SMART FARM

Arduino + **Node-red** + **Machine learning for Kids**

아두이노   노드레드   머신 러닝 포 키드

12

Arduino
아두이노

1 개요
시설 내부 또는 시설 외부의 온도와 상대습도를 측정하고, 토양 내의 수분함량을 측정하며, 수분함량, 온도나 상대습도를 제어할 수 있습니다.

2 필요한 부품
실습에 필요한 부품 목록입니다(단, 점퍼 케이블은 최대 수량).

NO	부품명	사진	수량
1	아두이노 우노		1
2	아두이노 메가		1
3	온습도 센서 (DHT22/AM2302)		1
4	토양수분센서		1

5	점퍼 케이블 (Male to Male) (Female to Male)		20 15
6	브레드보드		1
7	LoRa shield		2
8	LCD (LiquidCrystal I2C)		1
9	적색 LED 청색 LED		3 3
10	블루투스 (HC-06)		1

3 연결하기

온습도 센서, SD 쉴드, 블루투스 및 아두이노의 연결 방법입니다.

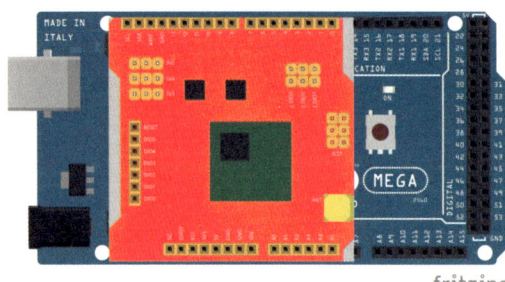 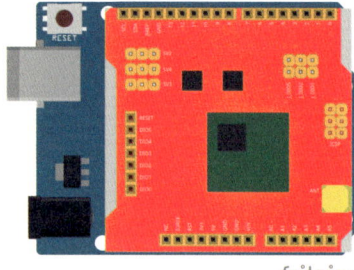

아두이노와 LoRa 쉴드를 연결합니다.(Master)   아두이노와 LoRa 쉴드를 연결합니다.(Slave)

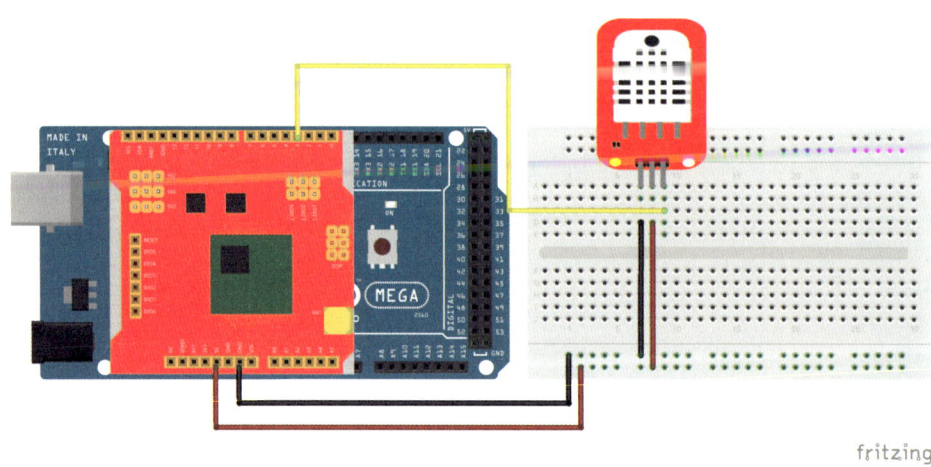

온습도 센서와 브레드보드를 연결합니다.
빨간색 선은 5V, 검은색 선은 GND, 노란색 선은 아두이노 보드 D3에 연결합니다.

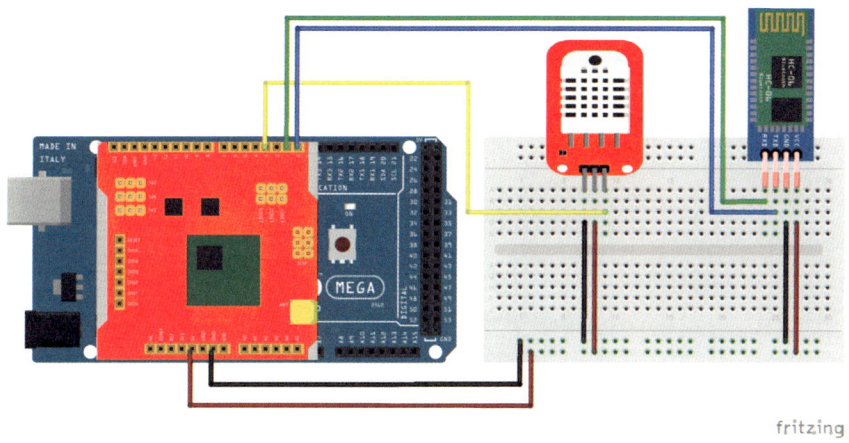

아두이노와 블루투스 모듈을 연결합니다. 블루투스 센서의 빨간색 선은 5V, 검은색 선은 GND, 파란색 선은 아두이노 보드의 D0(RX), 초록색 선은 D1(TX)에 연결합니다.

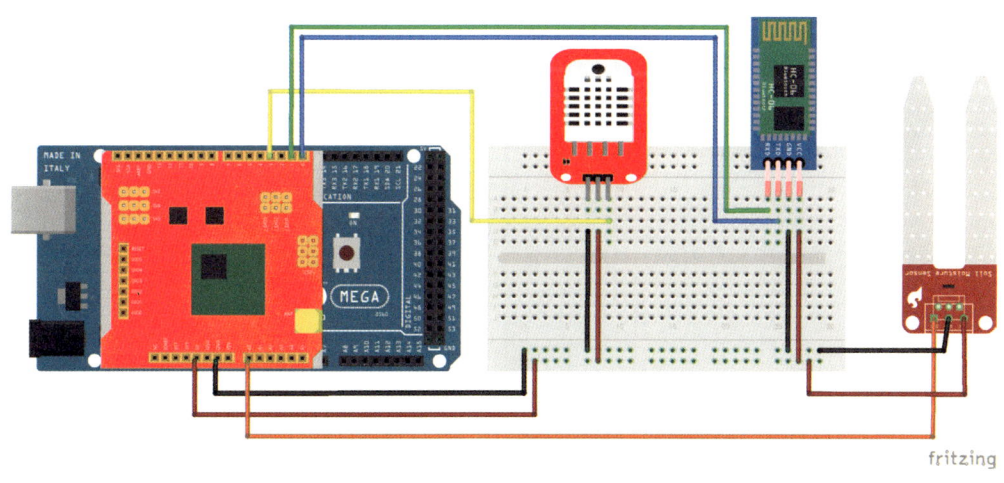

아두이노와 수분센서를 연결합니다. 빨간색 선은 수분센서의 VCC와 아두이노 보드의 5V, 검은색 선은 수분센서의 GND와 아두이노 보드의 GND, 오렌지색은 아두이노의 A1과 연결합니다.

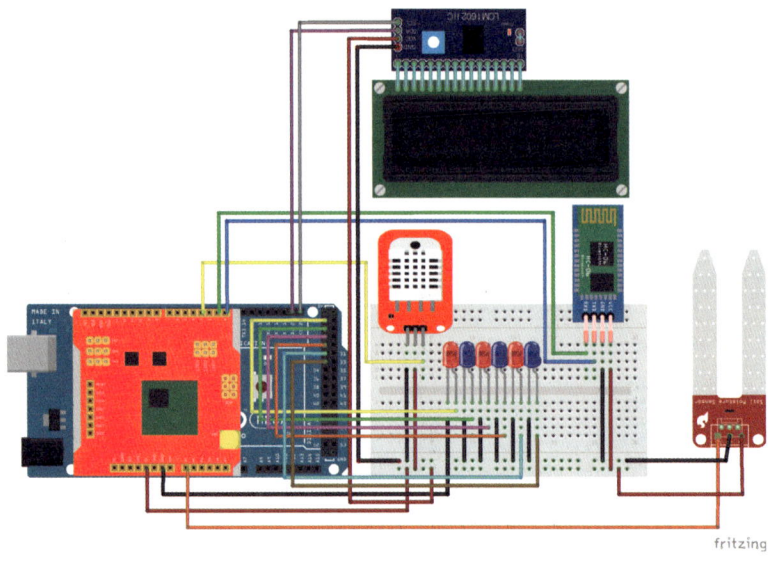

아두이노와 LCD 모니터를 연결합니다. 빨간색 선은 LCD의 VCC와 아두이노 보드의 5V, 보라색 선은 LCD의 SDA와 아두이노 보드의 SDA(20), 회색은 아두이노 보드의 SCL(21)과 연결합니다. 아두이노 핀 22, 24, 26, 28, 30, 32핀은 작동 유무를 알아보기 위함입니다. 22와 24핀은 펌프 작동 유무, 26과 28핀은 창문 작동 유무, 30과 32핀은 팬 작동 유무를 나타냅니다.

4 완성된 노습

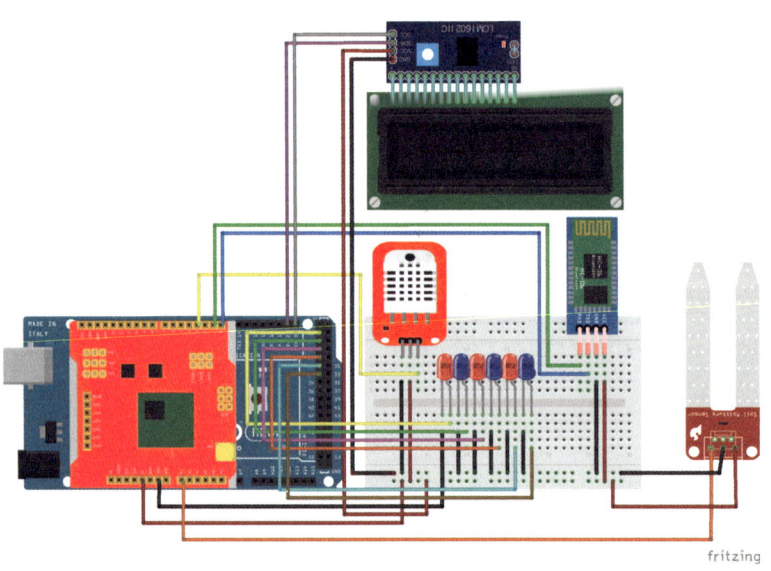

5 소프트웨어 코딩

아두이노 프로그램을 이용해 Master 보드의 코딩한 예제입니다.

```
#include<LiquidCrystal_I2C.h>
#include <SimpleDHT.h>
#include<SoftwareSerial.h>
#include <LoRa.h>
#define Sensor A1
#define pinDHT11 3
#define Pump_On 22
#define Pump_Off 24
#define Window_On 26
#define Window_Off 28
#define Fan_On 30
#define Fan_Off 32

LiquidCrystal_I2C lcd(0x27, 16, 2);
SimpleDHT11 dht11(pinDHT11);

int Target_Water = 30;
int Target_Temp = 25;
int Diff_Water = 5;
int Diff_Temp = 3;
int Pump_value;
int Window_value;
int Fan_value;
int Auto = 1;
String readString;

void setup() {
  pinMode(Pump_On, OUTPUT);
  pinMode(Pump_Off, OUTPUT);
  pinMode(Window_On, OUTPUT);
  pinMode(Window_Off, OUTPUT);
  pinMode(Fan_On, OUTPUT);
  pinMode(Fan_Off, OUTPUT);

  Serial.begin(9600);
```

```
  while (!Serial);
  Serial.println("LoRa Sender");
  if (!LoRa.begin(868E6)) { // or 915E6, the MHz speed of yout module
    Serial.println("Starting LoRa failed!");
    while (1);
  }

  lcd.init();
  lcd.backlight();
  lcd.setCursor(0, 0);
  lcd.print("JEJU Nat'l Univ.");
  lcd.setCursor(0, 1);
  lcd.print("Hello Arduino !");
  delay(5000);
}

void loop() {
  int Water = analogRead(Sensor);
  int Soil_Water = map(Water, 588, 313, 0, 100);

  byte temperature = 0;
  byte humidity = 0;
  int err = SimpleDHTErrSuccess;
  if ((err = dht11.read(&temperature, &humidity, NULL)) != SimpleDHTErrSuccess) {
    Serial.print("Read DHT11 failed, err="); Serial.print(SimpleDHTErrCode(err));
    Serial.print(","); Serial.println(SimpleDHTErrDuration(err)); delay(1000);
    return;
  }

  lcd.clear();
  lcd.setCursor(0, 0);
  lcd.print("Water = ");
  lcd.print(Soil_Water);
  lcd.print(" %");
  lcd.setCursor(0, 1);
  lcd.print("T=");
  lcd.print(temperature);
  lcd.print(" oC, RH=");
  lcd.print(humidity);
```

Example

```
    lcd.print(" %");
    delay(5000);

    readString = "";
    if (Auto == 1) {
      if (Soil_Water < (Target_Water - Diff_Water)) {
        digitalWrite(Pump_On, HIGH);
        digitalWrite(Pump_Off, LOW);
        Pump_value = 1;
      }

      if ((Soil_Water >= (Target_Water - Diff_Water)) && (Soil_Water < (Target_Water + Diff_Water))) {
        digitalWrite(Pump_On, LOW);
        digitalWrite(Pump_Off, HIGH);
        Pump_value = 0;
      }

      if (Soil_Water >= (Target_Water + Diff_Water)) {
        digitalWrite(Pump_On, LOW);
        digitalWrite(Pump_Off, HIGH);
        Pump_value = 0;
      }

      if (temperature < (Target_Temp - Diff_Temp) ) {
        digitalWrite(Window_On, HIGH);
        digitalWrite(Window_Off, LOW);
        digitalWrite(Fan_On, HIGH);
        digitalWrite(Fan_Off, LOW);
        Window_value = 1;
        Fan_value = 1;
      }

      if ((temperature >= (Target_Temp - Diff_Temp)) && (temperature < (Target_Temp + Diff_Temp))) {
        digitalWrite(Window_On, LOW);
        digitalWrite(Window_Off, HIGH);
        digitalWrite(Fan_On, LOW);
        digitalWrite(Fan_Off, HIGH);
```

다음 페이지에 계속

```
      Window_value = 0;
      Fan_value = 0;
    }

    if (temperature >= (Target_Temp + Diff_Temp)) {
      digitalWrite(Window_On, LOW);
      digitalWrite(Window_Off, HIGH);
      digitalWrite(Fan_On, LOW);
      digitalWrite(Fan_Off, HIGH);
      Window_value = 0;
      Fan_value = 0;
    }
  }

  while (Serial.available()) {
    delay(3);
    char c = Serial.read();
    readString += c;
  }

  if (readString.length() > 0) {
    if (readString == "x") {
      Auto = 1;
    }
    if (readString == "y") {
      Auto = 0;
    }
    if (readString == "a") {
      digitalWrite(Pump_On, HIGH);
      digitalWrite(Pump_Off, LOW);
      Pump_value = 1;

    }

    if (readString == "b") {
      digitalWrite(Pump_On, LOW);
      digitalWrite(Pump_Off, HIGH);
      Pump_value = 0;
    }
```

```
  if (readString == "c") {
    digitalWrite(Window_On, HIGH);
    digitalWrite(Window_Off, LOW);
    Window_value = 1;
  }
  if (readString == "d") {
    digitalWrite(Window_On, LOW);
    digitalWrite(Window_Off, HIGH);
    Window_value = 0;
  }

  if (readString == "e") {
    digitalWrite(Fan_On, HIGH);
    digitalWrite(Fan_Off, LOW);
    Fan_value = 1;
  }
  if (readString == "f") {
    digitalWrite(Fan_On, LOW);
    digitalWrite(Fan_Off, HIGH);
    Fan_value = 0;
  }
}

Auto = Auto;
String data = String(Water) + "," + String(Soil_Water) + "," + int(temperature) + "," + String(humidity) + "," + String(Pump_value) + "," + String(Window_value) + "," + String(Fan_value) + "," + String(Auto)+ ",";
Serial.println(data);

LoRa.beginPacket();
LoRa.print(data);
LoRa.endPacket();
delay(50);
}
```

아두이노 프로그램을 이용해 Slave 보드의 코딩한 예제입니다.

```
#include <SPI.h>
#include <LoRa.h>
String inString = "";
String val = "";

void setup() {
  Serial.begin(9600);

  while (!Serial);
  Serial.println("LoRa Receiver");
  if (!LoRa.begin(868E6)) { // or 915E6
    Serial.println("Starting LoRa failed!");
    while (1);
  }
}

void loop() {
  int packetSize = LoRa.parsePacket();
  if (packetSize) {
    // read packet
    while (LoRa.available())
    {
      int inChar = LoRa.read();
      inString += (char)inChar;
      val = inString.toInt();
    }
    inString = "";
    LoRa.packetRssi();
  }

  Serial.println(val);
  delay(5000);
}
```

6 테스트 결과

수분함량과 온습도를 측정하기 위해 테스트한 결과로 시리얼모니터에 수분함량, 온도와 상대습도를 출력하는 Master와 Slave 화면입니다. 첫 번째 값은 수분센서에서 출력되는 아날로그값, 두 번째 값은 아날로그 값을 수분함량으로 변환한 값, 세 번째 값은 온도, 네 번째 값은 상대습도, 다섯 번째 값은 펌프 작동 유무(0은 OFF 상태, 1은 ON 상태), 여섯 번째 값은 창문 작동 유무(0은 OFF 상태, 1은 ON 상태), 일곱 번째 값은 환기팬 작동 유무(0은 OFF 상태, 1은 ON 상태), 여덟 번째 값은 수동(0)과 자동(1) 작동을 나타낸 값들입니다.

Master | Sender

Slave | Receiver

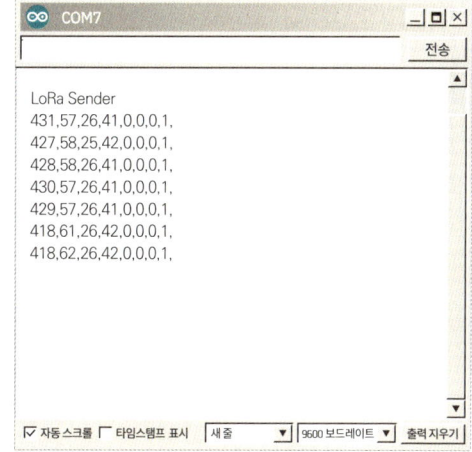

주의사항 및 참고사항	로라 통신(LoRa communication)은 Long Range의 약자로 최대 14km 떨어진 곳의 위치 신호를 확인할 수 있습니다. LoRa는 BLE처럼 Low Energy로 동작하는데, 배터리 하나로 10년 정도를 버틸 수 있습니다. 다중센서 기능이 있어 한 노드에 여러 개의 센서를 연결할 수 있습니다. 그리고 암호화 기능도 있습니다.

Node-red
노드레드

1 개요

시설 내부 또는 시설 외부의 온도와 상대습도를 측정하고, 토양내의 수분함량을 측정하며, 수분함량, 온도나 상대습도를 제어할 수 있습니다.

2 아두이노 연결

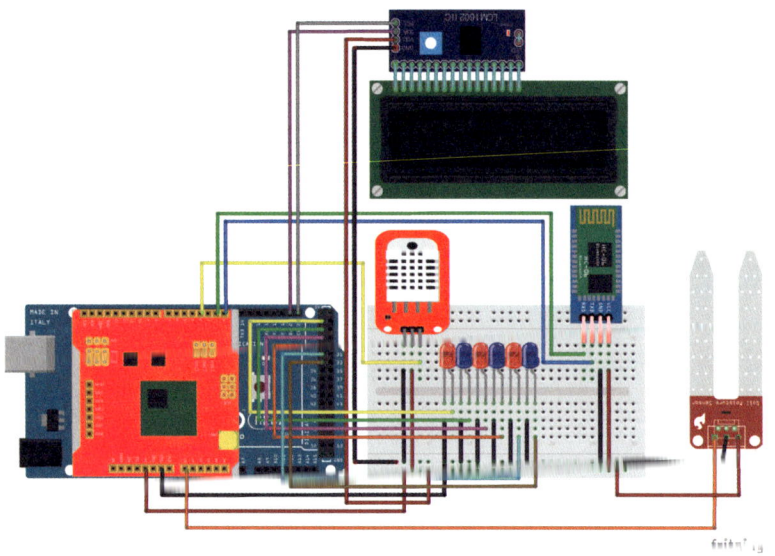

❸ 프로그램 화면

프로그램 화면을 다음과 같이 만듭니다.

Designer | 화면

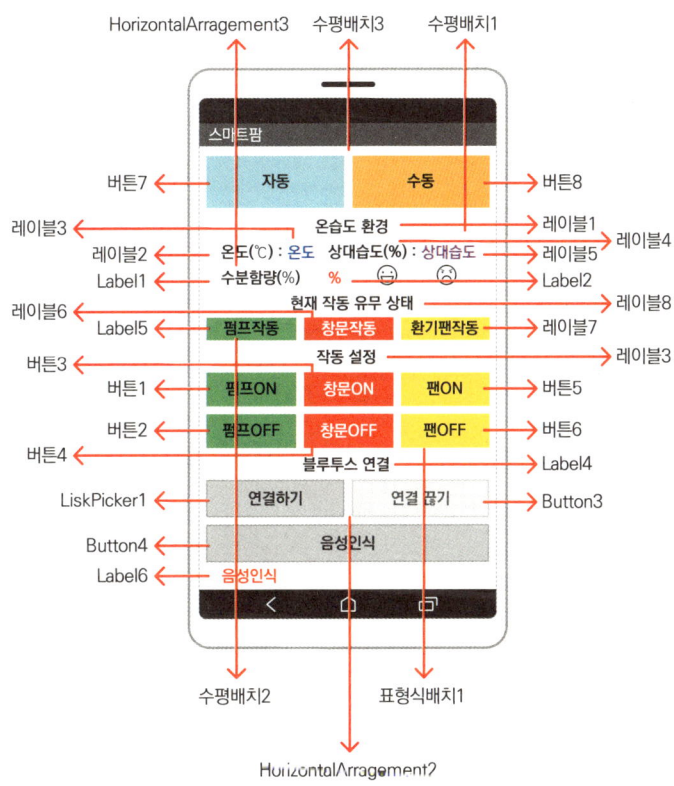

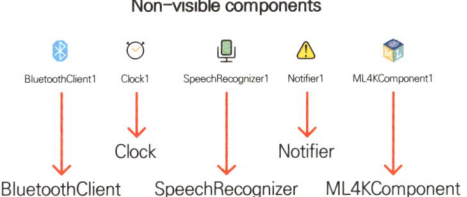

Block | 코딩

언제 버튼1 .클릭했을때
실행 호출 BluetoothClient1 .텍스트보내기
텍스트 "a"
지정하기 Label5 . 텍스트 값 "펌프ON"
언제 버튼2 .클릭했을때
실행 호출 BluetoothClient1 .텍스트보내기
텍스트 "b"
지정하기 Label5 . 텍스트 값 "펌프OFF"
언제 버튼3 .클릭했을때
실행 호출 BluetoothClient1 .텍스트보내기
텍스트 "c"
지정하기 레이블6 . 텍스트 값 "창문ON"
언제 버튼4 .클릭했을때
실행 호출 BluetoothClient1 .텍스트보내기
텍스트 "d"
지정하기 레이블6 . 텍스트 값 "창문OFF"
언제 Button3 .클릭했을때
실행 호출 BluetoothClient1 .연결끊기
지정하기 ListPicker1 . 활성화 값 참
지정하기 Clock1 . 타이머활성화여부 값 거짓
지정하기 Button3 . 텍스트 값 "연결끊기"
언제 버튼5 .클릭했을때
실행 호출 BluetoothClient1 .텍스트보내기
텍스트 "e"
지정하기 레이블7 . 텍스트 값 "팬ON"
언제 버튼6 .클릭했을때
실행 호출 BluetoothClient1 .텍스트보내기
텍스트 "f"
지정하기 레이블7 . 텍스트 값 "팬OFF"
언제 버튼7 .클릭했을때
실행 호출 BluetoothClient1 .텍스트보내기
텍스트 "x"
지정하기 버튼7 . 활성화 값 거짓
지정하기 버튼8 . 활성화 값 참
언제 버튼8 .클릭했을때
실행 호출 BluetoothClient1 .텍스트보내기
텍스트 "y"
지정하기 버튼7 . 활성화 값 참
지정하기 버튼8 . 활성화 값 거짓

언제 SpeechRecognizer1 .텍스트가져온후에
결과 partial
실행 지정하기 Label6 . 텍스트 값 가져오기 결과
지정하기 전역변수 인공지능 값 SpeechRecognizer1 . 결과
호출 ML4KComponent1 .ClassifyText
data 가져오기 전역변수 인공지능
만약 텍스트 비교하기 가져오기 결과 = "펌프 온"
이라면 실행 호출 BluetoothClient1 .텍스트보내기
텍스트 "a"
지정하기 Label5 . 텍스트 값 "펌프ON"
아니고 만약 텍스트 비교하기 가져오기 결과 = "펌프 오프"
이라면 실행 호출 BluetoothClient1 .텍스트보내기
텍스트 "b"
지정하기 Label5 . 텍스트 값 "펌프OFF"
아니고 만약 텍스트 비교하기 가져오기 결과 = "창문 온"
이라면 실행 호출 BluetoothClient1 .텍스트보내기
텍스트 "c"
지정하기 레이블6 . 텍스트 값 "창문ON"
아니고 만약 텍스트 비교하기 가져오기 결과 = "창문 오프"
이라면 실행 호출 BluetoothClient1 .텍스트보내기
텍스트 "d"
지정하기 레이블6 . 텍스트 값 "창문OFF"
아니고 만약 텍스트 비교하기 가져오기 결과 = "환기팬 온"
이라면 실행 호출 BluetoothClient1 .텍스트보내기
텍스트 "e"
지정하기 레이블7 . 텍스트 값 "팬ON"
아니고 만약 텍스트 비교하기 가져오기 결과 = "환기팬 오프"
이라면 실행 호출 BluetoothClient1 .텍스트보내기
텍스트 "f"
지정하기 레이블7 . 텍스트 값 "팬OFF"

❹ 테스트 결과 화면

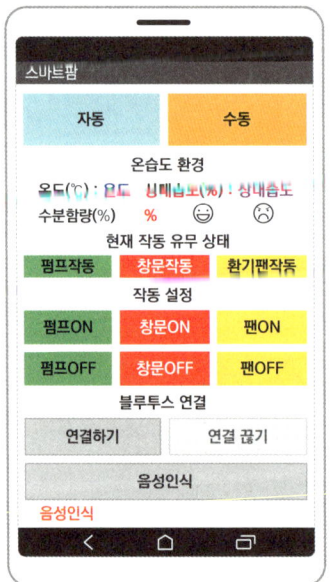

Machine learning for Kids
머신 러닝 포 키드

1 개요
시설 내부 또는 시설 외부의 온도와 상대습도를 측정하고, 토양내의 수분함량을 측정하며, 수분함량, 온도나 상대습도를 제어할 수 있습니다. 인공지능을 학습시켜 펌프, 창문 및 환기팬을 제어할 수 있습니다.

2 아두이노 연결

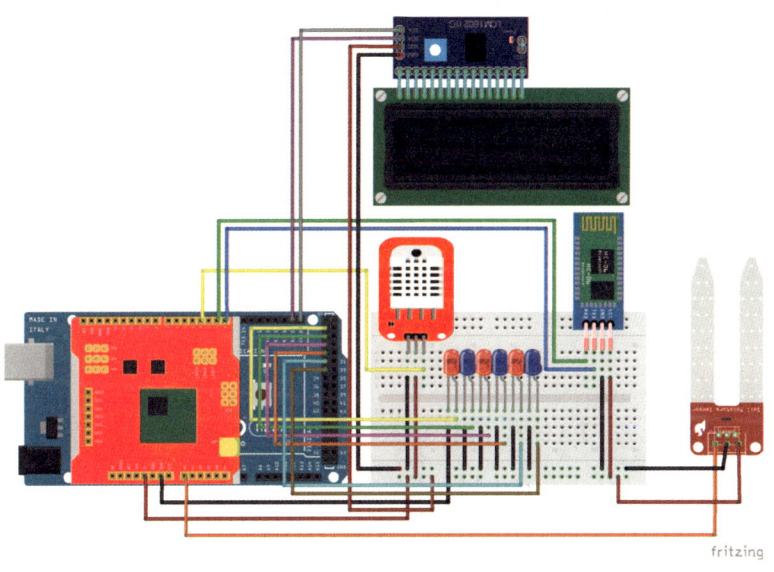

3 Machine learning for kids 소개

다음과 같은 웹사이트 주소로 이동합니다. machinelearningforkids.co.uk

본 장을 실습하기 위해서는 cloud.ibm.com 사이트에서 회원가입해야 합니다. 머신 러닝 포 키즈는 아이들을 위한 머신 러닝 체험 사이트입니다. 직접 데이터를 수집하고 트레이닝시키는 과정을 거쳐서 만든 모델을 스크래치, 파이썬이나 앱인벤터에 적용하여 자신만의 머신 러닝 프로젝트를 만들 수 있는 장점이 있습니다. MLK사이트는 영국의 IBM 개발자가 만든 사이트이지만 한글화가 되어 있고 웹기반으로 작동하기 때문에 특별히 프로그램을 설치하지 않아도 됩니다. 다음과 같이 만듭니다.

4 인공지능 시작

음성을 인식하여 펌프, 창문 및 환기팬을 제어해 보도록 하겠습니다. 먼저, 홈페이지로 이동합니다. 그리고 프로젝트 버튼을 클릭합니다. 그 전에 먼저 회원으로 등록해야 합니다(설명 생략).

프로젝트를 추가합니다.

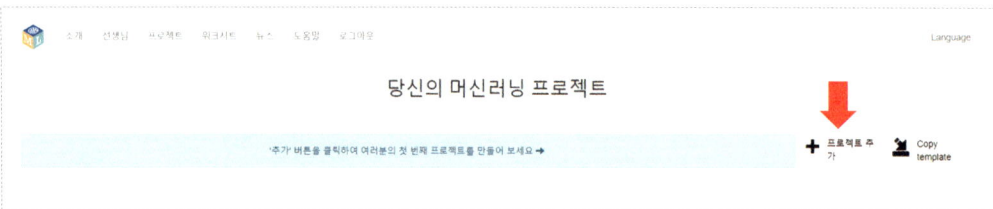

프로젝트 이름과 인식방법을 설정합니다. 인식방법에는 텍스트, 이미지, 숫자, 소리 등이 있습니다.

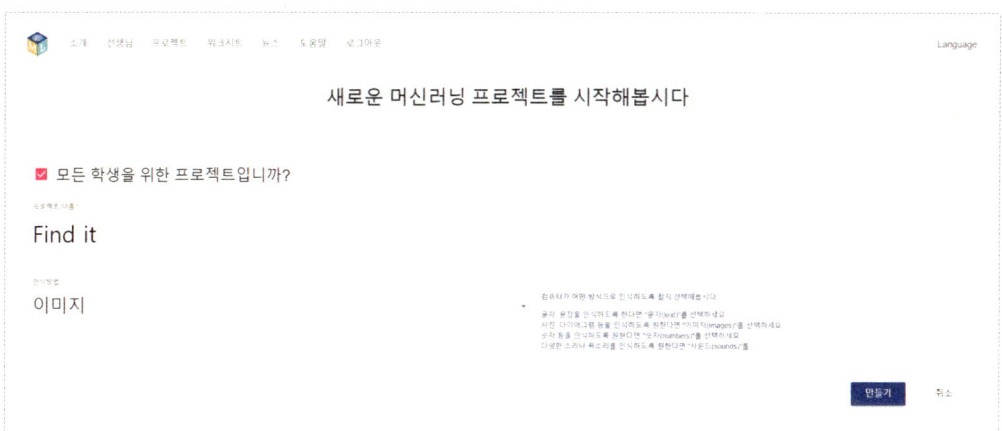

텍스트를 훈련, 학습 & 평가, 만들기 합니다.

훈련을 클릭 한 후, 새로운 레이블을 하나하나씩 추가하여, 이름을 Pump_On, Pump_Off, Fan_On, Fan_Off, Windows_On, Windows_Off로 한 다음 데이터를 추가합니다. 작동하고자 하는 말들을 추가해 주면 됩니다.

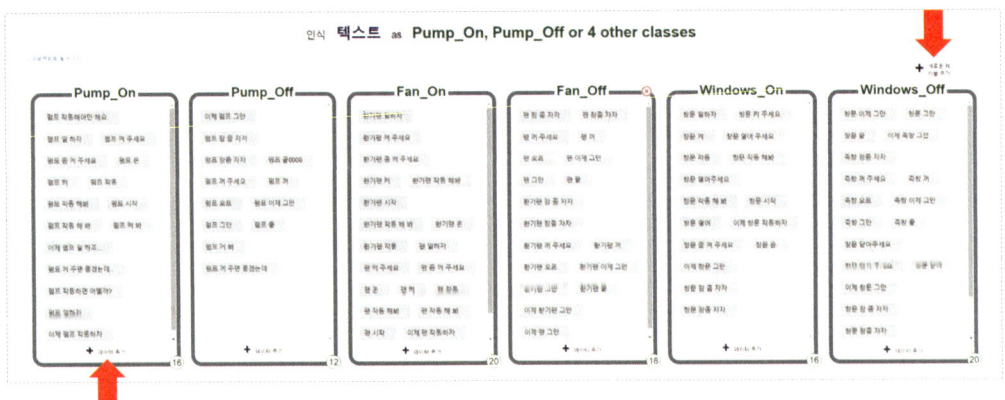

프로젝트로 돌아가서 학습 & 평가합니다.

'새로운 머신 러닝 모델을 훈련시켜보세요.' 버튼을 클릭합니다.

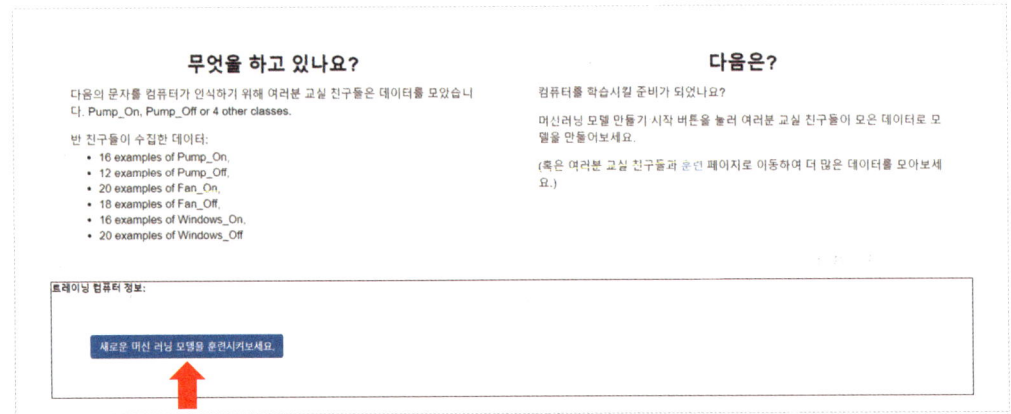

학습결과를 볼 수 있습니다. 이 모델 학습 결과는 하루만 유효하고 다시 사용할 경우에는 학습 & 평가를 클릭해서 학습시켜 주면 됩니다.

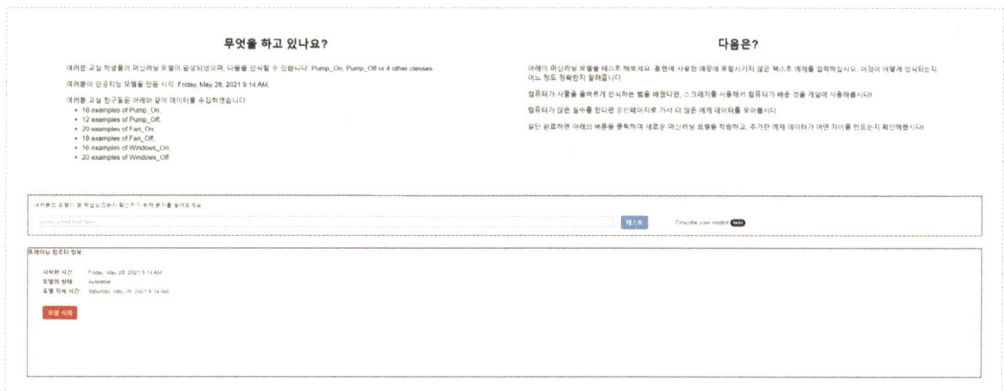

프로젝트로 돌아가서 만들기 합니다. 스크래치2, 3, 파이썬, 앱인벤터 중 선택하여 프로그램을 작성합니다.

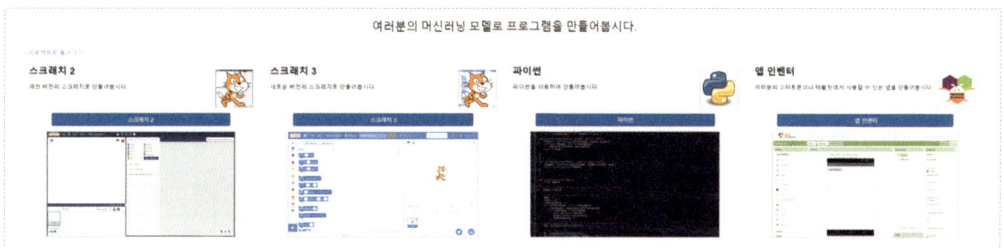

앱인벤터 프로그램에서 import extension하여 머신러닝한 결과를 Palette에 넣어 줘야 합니다. 앱을 개발하기 위해서는 URL을 복사해서 사용해야 합니다. 학습 결과 모델을 계속해서 사용할 경우 한 번 복사하면 또다시 변경해 줄 필요는 없습니다.

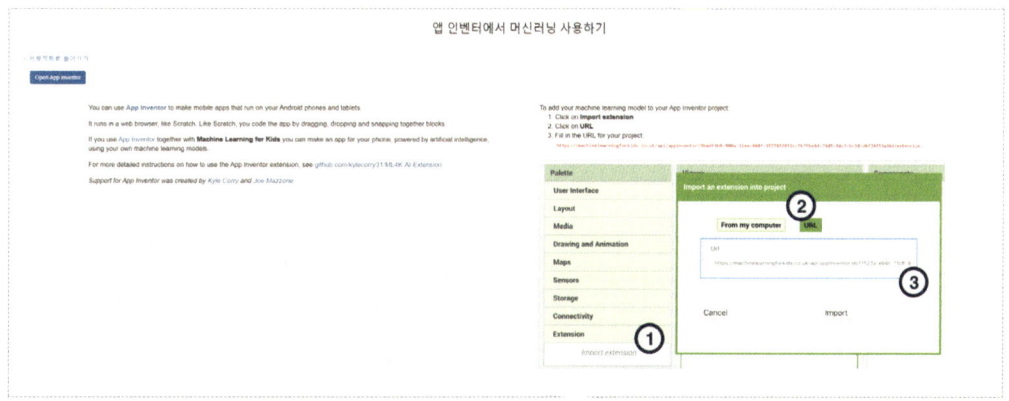

앱인벤터 프로그램 작동 홈페이지로 가서 디자이너로 앱 형태를 만듭니다.

Designer | 화면

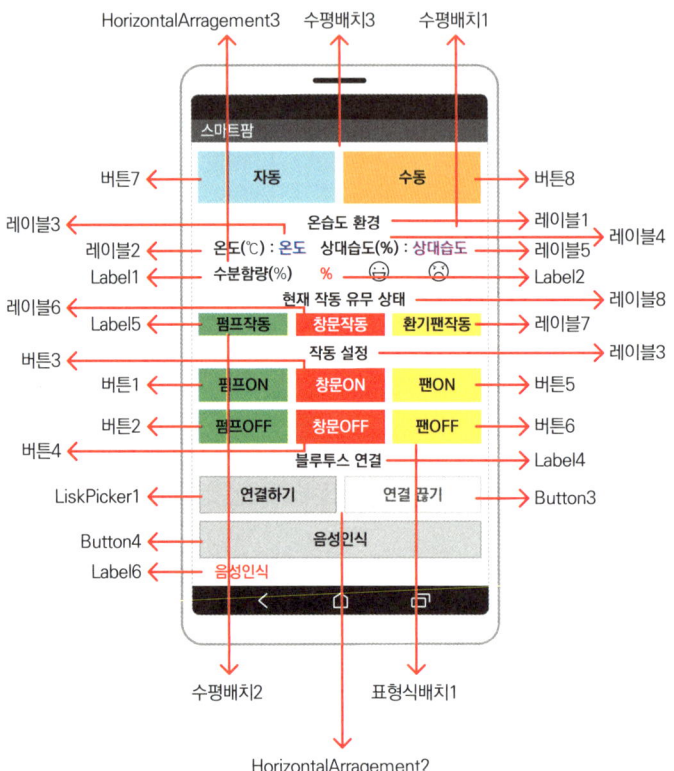

Non-visible components

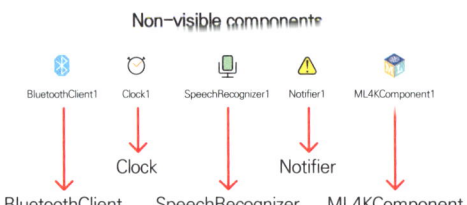

온도 센서를 이용한 습공기 성질 파악하기

OPEN SOURCE COMPUTER PROGRAM
for SMART FARM

Arduino
아두이노

13

Arduino
아두이노

❶ 개요
시설 내부 또는 시설 외부를 대상으로 아두이노와 온도 센서를 이용해서 건구온도와 습구온도를 측정한 후, 건구와 습구온도를 이용하여 공기의 물성치를 계산해 봅시다.

❷ 필요한 부품
실습에 필요한 부품 목록입니다(단, 점퍼 케이블은 최대 수량).

NO	부품명	사진	수량
1	아두이노 우노		1
2	온도 센서 (DS18B20) (커넥터 포함)		2
3	점퍼 케이블 (Male to Male) (Female to Male)		2 6
4	브레드보드		1

③ 연결하기

온도 센서와 아두이노의 연결 방법입니다.

아두이노와 브레드보드를 연결합니다.
빨간색 선은 5V, 검은색 선은 GND.

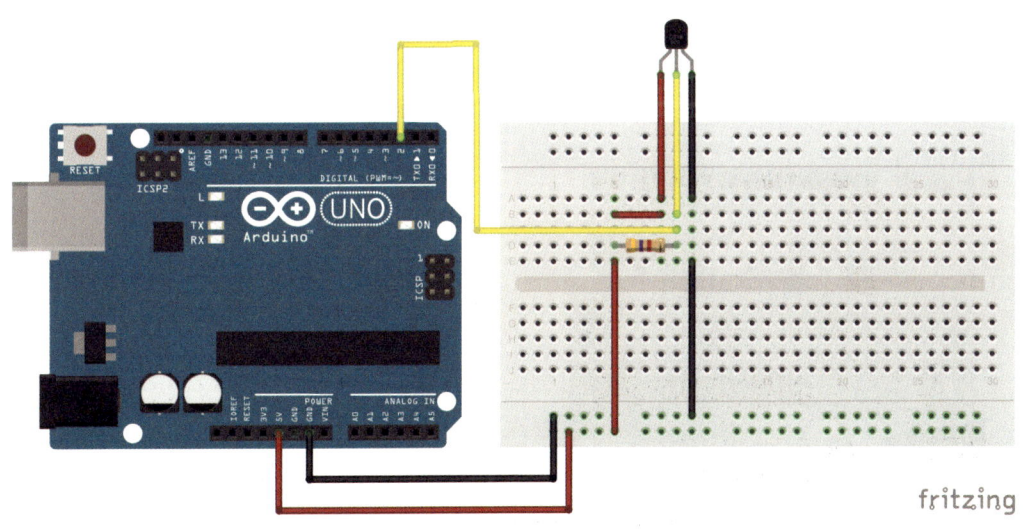

온도 센서의 빨간색 선은 5V(저항은 4.7 kΩ), 검은색 선은 GND, 노란색 선은 아두이노 보드 D2에 연결합니다.

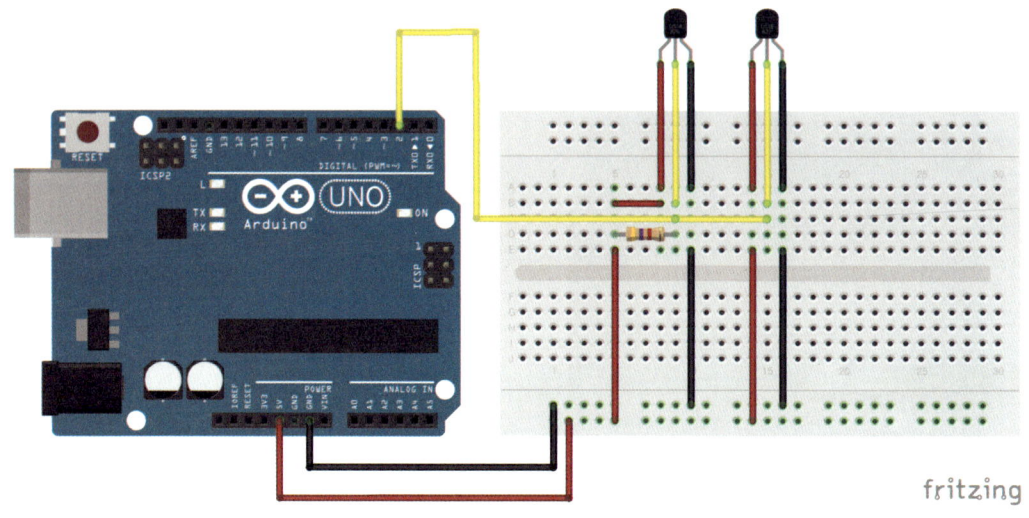

온도 센서의 빨간색 선은 5V(저항은 4.7 kΩ), 검은색 선은 GND, 노란색 선은 다른 온도 센서의 Data 연결선에 연결합니다.

④ 완성된 모습

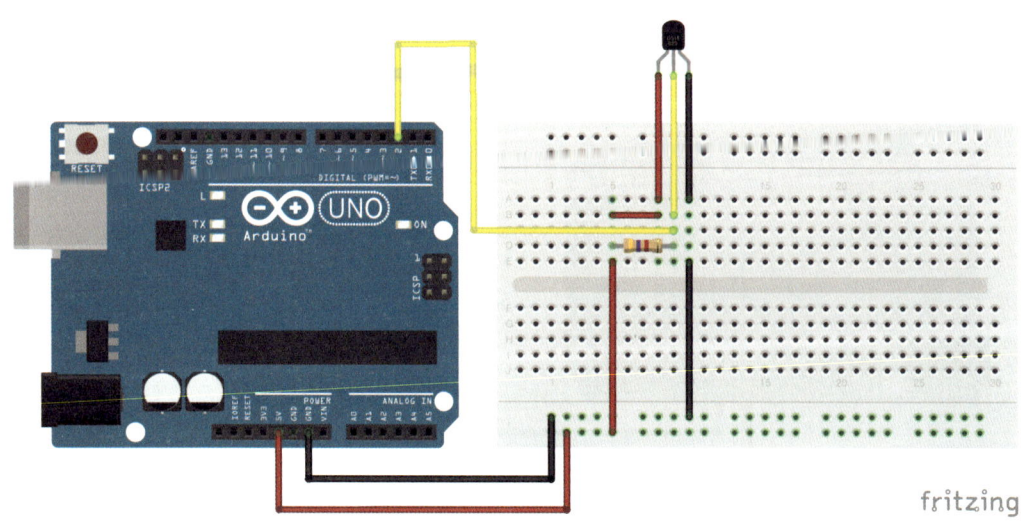

온도센서가 1개인 경우

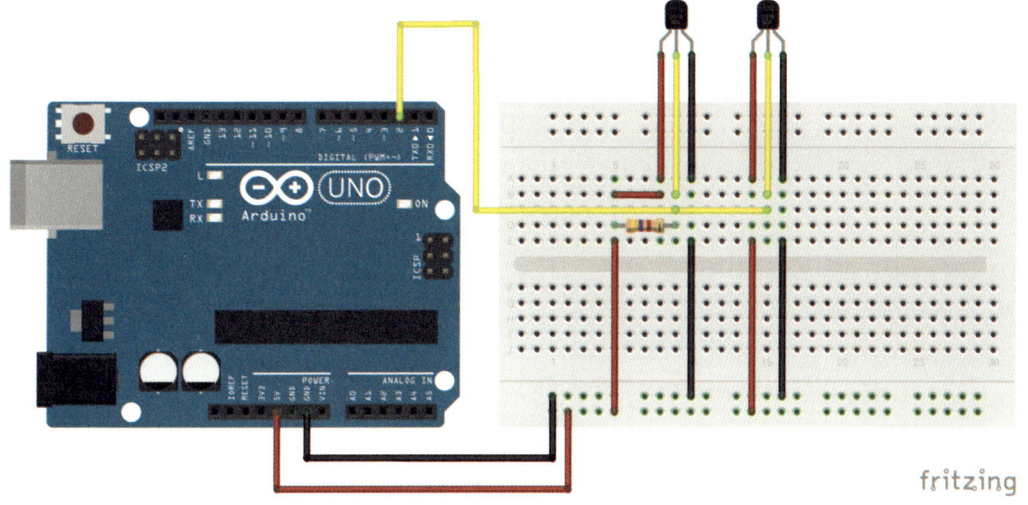

온도센서가 2개인 경우

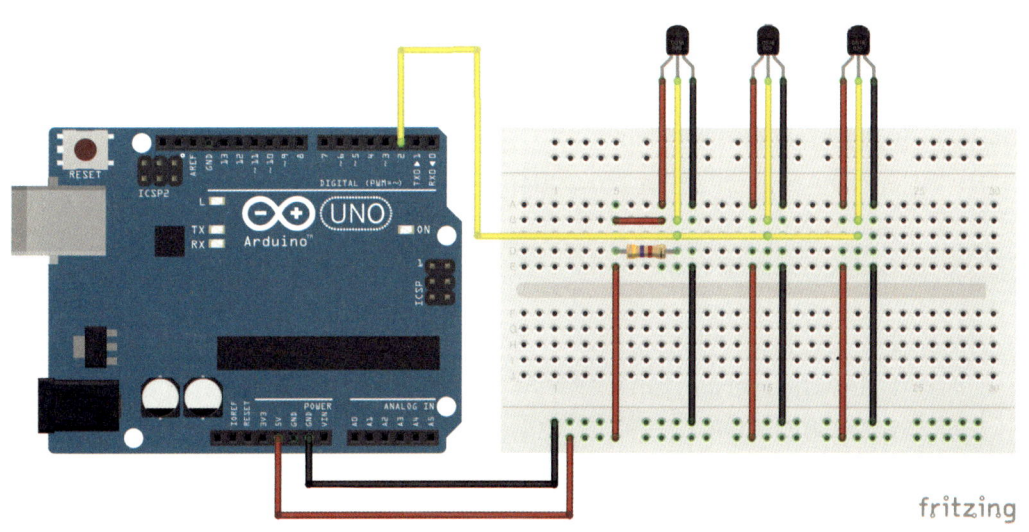

온도센서가 3개인 경우

5 소프트웨어 코딩

온도센서 하나만 사용하여 아두이노 프로그램을 이용해 코딩한 예제입니다.

```
#include <OneWire.h>
#include <DallasTemperature.h>

#define ONE_WIRE_BUS 2
OneWire oneWire(ONE_WIRE_BUS);
DallasTemperature sensors(&oneWire);

void setup(void)
{
  Serial.begin(9600);
  Serial.println("Arduino Digital Temperature");
  sensors.begin();
}

void loop(void)
{
  sensors.requestTemperatures();
  Serial.print("Temperature is: ");
  Serial.println(sensors.getTempCByIndex(0));
  delay(1000);
}
```

온도센서 두개를 사용하여 아두이노 프로그램을 이용해 address를 찾는 예제입니다.

```
#include <OneWire.h>
#include <DallasTemperature.h>
#define ONE_WIRE_BUS 2

OneWire oneWire(ONE_WIRE_BUS);
DallasTemperature sensors(&oneWire);
DeviceAddress Thermometer;
```

```
int deviceCount = 0;

void setup(void)
{
  Serial.begin(9600);
  sensors.begin();

  Serial.println("Locating devices...");
  Serial.print("Found ");
  deviceCount = sensors.getDeviceCount();
  Serial.print(deviceCount, DEC);
  Serial.println(" devices.");
  Serial.println("");

  Serial.println("Printing addresses...");
  for (int i = 0;  i < deviceCount;  i++)
  {
    Serial.print("Sensor ");
    Serial.print(i+1);
    Serial.print(" : ");
    sensors.getAddress(Thermometer, i);
    printAddress(Thermometer);
  }
}

void loop(void)
{}

void printAddress(DeviceAddress deviceAddress)
{
  for (uint8_t i = 0; i < 8; i++)
  {
    Serial.print("0x");
    if (deviceAddress[i] < 0x10) Serial.print("0");
    Serial.print(deviceAddress[i], HEX);
    if (i < 7) Serial.print(", ");
  }
  Serial.println("");
}
```

다음 페이지에 계속

Address를 찾고 주소별로 DS18B20의 온도를 읽는 예제입니다.

Example

```
#include <OneWire.h>
#include <DallasTemperature.h>
#define ONE_WIRE_BUS 2

OneWire oneWire(ONE_WIRE_BUS);
DallasTemperature sensors(&oneWire);

uint8_t sensor1[8] = { 0x28, 0xFF, 0x6E, 0x73, 0x71, 0x17, 0x04, 0x7C };
uint8_t sensor2[8] = { 0x28, 0xFF, 0x2B, 0xFB, 0x71, 0x17, 0x04, 0x82 };

void setup(void)
{
  Serial.begin(9600);
  sensors.begin();
}

void loop(void)
{
  sensors.requestTemperatures();

  Serial.print("Sensor 1: ");
  printTemperature(sensor1);

  Serial.print("Sensor 2: ");
  printTemperature(sensor2);

  Serial.println();
  delay(1000);
}

void printTemperature(DeviceAddress deviceAddress)
{
  float tempC = sensors.getTempC(deviceAddress);
  Serial.println(tempC);
}
```

다음 페이지에 계속

Example ≡

```
#include <OneWire.h>
#include <DallasTemperature.h>
#define ONE_WIRE_BUS 2

OneWire oneWire(ONE_WIRE_BUS);
DallasTemperature sensors(&oneWire);

uint8_t sensor1[8] = { 0x28, 0xFF, 0x6E, 0x73, 0x71, 0x17, 0x04, 0x7C };
uint8_t sensor2[8] = { 0x28, 0xFF, 0x2B, 0xFB, 0x71, 0x17, 0x04, 0x82 };

float Temp;
float Temp1;

void setup(void)
{
  Serial.begin(9600);
  sensors.begin();
}

void loop(void)
{
  sensors.requestTemperatures();

  Serial.print("Sensor 1: ");
  Temp = sensors.getTempC(sensor1);
  Serial.println(Temp);

  Serial.print("Sensor 1: ");
  Temp1 = sensors.getTempC(sensor2);
  Serial.println(Temp1);
  Serial.println();
  delay(1000);
}
```

건구온도와 습구온도를 측정하여 공기의 물성치를 계산한 예제입니다.

Example

```
#include <OneWire.h>
#include <DallasTemperature.h>
#define ONE_WIRE_BUS 2

OneWire oneWire(ONE_WIRE_BUS);
DallasTemperature sensors(&oneWire);

uint8_t sensor1[8] = { 0x28, 0xFF, 0x6E, 0x73, 0x71, 0x17, 0x04, 0x7C };
uint8_t sensor2[8] = { 0x28, 0xFF, 0x2B, 0xFB, 0x71, 0x17, 0x04, 0x82 };

float Dry_Temp;
float Wet_Temp;

void setup(void)
{
  Serial.begin(9600);
  sensors.begin();
}

void loop(void)
{
  float Patm = 101.325;   //기압 kPa
  sensors.requestTemperatures();

  Wet_Temp = sensors.getTempC(sensor1);    //습구온도
  Dry_Temp = sensors.getTempC(sensor2);    //건구온도

  float Psdt = 0.61078 * exp((17.27 * Dry_Temp) / (237.3 + Dry_Temp)); //kPa
  float Pswt = 0.61078 * exp((17.27 * Wet_Temp) / (237.3 + Wet_Temp)); //kPa

  float Pv = Pswt - Patm * 0.000662 * (Dry_Temp - Wet_Temp); //수증기압

  float Humidity = 100 * Pv / Psdt;          //상대습도

  float VPD = Psdt * (1 - Humidity / 100);   //수증기압포차
```

다음 페이지에 계속

```
    float Dew_Temp = (Dry_Temp – (100 – Humidity) / 5);//노점온도

    float AH = 2.16679 * Pv / (273.15 + Dry_Temp);         //절대습도

    Serial.print("Dry Temp : ");
    Serial.println(Dry_Temp);

    Serial.print("Wet Temp: ");
    Serial.println(Wet_Temp);

    Serial.print("Dew Temp : ");
    Serial.println(Dew_Temp);

    Serial.print("Humidity : ");
    Serial.println(Humidity);

    Serial.print("AH : ");
    Serial.println(AH);

    Serial.print("SVP : ");
    Serial.println(Psdt);

    Serial.print("Pv : ");
    Serial.println(Pv);

    Serial.print("VPD : ");
    Serial.println(VPD);

    delay(10000);
}
```

6 테스트 결과

2개의 온도를 측정하기 위해 테스트한 결과로 시리얼모니터에 온도1과 온도2를 출력하는 화면입니다.

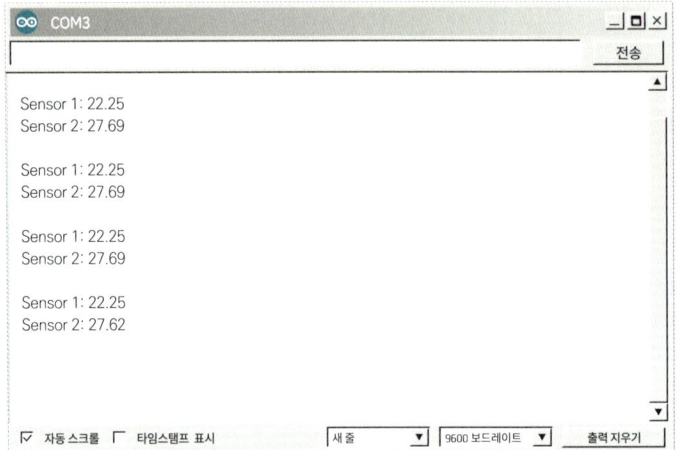

건구와 습구온도를 측정하여 공기의 물성치를 알아보기 위한 화면입니다.

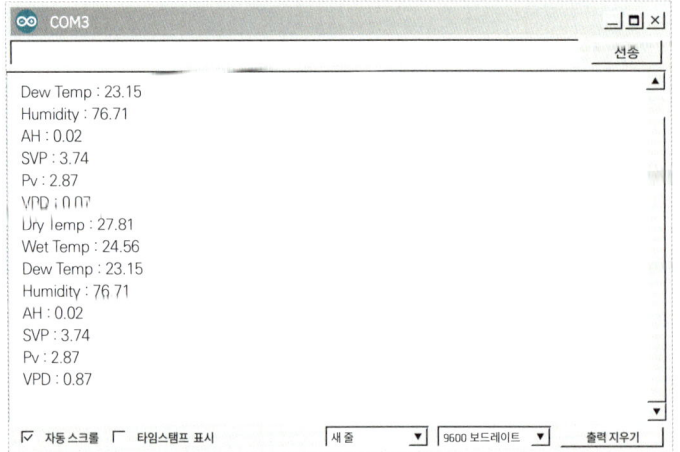

주의사항

아두이노 소프트웨어 코딩 시 센서에 맞는 라이브러리를 꼭 설치해야 합니다. 스케치-라이브러리 포함하기-라이브러리 관리로 클릭하여 들어갑니다. DS18B20를 입력하여 라이브러리를 찾습니다. Miles Burton의 DallasTemperature 라이브러리를 설치합니다. 관련된 라이브러리 설치하라고 하는 메시지가 나오면 모두 설치하시면 됩니다. 그러면, Jim Studt의 OneWire 라이브러리도 같이 설치하게 됩니다.

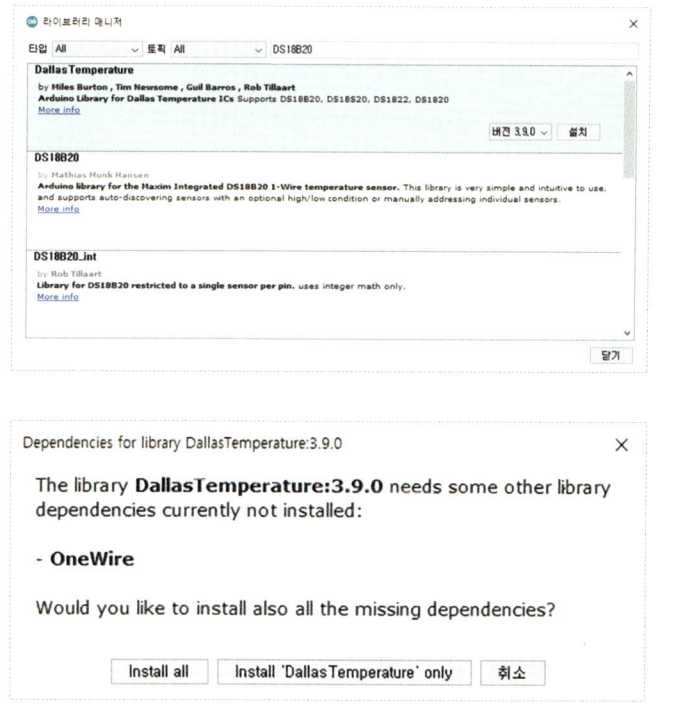

DS18B20 온도 센서를 설치할 경우, address 주소를 아는 것이 중요합니다. 어떤 온도 센서가 1번째인지를 알고 있어야 합니다.

피드백 Feedback 제어하기

OPEN SOURCE COMPUTER PROGRAM
for SMART FARM

Arduino
아두이노

14

Arduino
아두이노

① 개요
온도 센서를 이용해서 구동기(모터)를 피드백(Feedback) 제어해 봅시다.

② 필요한 부품
실습에 필요한 부품 목록입니다(단, 점퍼 케이블은 최대 수량).

NO	부품명	사진	수량
1	아두이노 우노		1
2	온도 센서 (DS18B20) (커넥터 포함)		?
3	점퍼 케이블 (Male to Male) (Female to Male)		27 6
4	브레드보드		1

NO	부품명	사진	수량
5	하우스 개폐기	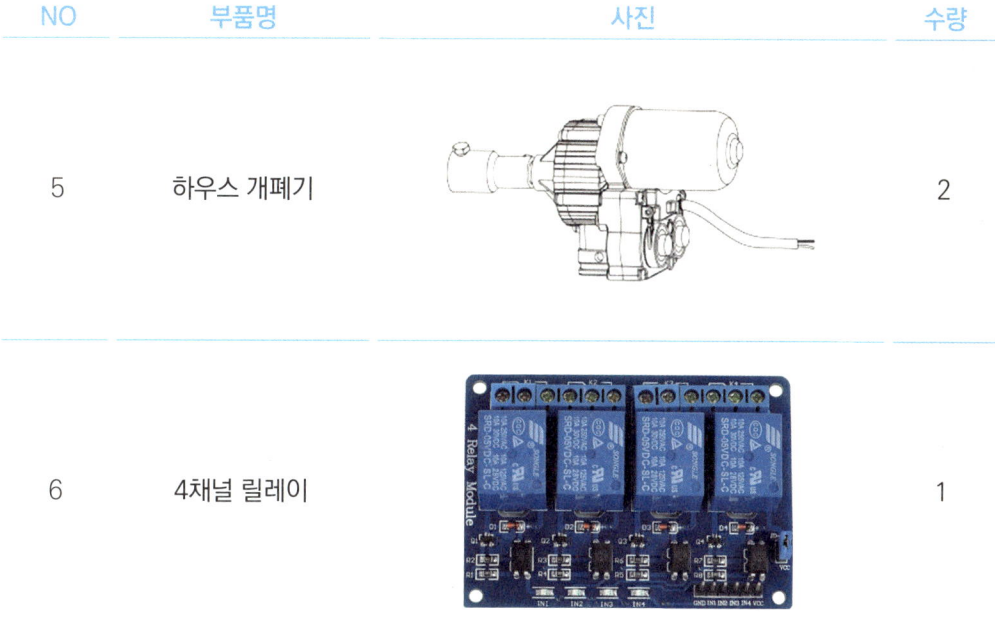	2
6	4채널 릴레이		1

③ 연결하기

온도 센서와 아두이노의 연결 방법입니다.

아두이노와 브레드보드를 연결합니다.
빨간색 선은 5V, 검은색 선은 GND.

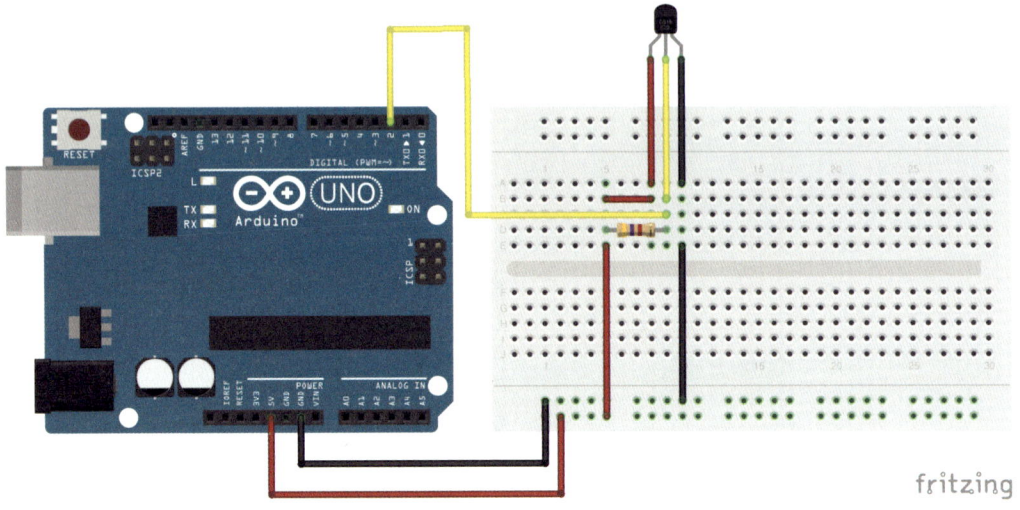

온도 센서의 빨간색 선은 5V(저항은 4.7 kΩ), 검은색 선은 GND,
노란색 선은 아두이노 보드 D2에 연결합니다.

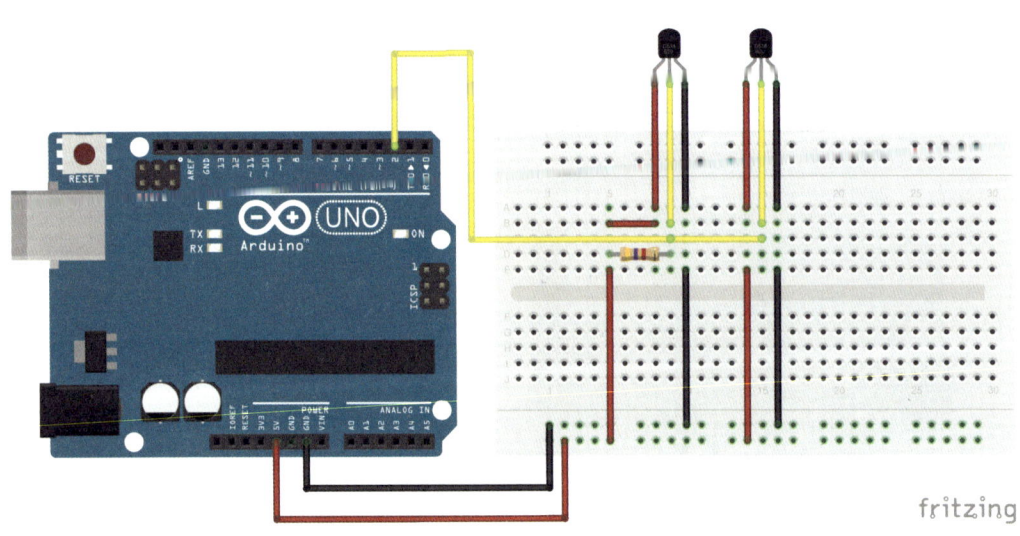

온도 센서의 빨간색 선은 5V(저항은 4.7 kΩ), 검은색 선은 GND,
노란색 선은 다른 온도 센서의 Data 연결선에 연결합니다.

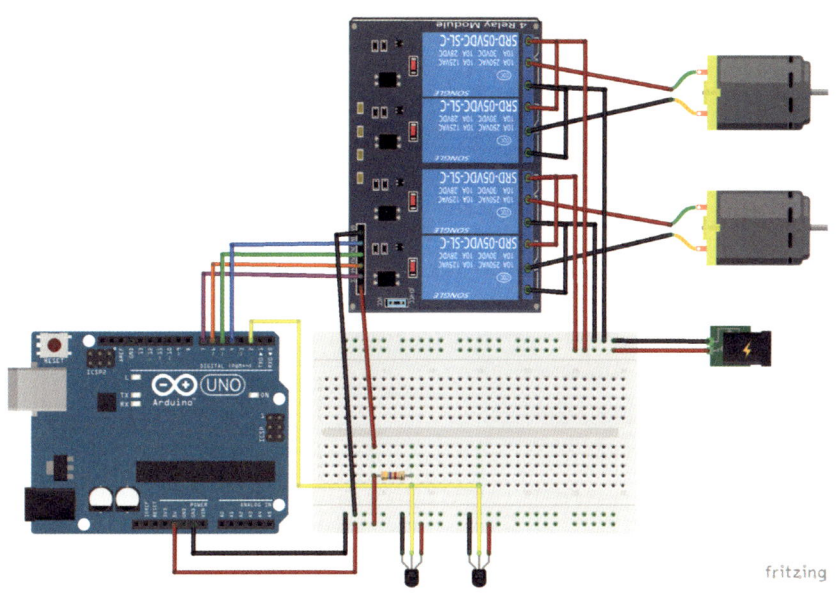

릴레이의 파란색 선은 D4, 녹색 선은 D5, 주황색 선은 D6, 보라색 선은 D7로 연결합니다.

④ 완성된 모습

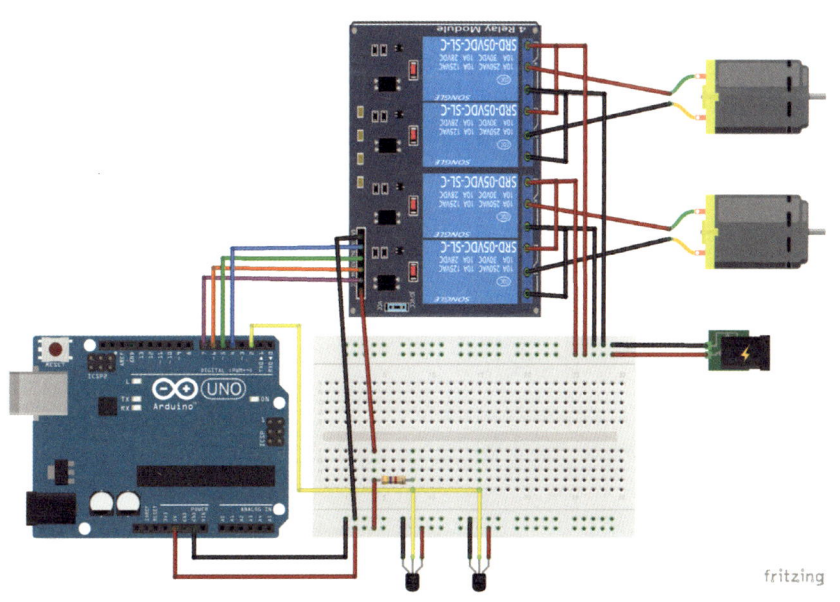

5 소프트웨어 코딩

건구온도를 이용하여 측창 개폐를 컨트롤하는 코딩 예제입니다.

```
#include <OneWire.h>
#include <DallasTemperature.h>
#define ONE_WIRE_BUS 2
#define Left_Open_Window 4
#define Left_Close_Window 5
#define Right_Open_Window 6
#define Right_Close_Window 7

OneWire oneWire(ONE_WIRE_BUS);
DallasTemperature sensors(&oneWire);

uint8_t sensor1[8] = { 0x28, 0xFF, 0x6E, 0x73, 0x71, 0x17, 0x04, 0x7C };
uint8_t sensor2[8] = { 0x28, 0xFF, 0x2B, 0xFB, 0x71, 0x17, 0x04, 0x82 };

float Dry_Temp;
float Wet_Temp;
int Set_Temp = 25;
int Limit_Temp = 3;

void setup(void)
{
  pinMode(Left_Open_Window, OUTPUT);
  pinMode(Left_Close_Window, OUTPUT);
  pinMode(Right_Open_Window, OUTPUT);
  pinMode(Right_Close_Window, OUTPUT);
  Serial.begin(9600);
  sensors.begin();
}

void loop(void)
{
  float Patm = 101.325;   //기압 kPa
  sensors.requestTemperatures();
  Wet_Temp = sensors.getTempC(sensor1);
  Dry_Temp = sensors.getTempC(sensor2);
```

다음 페이지에 계속

Example

```
float Psdt = 0.61078 * exp((17.27 * Dry_Temp) / (237.3 + Dry_Temp)); //kPa
float Pswt = 0.61078 * exp((17.27 * Wet_Temp) / (237.3 + Wet_Temp)); //kPa
float Pv = Pswt - Patm * 0.000662 * (Dry_Temp - Wet_Temp);
float Humidity = 100 * Pv / Psdt;
float VPD = Psdt * (1 - Humidity / 100);
float Dew_Temp = (Dry_Temp - (100 - Humidity) / 5);
float AH = 2.16679 * Pv / (273.15 + Dry_Temp);

Serial.print("Dry Temp : ");
Serial.println(Dry_Temp);

Serial.print("Wet Temp: ");
Serial.println(Wet_Temp);
Serial.print("Dew Temp : ");
Serial.println(Dew_Temp);
Serial.print("Humidity : ");
Serial.println(Humidity);
Serial.print("AH : ");
Serial.println(AH);
Serial.print("SVP : ");
Serial.println(Psdt);
Serial.print("Pv : ");
Serial.println(Pv);
Serial.print("VPD : ");
Serial.println(VPD);

delay(5000);

if (Dry_Temp < (Set_Temp - Limit_Temp)) {
  digitalWrite(Left_Open_Window, LOW);
  digitalWrite(Left_Close_Window, HIGH);
  delay(2000);
  digitalWrite(Right_Open_Window, LOW);
  digitalWrite(Right_Close_Window, HIGH);
  delay(2000);
}

  if ((Dry_Temp >= (Set_Temp - Limit_Temp)) && (Dry_Temp <= (Set_Temp + Limit_Temp))) {
```

다음 페이지에 계속

```
    digitalWrite(Left_Open_Window, LOW);
    digitalWrite(Left_Close_Window, LOW);
    digitalWrite(Right_Open_Window, LOW);
    digitalWrite(Right_Close_Window, LOW);
  }

  if (Dry_Temp > (Set_Temp + Limit_Temp)){
    digitalWrite(Left_Open_Window, HIGH);
    delay(2000);
    digitalWrite(Left_Close_Window, LOW);
    digitalWrite(Right_Open_Window, HIGH);
    delay(2000);
    digitalWrite(Right_Close_Window, LOW);
  }
}
```

건구와 습구온도를 이용하여 VPD와 건구온도로 측창 개폐를 컨트롤하는 코딩 예제입니다.

```
#include <OneWire.h>
#include <DallasTemperature.h>
#define ONE_WIRE_BUS 2
#define Left_Open_Window 4
#define Left_Close_Window 5
#define Right_Open_Window 6
#define Right_Close_Window 7

OneWire oneWire(ONE_WIRE_BUS);
DallasTemperature sensors(&oneWire);

uint8_t sensor1[8] = { 0x28, 0xFF, 0x6E, 0x73, 0x71, 0x17, 0x04, 0x7C };
uint8_t sensor2[8] = { 0x28, 0xFF, 0x2B, 0xFB, 0x71, 0x17, 0x04, 0x82 };

float Dry_Temp;
float Wet_Temp;

int Set_Temp = 25;
```

Example

```
int Limit_Temp = 3;

void setup(void)
{
  pinMode(Left_Open_Window, OUTPUT);
  pinMode(Left_Close_Window, OUTPUT);
  pinMode(Right_Open_Window, OUTPUT);
  pinMode(Right_Close_Window, OUTPUT);
  Serial.begin(9600);
  sensors.begin();
}

void loop(void)
{
  float Patm = 101.325;   //기압 kPa
  sensors.requestTemperatures();
  Wet_Temp = sensors.getTempC(sensor1);
  Dry_Temp = sensors.getTempC(sensor2);
  float Psdt = 0.61078 * exp((17.27 * Dry_Temp) / (237.3 + Dry_Temp)); //kPa
  float Pswt = 0.61078 * exp((17.27 * Wet_Temp) / (237.3 + Wet_Temp)); //kPa
  float Pv = Pswt – Patm * 0.000662 * (Dry_Temp – Wet_Temp);
  float Humidity = 100 * Pv / Psdt;
  float VPD = Psdt * (1 – Humidity / 100);
  float Dew_Temp = (Dry_Temp – (100 – Humidity) / 5);
  float AH = 2.16679 * Pv / (273.15 + Dry_Temp);

  Serial.print("Dry Temp : ");
  Serial.println(Dry_Temp);
  Serial.print("Wet Temp: ");
  Serial.println(Wet_Temp);
  Serial.print("Dew Temp : ");
  Serial.println(Dew_Temp);
  Serial.print("Humidity : ");
  Serial.println(Humidity);
  Serial.print("AH : ");
  Serial.println(AH);
  Serial.print("SVP : ");
  Serial.println(Psdt);
  Serial.print("Pv : ");
  Serial.println(Pv);
  Serial.print("VPD : ");
```

다음 페이지에 계속

Example

```
Serial.println(VPD);
delay(5000);

if (VPD >= 0.5 && VPD <= 1.2) {
  digitalWrite(Left_Open_Window, LOW);
  digitalWrite(Left_Close_Window, LOW);
  digitalWrite(Right_Open_Window, LOW);
  digitalWrite(Right_Close_Window, LOW);
}

if (VPD < 0.5) {
  if (Dry_Temp < (Set_Temp - Limit_Temp)) {
    digitalWrite(Left_Open_Window, LOW);
    digitalWrite(Left_Close_Window, HIGH);
    delay(2000);
    digitalWrite(Right_Open_Window, LOW);
    digitalWrite(Right_Close_Window, HIGH);
    delay(2000);
  }

  if (Dry_Temp > (Set_Temp + Limit_Temp)) {
    digitalWrite(Left_Open_Window, HIGH);
    delay(2000);
    digitalWrite(Left_Close_Window, LOW);
    digitalWrite(Right_Open_Window, HIGH);
    delay(2000);
    digitalWrite(Right_Close_Window, LOW);
  }
}

if (VPD > 1.2) {
  if (Dry_Temp < (Set_Temp - Limit_Temp)) {
    digitalWrite(Left_Open_Window, LOW);
    digitalWrite(Left_Close_Window, HIGH);
    delay(2000);
    digitalWrite(Right_Open_Window, LOW);
    digitalWrite(Right_Close_Window, HIGH);
    delay(2000);
  }

  if (Dry_Temp > (Set_Temp + Limit_Temp)) {
```

다음 페이지에 계속

```
    digitalWrite(Left_Open_Window, HIGH);
    delay(2000);
    digitalWrite(Left_Close_Window, LOW);
    digitalWrite(Right_Open_Window, HIGH);
    delay(2000);
    digitalWrite(Right_Close_Window, LOW);
   }
  }
 }
```

주의사항

아두이노 소프트웨어 코딩 시 센서에 맞는 라이브러리를 꼭 설치해야 합니다. 스케치-라이브러리 포함하기-라이브러리 관리로 클릭하여 들어갑니다. DS18B20를 입력하여 라이브러리를 찾습니다. Miles Burton의 DallasTemperature 라이브러리를 설치합니다. 관련된 라이브러리 설치하라고 하는 메시지가 나오면 모두 설치하시면 됩니다. 그러면, Jim Studt의 OneWire 라이브러리도 같이 설치하게 됩니다.

릴레이의 정역 방향 연결도를 살펴봅시다. 릴레이1의 NC와 릴레이2의 NC 연결, 릴레이1의 NO와 릴레이2의 NO 연결, 각 릴레이의 COM는 모터의 한 선에 각각 연결합니다. 전원 연결은 양극은 릴레이1의 NC로, 음극은 릴레이1의 NO로 연결하면 됩니다. 만약 모터가 반대로 작동하면 COM 연결선을 바꿔서 연결하면 됩니다.

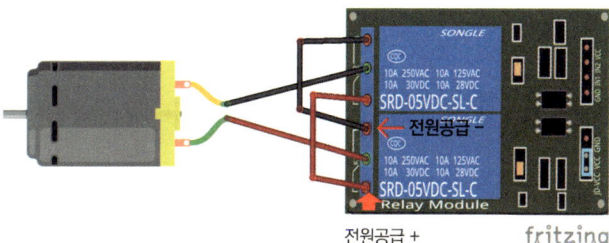

PID 제어하기

OPEN SOURCE COMPUTER PROGRAM
for SMART FARM

Arduino
아두이노

15

Arduino
아두이노

PART 1

1 개요
온도 센서를 이용해서 구동기(모터)를 PID 제어해 봅시다.

2 필요한 부품
실습에 필요한 부품 목록입니다(단, 점퍼 케이블은 최대 수량).

NO	부품명	사진	수량
1	아두이노 우노		1
2	온도 센서 (DS18B20) (커넥터 포함)		2
3	점퍼 케이블 (Male to Male) (Female to Male)		27 6
4	브레드보드		1

NO	부품명	사진	수량
5	하우스 개폐기	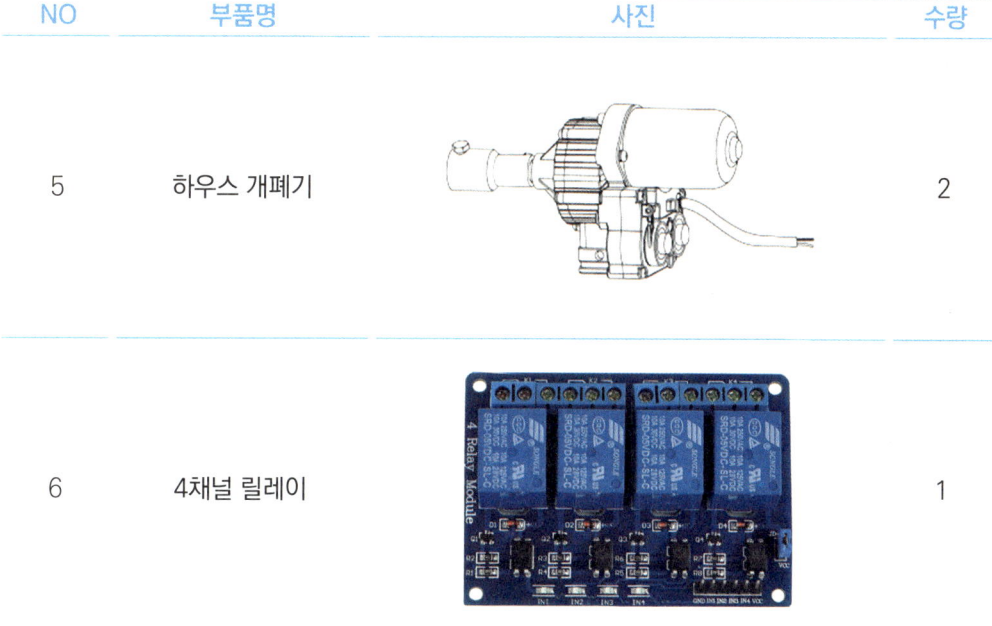	2
6	4채널 릴레이		1

③ 연결하기

온도 센서와 아두이노의 연결 방법입니다.

아두이노와 브레드보드를 연결합니다.
빨간색 선은 5V, 검은색 선은 GND.

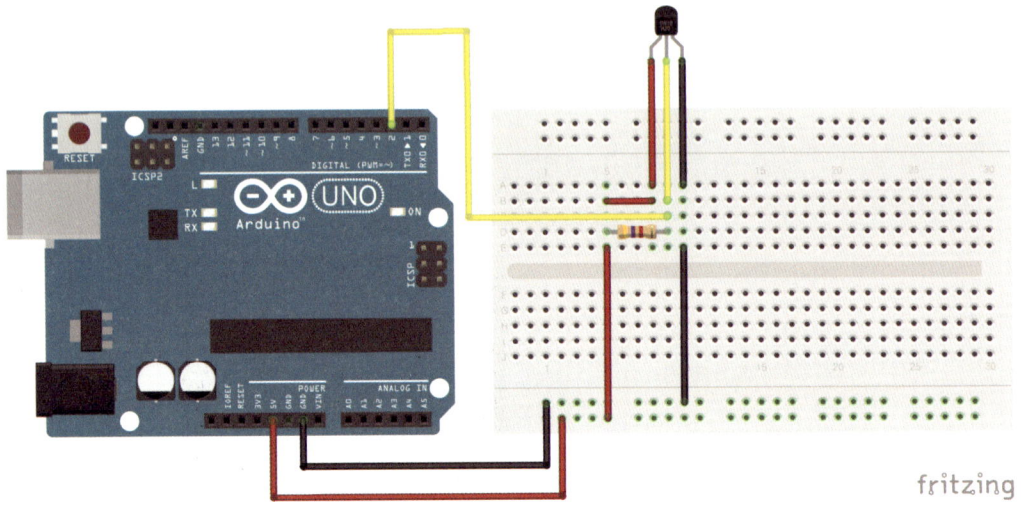

온도 센서의 빨간색 선은 5V(저항은 4.7 kΩ), 검은색 선은 GND, 노란색 선은 아두이노 보드 D2에 연결합니다.

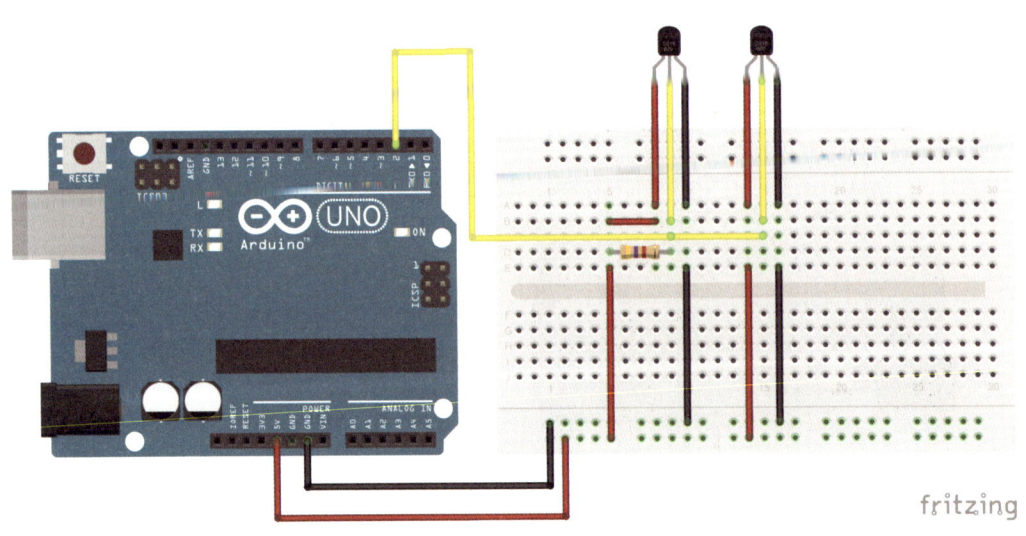

온도 센서의 빨간색 선은 5V(저항은 4.7 kΩ), 검은색 선은 GND, 노란색 선은 다른 온도 센서의 Data 연결선에 연결합니다.

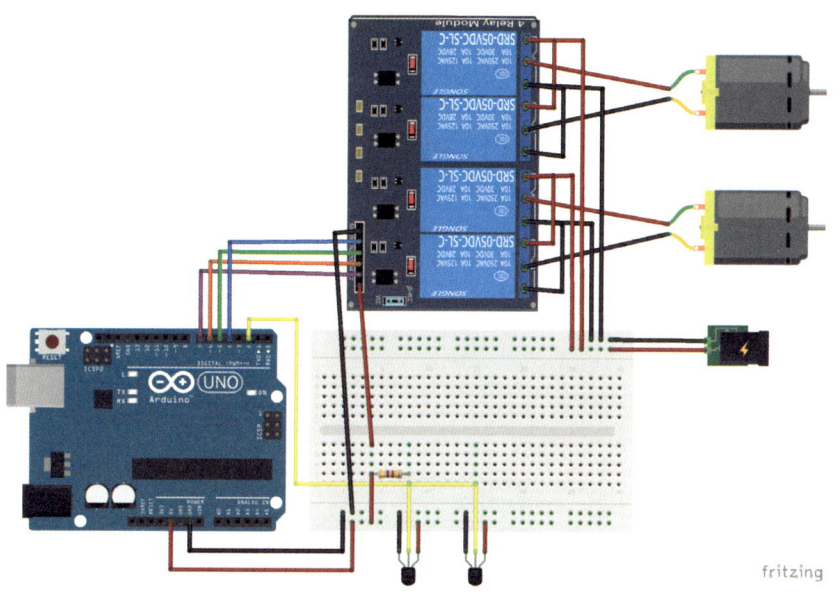

릴레이의 파란색 선은 D4, 녹색 선은 D5, 주황색 선은 D6, 보라색 선은 D7로 연결합니다.

4 완성된 모습

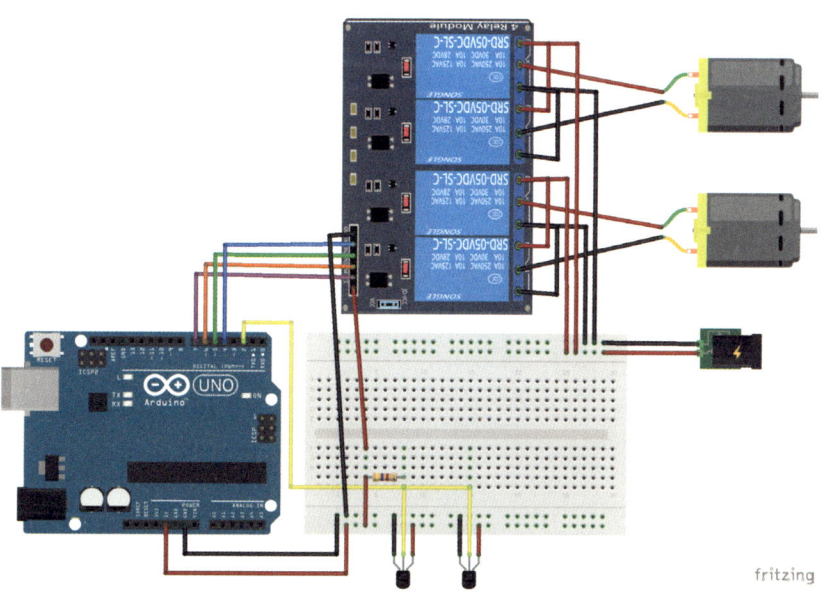

5 소프트웨어 코딩

VPD를 이용하여 측창 개폐를 PID 컨트롤하는 코딩 예제입니다.

```
#include <OneWire.h>
#include <DallasTemperature.h>
#include <PID_v1.h>
#define ONE_WIRE_BUS 2
#define Left_Open_Window 4
#define Left_Close_Window 5
#define Right_Open_Window 6
#define Right_Close_Window 7

OneWire oneWire(ONE_WIRE_BUS);
DallasTemperature sensors(&oneWire);

uint8_t sensor1[8] = { 0x28, 0xFF, 0x6E, 0x73, 0x71, 0x17, 0x04, 0x7C };
uint8_t sensor2[8] = { 0x28, 0xFF, 0x2B, 0xFB, 0x71, 0x17, 0x04, 0x82 };

float Dry_Temp;
float Wet_Temp;

double Setpoint;
double Input;
double Output;

double aggKp = 2, aggKi = 0.5, aggKd = 1;
double consKp = 1, consKi = 0.05, consKd = 0.25;
PID myPID(&Input, &Output, &Setpoint, consKp, consKi, consKd, DIRECT);

void setup(void)
{
  pinMode(Left_Open_Window, OUTPUT);
  pinMode(Left_Close_Window, OUTPUT);
  pinMode(Right_Open_Window, OUTPUT);
  pinMode(Right_Close_Window, OUTPUT);

  Serial.begin(9600);
  sensors.begin();

  Setpoint = 1.0;
```

Example

```
    myPID.SetMode(AUTOMATIC);
    myPID.SetOutputLimits(-5, 5);
}

void loop(void)
{
  float Patm = 101.325;   //기압 kPa
  sensors.requestTemperatures();
  Wet_Temp = sensors.getTempC(sensor1);
  Dry_Temp = sensors.getTempC(sensor2);
  float Psdt = 0.61078 * exp((17.27 * Dry_Temp) / (237.3 + Dry_Temp)); //kPa
  float Pswt = 0.61078 * exp((17.27 * Wet_Temp) / (237.3 + Wet_Temp)); //kPa
  float Pv = Pswt - Patm * 0.000662 * (Dry_Temp - Wet_Temp);
  float Humidity = 100 * Pv / Psdt;
  float VPD = Psdt * (1 - Humidity / 100);
  float Dew_Temp = (Dry_Temp - (100 - Humidity) / 5);
  float AH = 2.16679 * Pv / (273.15 + Dry_Temp);

  Input = VPD;

  double gap = abs(Setpoint - Input); //distance away from setpoint
  if (gap < 0.5)
  { //we're close to setpoint, use conservative tuning parameters
    myPID.SetTunings(consKp, consKi, consKd);
    digitalWrite(Left_Open_Window, HIGH);
    digitalWrite(Left_Close_Window, LOW);
    digitalWrite(Right_Open_Window, HIGH);
    digitalWrite(Right_Close_Window, LOW);
  }
  else
  {
    //we're far from setpoint, use aggressive tuning parameters
    myPID.SetTunings(aggKp, aggKi, aggKd);
    digitalWrite(Left_Open_Window, LOW);
    digitalWrite(Left_Close_Window, HIGH);
    digitalWrite(Right_Open_Window, LOW);
    digitalWrite(Right_Close_Window, HIGH);
  }
  myPID.Compute();
  Serial.println(Input);
  Serial.println(Output);
  Serial.println(gap);
}
```

다음 페이지에 계속

참고사항	PID(비례-적분-미분, Proportional-Integral-Differential controller)제어
	실제 응용분야에서 가장 많이 사용되는 대표적인 형태의 제어 기법입니다. PID 제어기는 기본적으로 피드백(feedback)제어기의 형태를 가지고 있으며, 제어하고자 하는 대상의 출력값(output)을 측정하여 이를 원하고자 하는 참조값(reference value) 혹은 설정값(Set Point)과 비교하여 오차(error)를 계산하고, 이 오차값을 이용하여 제어에 필요한 제어값을 계산하는 구조로 되어 있습니다.
	[비례항] 현재 상태에서의 오차값의 크기에 비례한 제어작용을 합니다.
	[적분항] 정상상태(steady-state) 오차를 없애는 작용을 합니다.
	[미분항] 출력값의 급격한 변화에 제동을 걸어 오버슛(overshoot)을 줄이고 안정성(stability)을 향상시킵니다.
	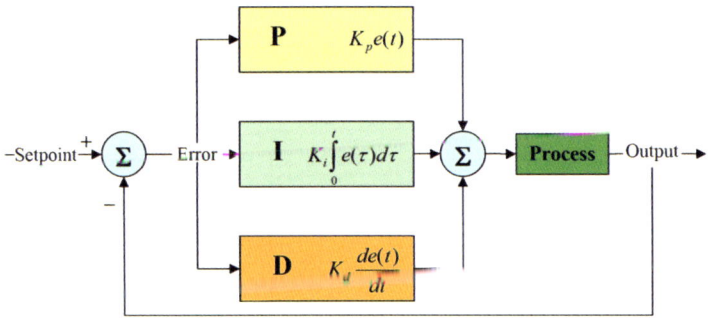

화상 관찰하기

OPEN SOURCE COMPUTER PROGRAM for SMART FARM

Arduino 아두이노 + **Node-red** 노드레드

16

Arduino
아두이노

1 개요
시설 내부 또는 외부에 카메라를 설치하여 화면을 인터넷상에서 또는 핸드폰 및 파일로 봅시다.

2 필요한 부품
실습에 필요한 부품 목록입니다(단, 점퍼 케이블은 변동 수량).

NO	부품명	사진	수량
1	ESP32-CAM		1
2	FT232BL USB2Serial (FTDI232)		1
3	점퍼 케이블 (Male to Male) (Female to Male)		2 4

❸ 연결하기

ESP32와 FTDI232의 연결 방법입니다.

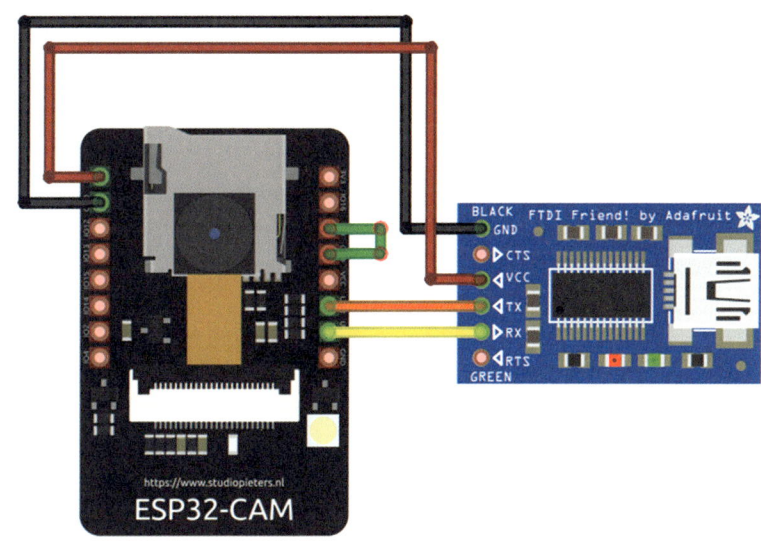

ESP32-CAM	FTDI232
UOT	RX
UOR	TX
GND	GND
5V/3.3V	5V/3.3V

주의사항 및 참고사항	5V가 3.3V 보다 안정적이고, GPIO0과 GND(녹색선)은 프로그램 업로드 시 연결해 줘야 하고 작동 시에는 제거해 줘야 합니다. 업로드 시 또는 업로드 후 꼭 RST 버튼을 한번 눌러주세요.

4 소프트웨어 코딩

아두이노 프로그램을 이용해 코딩한 예제입니다.

Example

```
#include "esp_camera.h"
#include <WiFi.h>
#define CAMERA_MODEL_AI_THINKER // Has PSRAM
#include "camera_pins.h"

const char* ssid = "********";
const char* password = "********";

void startCameraServer();

void setup() {
  Serial.begin(115200);
  Serial.setDebugOutput(true);
  Serial.println();
  camera_config_t config;
  config.ledc_channel = LEDC_CHANNEL_0;
  config.ledc_timer = LEDC_TIMER_0;
  config.pin_d0 = Y2_GPIO_NUM;
  config.pin_d1 = Y3_GPIO_NUM;
  config.pin_d2 = Y4_GPIO_NUM;
  config.pin_d3 = Y5_GPIO_NUM;
  config.pin_d4 = Y6_GPIO_NUM;
  config.pin_d5 = Y7_GPIO_NUM;
  config.pin_d6 = Y8_GPIO_NUM;
  config.pin_d7 = Y9_GPIO_NUM;
  config.pin_xclk = XCLK_GPIO_NUM;
  config.pin_pclk = PCLK_GPIO_NUM;
  config.pin_vsync = VSYNC_GPIO_NUM;
  config.pin_href = HREF_GPIO_NUM;
  config.pin_sscb_sda = SIOD_GPIO_NUM;
  config.pin_sscb_scl = SIOC_GPIO_NUM;
  config.pin_pwdn = PWDN_GPIO_NUM;
  config.pin_reset = RESET_GPIO_NUM;
  config.xclk_freq_hz = 20000000;
  config.pixel_format = PIXFORMAT_JPEG;
```

다음 페이지에 계속

```
  if(psramFound()){
    config.frame_size = FRAMESIZE_UXGA;
    config.jpeg_quality = 10;
    config.fb_count = 2;
  } else {
    config.frame_size = FRAMESIZE_SVGA;
    config.jpeg_quality = 12;
    config.fb_count = 1;
  }

#if defined(CAMERA_MODEL_ESP_EYE)
  pinMode(13, INPUT_PULLUP);
  pinMode(14, INPUT_PULLUP);
#endif
  esp_err_t err = esp_camera_init(&config);
  if (err != ESP_OK) {
    Serial.printf("Camera init failed with error 0x%x", err);
    return;
  }
  sensor_t * s = esp_camera_sensor_get();
  if (s->id.PID == OV3660_PID) {
    s->set_vflip(s, 1); // flip it back
    s->set_brightness(s, 1); // up the brightness just a bit
    s->set_saturation(s, -2); // lower the saturation
  }
  s->set_framesize(s, FRAMESIZE_QVGA);

#if defined(CAMERA_MODEL_M5STACK_WIDE) || defined(CAMERA_MODEL_M5STACK_ESP32CAM)
  s->set_vflip(s, 1);
  s->set_hmirror(s, 1);
#endif

  WiFi.begin(ssid, password);
  while (WiFi.status() != WL_CONNECTED) {
    delay(500);
    Serial.print(".");
  }
  Serial.println("");
```

```
  Serial.println("WiFi connected");
  startCameraServer();
  Serial.print("Camera Ready! Use 'http://");
  Serial.print(WiFi.localIP());
  Serial.println("' to connect");
}

void loop() {
  delay(60000);
}
```

주의사항 및 참고사항	다음과 같은 option을 선택한다. · Board: "ESP32 Wrover Module" · Flash Mode: "QIO" · Partition Scheme: "Hue APP (3MB No OTA/1MB SPIFFS)" · Flash Frequency: "40MHz" or "80MHz" · Upload Speed: "115200" · Core Debug Level: "None" · 포트: 중간장치를 PC에 연결했을 때 나타나는 포트번호를 선택

컴파일시 먼저, 파일-예제-ESP32-Camera-CameraWebServer를 클릭합니다. 여기서 카메라 모델만 변경하고(#define CAMERA_MODEL_AI_THINKER), 인터넷 ID와 비밀번호 입력하면 됩니다. 참고로 Loop에서 동작속도를 조절하면 됩니다.

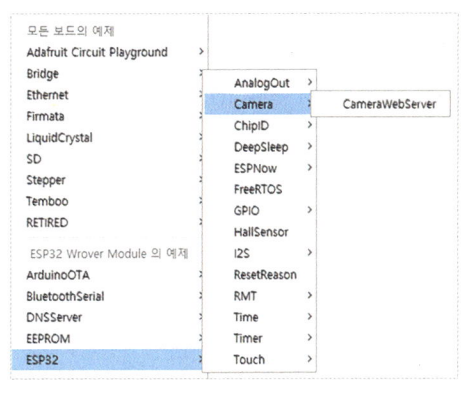

5 테스트 결과

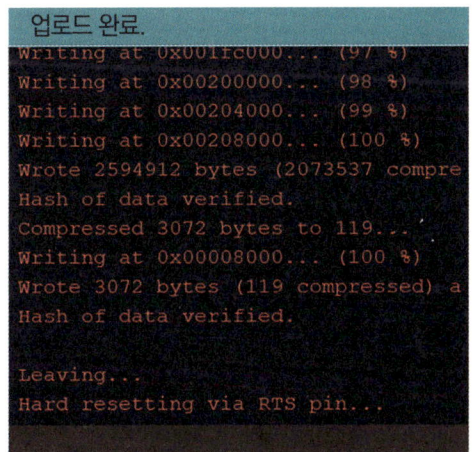
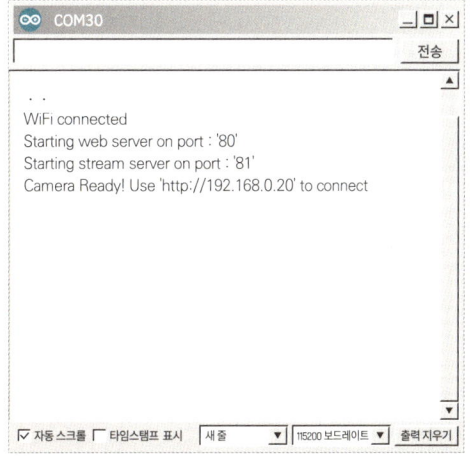

주의사항 및 참고사항

카메라 설정값 변경은 인터넷에서 IP 주소를 입력하여 변경하면 됩니다. 해상도는 Resolution 내용을 보면 됩니다. 화면을 볼려면 Start Stream 버튼을 클릭하면 됩니다. 화면 정지는 Get Still 버튼을 클릭하면 됩니다.

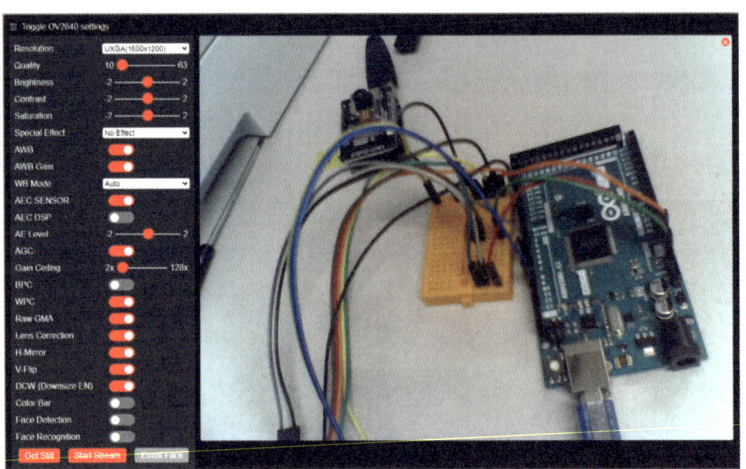

Node-red
노드레드

1 개요
노드레드를 통해서 화면을 출력해 보자.

2 Node-red 대쉬보드(dashboard)

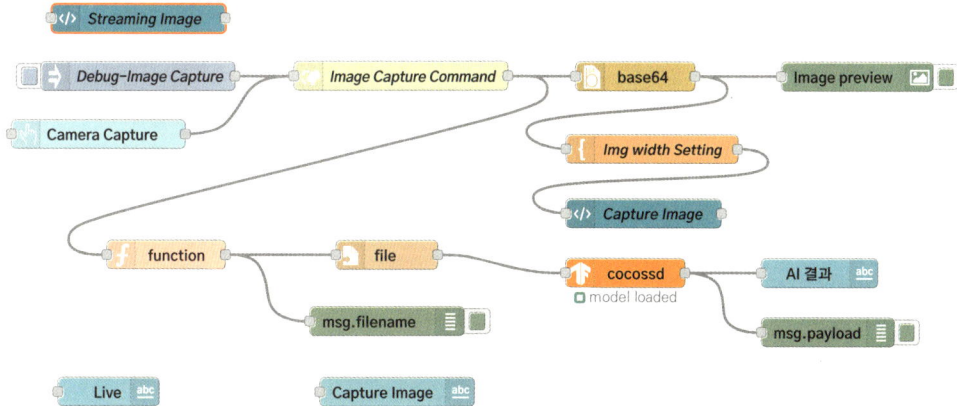

3 Streaming Image 노드
IP주소를 수정해야 합니다.

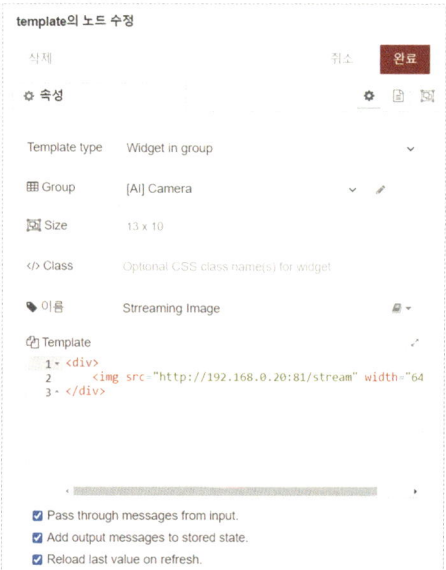

❹ Image Capture Command 노드

IP주소를 수정해야 합니다.

❺ Function 노드

그림 저장 경로와 파일명을 입력해야 합니다.

주의사항 및 참고사항	팔렛트를 추가해야 합니다. 팔렛트 항목(설치가능한 노드)입니다. 　　node-red-dashboard 　　node-red-contrib-image-output 　　node-red-node-base64 　　node-red-contrib-tfjs-coco-ssd

6 배포하기 실행하기

배포하여 실행해 봅니다. 다만 +tab을 꼭 추가해야 합니다.

AI

Camera

Live

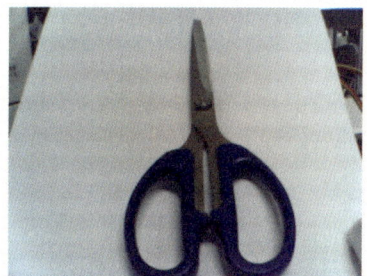

Capture Image　AI결과　**scissors**

Camera Capture

7 소스 코드(콤마)

Source Code

[{"id":"27a2271c0394b2cd","type":"tab","label":"플로우 3","disabled":false,"info":""},{"id":"854774ef646036e2","type":"inject","z":"27a2271c0394b2cd","name":"Debug-Image Capture","props":[{"p":"payload"},{"p":"topic","vt":"str"}],"repeat":"","crontab":"","once":false,"onceDelay":0.1,"topic":"","payloadType":"date","x":360,"y":200,"wires":[["bc539c400d148d0a"]]},{"id":"bc539c400d148d0a","type":"http request","z":"27a2271c0394b2cd","name":"Image Capture Command","method":"GET","ret":"bin","paytoqs":"ignore","url":"http://192.168.0.20/capture","tls":"","persist":false,"proxy":"","authType":"","credentials":{},"x":630,"y":200,"wires":[["c5d25243e2b4520e","d5b70d81929ab75b"]]},{"id":"c5d25243e2b4520e","type":"base64","z":"27a2271c0394b2cd","name":"","action":"","property":"payload","x":870,"y":200,"wires":[["5f4e0ec6039d8825","42a2504bba9350ac"]]},{"id":"5f4e0ec6039d8825","type":"template","z":"27a2271c0394b2cd","name":"Img width Setting","field":"payload","fieldType":"msg","format":"handlebars","syntax":"mustache","template":"<img width=\"640px\" height=\"480px\" src=\"data:image/jpg;base64,{{{payload}}}\">","output":"str","x":883.9999923706055,"y":272.99997901916504,"wires":[["5a1b7fd3b8ccaa7f"]]},{"id":"42a2504bba9350ac","type":"image","z":"27a2271c0394b2cd","name":"","width":160,"data":"payload","dataType":"msg","thumbnail":false,"active":true,"pass":false,"outputs":0,"x":1100,"y":200,"wires":[]},{"id":"76b1596a484dba06","type":"file","z":"27a2271c0394b2cd","name":"","filename":"","appendNewline":true,"createDir":true,"overwriteFile":"true","encoding":"none","x":614,"y":383.99997997283936,"wires":[["d8d28d4bf55faa75"]]},{"id":"d5b70d81929ab75b","type":"function","z":"27a2271c0394b2cd","name":"","func":"msg.filename = \"D:/Data/test_image/Test.

다음 페이지에 계속

Source Code

jpg\":\nreturn msg;","outputs":1,"noerr":0,"initialize":"","finalize":"","libs":[],"x":389.99999237060547,"y":380.99997901916504,"wires":[["76b1596a484dba06","6b7d3290fcdf7867"]]},{"id":"6b7d3290fcdf7867","type":"debug","z":"27a2271c0394b2cd","name":"","active":true,"tosidebar":true,"console":false,"tostatus":false,"complete":"filename","targetType":"msg","statusVal":"","statusType":"auto","x":616,"y":448.9999723434448,"wires":[]},{"id":"6a6b8d9b9b51670c","type":"ui_template","z":"27a2271c0394b2cd","group":"5f60c7c83d14eb76","name":"Streaming Image","order":1,"width":13,"height":10,"format":"<div>\n   <img src=\"http://192.168.0.20:81/stream\" width=\"640px\">\n</div>","storeOutMessages":true,"fwdInMessages":true,"resendOnRefresh":true,"templateScope":"local","className":"","x":360,"y":140,"wires":[[]]},{"id":"38bb8e54afe7052d","type":"ui_text","z":"27a2271c0394b2cd","group":"5f60c7c83d14eb76","order":15,"width":6,"height":1,"name":"","label":"Capture Image","format":"{{msg.payload}}","layout":"row-spread","className":"","x":627,"y":518.9999675750732,"wires":[]},{"id":"ec57165c64963163","type":"ui_text","z":"27a2271c0394b2cd","group":"5f60c7c83d14eb76","order":16,"width":6,"height":1,"name":"","label":"AI 결과","format":"{{msg.payload}}","layout":"row-spread","className":"","x":1060,"y":400,"wires":[]},{"id":"fc8878c6848757dd","type":"debug","z":"27a2271c0394b2cd","name":"","active":true,"tosidebar":true,"console":false,"tostatus":false,"complete":"false","statusVal":"","statusType":"auto","x":1070,"y":460,"wires":[]},{"id":"5cf2710cdec439b6","type":"ui_text","z":"27a2271c0394b2cd","group":"5f60c7c83d14eb76","order":13,"width":6,"height":1,"name":"","label":"Live","format":"{{msg.payload}}","layout":"row-spread","className":"","x":330,"y":520,"wires":[]},{"id":"2977a1ba839bff4a","type":"ui_button","z":"27a2271c0394b2cd","name":"","group":"5f60c7c83d14eb76","order":19,"width":6,"height":1,"passthru":false,"label":"Camera Capture","tooltip":"","color":"","bgcolor":"","className":"","icon":"","payload":"","payloadType":"str","topic":"","topicType":"str","x":320,"y":260,"wires":[["bc539c400d148d0a"]]},{"id":"5a1b7fd3b8ccaa7f","type":"ui_template","z":"27a2271c0394b2cd","group":"5f60c7c83d14eb76","name":"Capture Image","order":3,"width":13,"height":10,"format":"<div ng-bind-html=\"msg.payload\"></div>","storeOutMessages":true,"fwdInMessages":true,"resendOnRefresh":true,"templateScope":"local","className":"","x":880,"y":340,"wires":[[]]},{"id":"d8d28d4bf55faa75","type":"cocossd","z":"27a2271c0394b2cd","name":"","x":860,"y":400,"wires":[["ec57165c64963163","fc8878c6848757dd"]]},{"id":"9f5ba15b2e356946","type":"ui_spacer","z":"27a2271c0394b2cd","name":"spacer","group":"b1d5cbd6.805608","order":4,"width":7,"height":1},{"id":"3930c83bb31cc651","type":"ui_spacer","z":"27a2271c0394b2cd","name":"spacer","group":"b1d5cbd6.805608","order":7,"width":13,"height":1},{"id":"29f6635a7aa320a9","type":"ui_spacer","z":"27a2271c0394b2cd","name":"spacer","group":"b1d5cbd6.805608","order":9,"width":"7","height":"1","className":""},{"id":"cf896ed9c7c12126","type":"ui_spacer","z":"27a2271c0394b2cd","name":"spacer","group":"5f60c7c83d14eb76","order":2,"width":1,"height":1},{"id":"e4fd5d1337ad7707","type":"ui_spacer","z":"27a2271c0394b2cd","name":"spacer","group":"5f60c7c83d14eb76","order":4,"width":1,"height":1},{"id":"93322b6455b87980","type":"ui_spacer","z":"27a2271c0394b2cd","name":"spacer","group":"5f60c7c83d14eb76","order":5,"width":1,"height":1},{"id":"7b8b8a1f1d572279","type":"ui_spacer","z":"27a2271c0394b2cd","name":"spacer","group":"5f60c7c83d14eb76","order":6,"width":1,"height":1},{"

Source Code ≡

id":"7974cdda09d08917","type":"ui_spacer","z":"27a2271c0394b2cd","name":"spacer","group":"5f60c7c83d14eb76","order":7,"width":1,"height":1},{"id":"32c06d92312c9f4e","type":"ui_spacer","z":"27a2271c0394b2cd","name":"spacer","group":"5f60c7c83d14eb76","order":8,"width":1,"height":1},{"id":"1c22e41a9bc92964","type":"ui_spacer","z":"27a2271c0394b2cd","name":"spacer","group":"5f60c7c83d14eb76","order":9,"width":1,"height":1},{"id":"ec2a8c3d6e8768f9","type":"ui_spacer","z":"27a2271c0394b2cd","name":"spacer","group":"5f60c7c83d14eb76","order":10,"width":1,"height":1},{"id":"5d2d1f3726e6f230","type":"ui_spacer","z":"27a2271c0394b2cd","name":"spacer","group":"5f60c7c83d14eb76","order":11,"width":1,"height":1},{"id":"6cfaa33b331491ff","type":"ui_spacer","z":"27a2271c0394b2cd","name":"spacer","group":"5f60c7c83d14eb76","order":12,"width":1,"height":1},{"id":"7f62d34d3b283812","type":"ui_spacer","z":"27a2271c0394b2cd","name":"spacer","group":"5f60c7c83d14eb76","order":14,"width":8,"height":1},{"id":"0f6c0268a44cba58","type":"ui_spacer","z":"27a2271c0394b2cd","name":"spacer","group":"5f60c7c83d14eb76","order":17,"width":1,"height":1},{"id":"f4804447a5c6464c","type":"ui_spacer","z":"27a2271c0394b2cd","name":"spacer","group":"5f60c7c83d14eb76","order":18,"width":14,"height":1},{"id":"1f451d45d8c576f4","type":"ui_spacer","z":"27a2271c0394b2cd","name":"spacer","group":"5f60c7c83d14eb76","order":20,"width":7,"height":1},{"id":"5f60c7c83d14eb76","type":"ui_group","name":"Camera","tab":"fac4adcc.be33b","order":1,"disp":true,"width":27,"collapse":false,"className":""},{"id":"b1d5cbd6.805608","type":"ui_group","name":"Cam Capture","tab":"","order":1,"disp":true,"width":27,"collapse":false},{"id":"fac4adcc.be33b","type":"ui_tab","name":"AI","icon":"dashboard","disabled":false,"hidden":false}]

화상 인식으로
아두이노 제어하기

OPEN SOURCE COMPUTER PROGRAM
for SMART FARM

Arduino + **Node-red**
아두이노   노드레드

17

Arduino
아두이노

PART 1

1 개요
화상 인식으로 USB 통신을 통해 아두이노를 제어해 봅시다.

2 필요한 부품
실습에 필요한 부품 목록입니다(단, 점퍼 케이블은 최대 수량).

NO	부품명	사진	수량
1	아두이노 우노		1
2	웹카메라		1
3	점퍼 케이블 (Female to Male)		3
4	1 릴레이 모듈 (1 Relay Module)		1

③ 연결하기

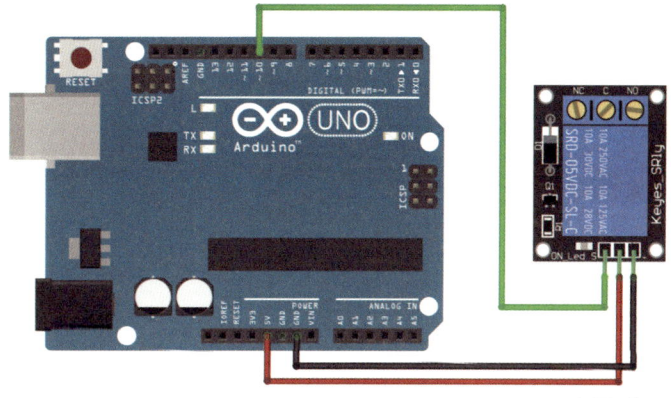

아두이노와 릴레이를 연결합니다. 빨간색 선은 5V, 검은색 선은 GND, 녹색 선은 아두이노 보드 D10에 연결합니다.

④ 소프트웨어 코딩

아두이노 프로그램을 이용해 코딩한 예제입니다.

```
#define Relay 10
String readString;

void setup() {
  Serial.begin(9600);
  pinMode(Relay, OUTPUT);
}

void loop() {
  readString = "";
  if (Serial.available()) {
    char c = Serial.read();
    readString += c;
    if (c == 'a') {
      digitalWrite(Relay, HIGH);
    }
    if (c == 'b') {
      digitalWrite(Relay, LOW);
    }
  }
  delay(2000);
}
```

Node-red
노드레드

1 개요
노드레드를 통해서 화면을 출력해 보자.

2 Node-red 대쉬보드(dashboard)

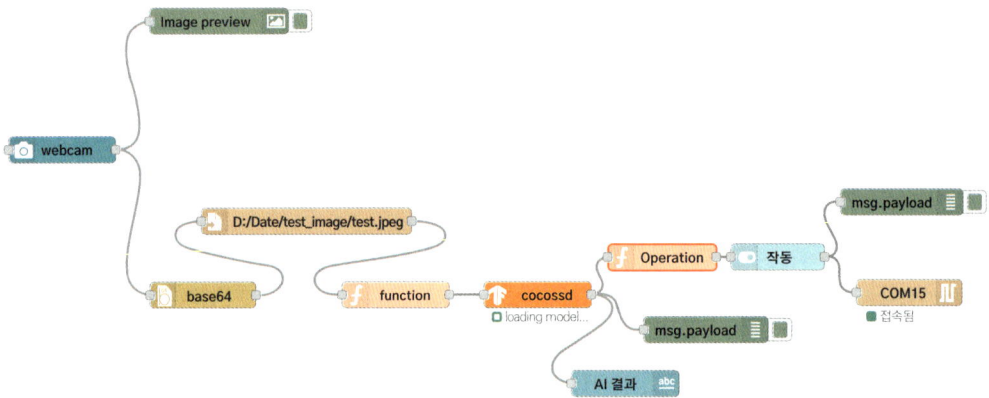

3 Operation 노드
코드를 입력합니다.

주의사항 및 참고사항	• 팔렛트를 추가해야 합니다. 팔렛트 항목(설치가능한 노드)입니다. node-red-dashboard node-red-contrib-image-output node-red-node-base64 node-red-contrib-tfjs-coco-ssd node-red-contrib-webcam node-red-node-arduino

❹ 배포하기 실행하기

배포하여 실행해 봅니다. 다만 +tab을 꼭 추가해야 합니다.

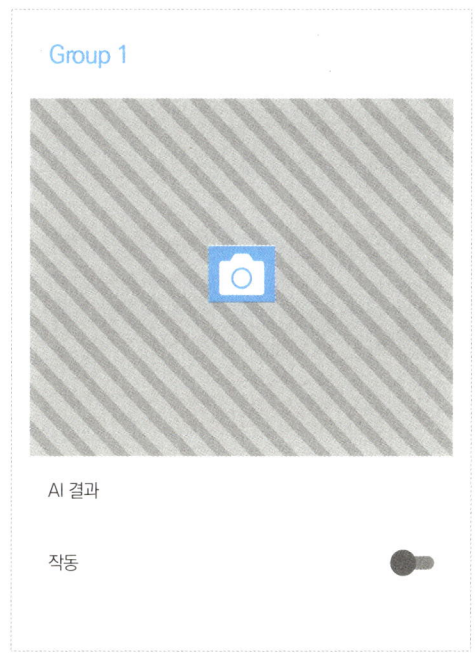 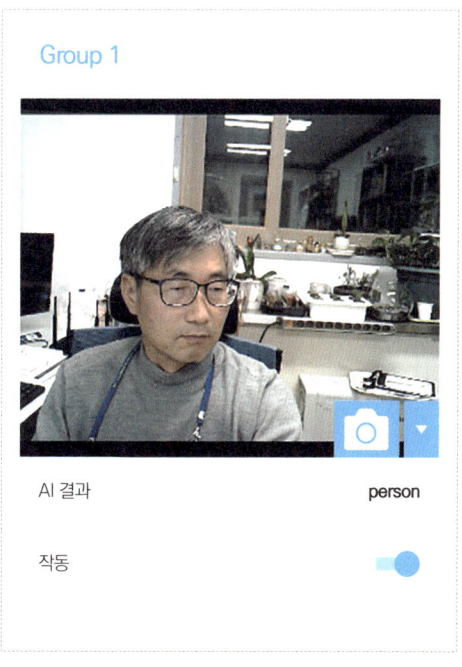

5 소스 코드

Source Code

[{"id":"e0b59ea4f7c4e24f","type":"tab","label":"플로우 6","disabled":false,"info":""},{"id":"eae499535170fc90","type":"debug","z":"e0b59ea4f7c4e24f","name":"","active":true,"tosidebar":true,"console":false,"tostatus":false,"complete":"false","statusVal":"","statusType":"auto","x":1010,"y":420,"wires":[]},{"id":"c9d4689e26a7f47d","type":"file","z":"e0b59ea4f7c4e24f","name":"","filename":"D:/Data/test_image/test.jpeg","appendNewline":false,"createDir":false,"overwriteFile":"true","encoding":"base64","x":560,"y":300,"wires":[["704e0cccbe3a4da6"]]},{"id":"704e0cccbe3a4da6","type":"function","z":"e0b59ea4f7c4e24f","name":"","func":"msg.payload=\"D:/Data/test_image/\"+\"test.jpeg\";\nreturn msg;","outputs":1,"noerr":0,"initialize":"","finalize":"","libs":[],"x":660,"y":380,"wires":[["c1f75ab36f714b33"]]},{"id":"c7217e1659a41345","type":"ui_text","z":"e0b59ea4f7c4e24f","group":"3b1668c732b0d975","order":3,"width":0,"height":0,"name":"","label":"AI 결과","format":"{{msg.payload}}","layout":"row-spread","className":"","x":920,"y":480,"wires":[]},{"id":"c1f75ab36f714b33","type":"cocossd","z":"e0b59ea4f7c4e24f","name":"","x":820,"y":380,"wires":[["eae499535170fc90","c7217e1659a41345","45b61ab30310b616"]]},{"id":"90d03728c2951662","type":"image","z":"e0b59ea4f7c4e24f","name":"","width":160,"data":"payload","dataType":"msg","thumbnail":false,"active":true,"pass":false,"outputs":0,"x":460,"y":80,"wires":[]},{"id":"d0b799a7e6313ef6","type":"base64","z":"e0b59ea4f7c4e24f","name":"","action":"","property":"payload","x":440,"y":380,"wires":[["c9d4689e26a7f47d"]]},{"id":"c2638139a170c478","type":"ui_webcam","z":"e0b59ea4f7c4e24f","name":"","group":"3b1668c732b0d975","order":1,"width":0,"height":5,"countdown":false,"autoStart":false,"hideCaptureButton":false,"showImage":"2","mirror":true,"format":"jpeg","x":280,"y":220,"wires":[["90d03728c2951662","d0b799a7e6313ef6"]]},{"id":"45b61ab30310b616","type":"function","z":"e0b59ea4f7c4e24f","name":"Operation","func":"if(msg.payload == 'person'){\n   msg.payload = 'a';\n} \nelse {\n   msg.payload = 'b';\n}\nreturn [msg];\n","outputs":1,"noerr":0,"initialize":"","finalize":"","libs":[],"x":960,"y":340,"wires":[["e66fa9d557408f67"]]},{"id":"8a078e9a6579a84a","type":"debug","z":"e0b59ea4f7c4e24f","name":"","active":true,"tosidebar":true,"console":false,"tostatus":false,"complete":"false","statusVal":"","statusType":"auto","x":1230,"y":280,"wires":[]},{"id":"e66fa9d557408f67","type":"ui_switch","z":"e0b59ea4f7c4e24f","name":"","label":"작동","tooltip":"","group":"3b1668c732b0d975","order":3,"width":6,"height":1,"passthru":true,"decouple":"false","topic":"payload","topicType":"msg","style":"","onvalue":"a","onvalueType":"str","onicon":"","oncolor":"","offvalue":"b","offvalueType":"str","officon":"","offcolor":"","animate":false,"className":"","x":1090,"y":340,"wires":[["8a078e9a6579a84a","c9d49989a49db063"]]},{"id":"c9d49989a49db063","type":"serial out","z":"e0b59ea4f7c4e24f","name":"","serial":"c1103d13aef36fa3","x":1240,"y":380,"wires":[]},{"id":"3b1668c732b0d975","type":"ui_group","name":"Group 1","tab":"1c815eca37c1fa35","order":1,"disp":true,"width":"6","collapse":false},{"id":"c1103d13aef36fa3","type":"serial-port","serialport":"COM15","serialbaud":"9600","databits":"8","parity":"none","stopbits":"1","waitfor":"","dtr":"none","rts":"none","cts":"none","dsr":"none","newline":"\\n","bin":"false","out":"char","addchar":"","responsetimeout":"10000"},{"id":"1c815eca37c1fa35","type":"ui_tab","name":"cameras","icon":"dashboard","order":5,"disabled":false,"hidden":false}]

스마트팜 만들기

OPEN SOURCE COMPUTER PROGRAM for SMART FARM

Arduino + **Node-red**
아두이노 　 　 노드레드

18

Arduino
아두이노

① 개요
오픈소스 프로그램을 이용하여 스마트팜을 만들어 봅시다. 본 코드와 프로그램은 블루이노의 스마트팜 인공지능 키트를 중심으로 만들었습니다.

② 완성된 모습
최종적으로 완성된 센서들과 구동기들의 연결 모습입니다.

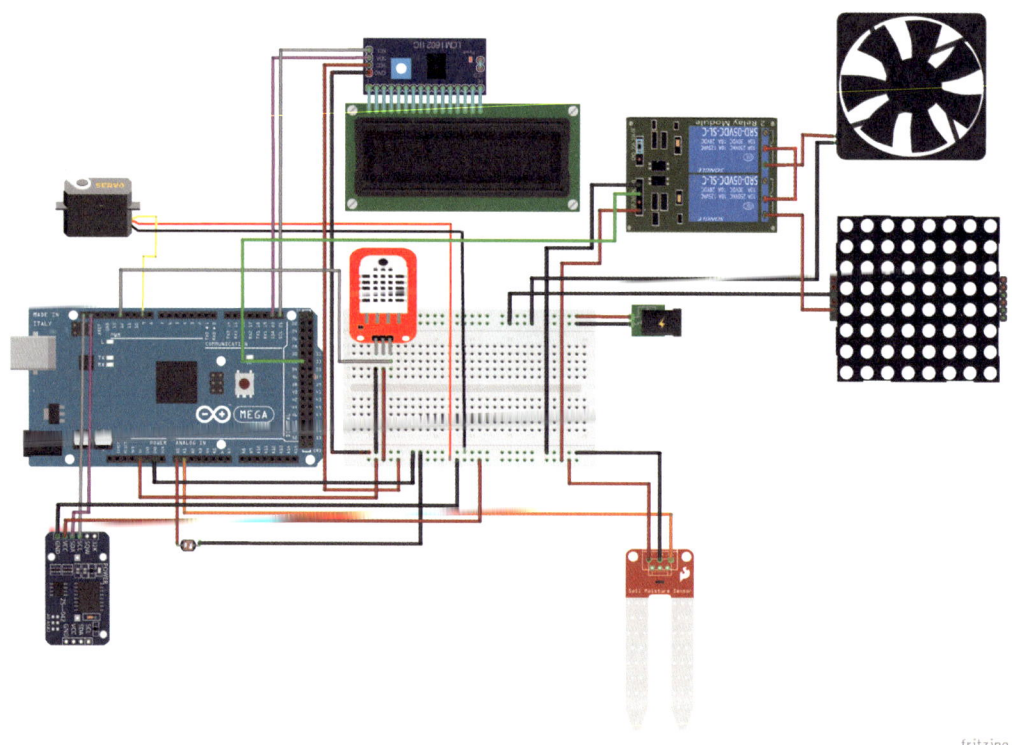

온습도 센서, 광센서, 수분센서, LCD, 타이머와 서보모터 등을 5V 전압 안에서 연결합니다.
외부전원(DC 12V)은 환기팬과 LED 광원입니다.

3 소프트웨어 코딩

아두이노 코딩 예제입니다. 시리얼 모니터에 출력되는 형태는 JSON 형태임을 숙지하고 있어야 합니다.

```
#include <DHT.h>
#include <LiquidCrystal_I2C.h>
#include <Wire.h>
#include <RTClib.h>
#include <Servo.h>

#define PHOTO A0
#define Water_Pin A1
#define pinDHT11 12
#define Fan_Pin 32
#define Light_Pin 4
#define Servo_Pin 9

DHT dht(pinDHT11, DHT11);
LiquidCrystal_I2C lcd(0x27, 16, 2);
RTC_DS3231 rtc;
Servo servo;

String readString;
int Photo_Value = 0;
float temperature, humidity;
int cdc = 0;
int water_Content = 0;
int co2 = 0;
int Auto = 0;
char ch;

void setup() {
  pinMode(Fan_Pin, OUTPUT);
  pinMode(Light_Pin, OUTPUT);
  servo.attach(Servo_Pin);
  Serial.begin(9600);
  Serial1.begin(115200);
  Serial2.begin(9600);
  Serial3.begin(9600);

  if (! rtc.begin()) {
    Serial.println("Couldn't find RTC");
```

Example

```
    Serial.flush();
    abort();
  }
  if (rtc.lostPower()) {
    Serial.println("RTC lost power, let's set the time!");
    rtc.adjust(DateTime(F(__DATE__), F(__TIME__)));
  }
  rtc.adjust(DateTime(F(__DATE__), F(__TIME__)));

  lcd.clear();
  lcd.init();
  lcd.backlight();
  lcd.setCursor(0, 0);
  lcd.print("JNU SmartFarm");
  lcd.setCursor(0, 1);
  lcd.print("Vegetables Lab.");
  delay(5000);
}

void loop() {
  DateTime now = rtc.now();
  humidity = dht.readHumidity();
  temperature = dht.readTemperature();
  double gamma = log(humidity / 100) + ((17.62 * temperature) / (243.5 + temperature));
  double dp = 243.5 * gamma / (17.62 - gamma);

  Photo_Value = analogRead(PHOTO);
  float pv_value = float(Photo_Value * 5) / 1023;
  float Rp = (10 * pv_value) / (5 - pv_value);
  float y = (log10(200 / Rp)) / 0.7;
  float Ea = pow(10, y);
  int water = analogRead(Water_Pin);
  int water_Content = map(water, 994, 424, 0, 100);

  if (water_Content >= 100) {
    water_Content = 100;
  }
  if (water_Content <= 0) {
    water_Content = 0;
  }
  Serial.print("{\"temp\":");
  Serial.print(temperature);
```

다음 페이지에 계속

> Example ≡

```
Serial.print(",\"humidity\":");
Serial.print(humidity);
Serial.print(",\"cdc\":");
Serial.print(Ea);
Serial.print(",\"water\":");
Serial.print(water_Content);
Serial.print(",\"co2\":");
Serial.print(co2);
Serial.println("}");
delay(5000);

lcd.clear();
lcd.setCursor(0, 0);
lcd.print("Temp: ");
lcd.print(temperature);
lcd.print(" oC");
lcd.setCursor(0, 1);
lcd.print("R H: ");
lcd.print(humidity);
lcd.print(" %");
delay(5000);

lcd.clear();
lcd.setCursor(0, 0);
lcd.print("Photo: ");
lcd.print(Ea);
lcd.print(" lx");
lcd.setCursor(0, 1);
lcd.print("Water: ");
lcd.print(water_Content);
lcd.print(" %");
delay(5000);

lcd.clear();
lcd.setCursor(0, 0);
lcd.print("CO2: ");
lcd.print(co2);
lcd.print(" ppm");
lcd.setCursor(0, 1);
lcd.print("DewP: ");
lcd.print(dp);
lcd.print(" oC");
```

```
    delay(5000);

    if (Auto == 1) {
      if ((now.hour() >= 9) && (now.hour() <= 18)) {
        if (temperature >= 25) {
          digitalWrite(Fan_Pin, HIGH);
          servo.write(90);
        } else {
          digitalWrite(Fan_Pin, LOW);
          servo.write(0);
        }

        if (Ea <= 600) {
          digitalWrite(Light_Pin, HIGH);
        } else {
          digitalWrite(Light_Pin, LOW);
        }
      } else {
        digitalWrite(Fan_Pin, LOW);
        digitalWrite(Light_Pin, LOW);
        servo.write(0);
      }
    }
    if (Auto == 0) {
      digitalWrite(Fan_Pin, LOW);
      digitalWrite(Light_Pin, LOW);
      servo.write(0);
    }

    if (Serial.available() > 0) {
      delay(3);
      ch = Serial.read();
    }
    if (ch == 97) {
      Auto = 1;
    }
    if (ch == 98) {
      Auto = 0;
    }
    if (ch == 99) {
      digitalWrite(Fan_Pin, HIGH);
    }
```

Example ☰

```
    if (ch == 100) {
      digitalWrite(Fan_Pin, LOW);
    }
    if (ch == 101) {
      servo.write(90);
    }
    if (ch == 102) {
      servo.write(0);
    }
    if (ch == 48) {
      analogWrite(Light_Pin, 0);
    }
    if (ch == 49) {
      analogWrite(Light_Pin, 25);
    }
    if (ch == 50) {
      analogWrite(Light_Pin, 50);
    }
    if (ch == 51) {
      analogWrite(Light_Pin, 75);
    }
    if (ch == 52) {
      analogWrite(Light_Pin, 100);
    }
    if (ch == 53) {
      analogWrite(Light_Pin, 125);
    }
    if (ch == 54) {
      analogWrite(Light_Pin, 150);
    }
    if (ch == 55) {
      analogWrite(Light_Pin, 175);
    }
    if (ch == 56) {
      analogWrite(Light_Pin, 200);
    }
    if (ch == 57) {
      analogWrite(Light_Pin, 225);
    }

    Auto = Auto;
  }
```

| 주의사항 및 참고사항 | • Photocell은 아날로그 출력으로 자료를 받지만, 이 수치를 lux 단위로 환산해야 합니다. 그렇기 위해서는 다음과 같은 코드가 필요합니다.

    Photo_Value= analogRead(PHOTO);
    floatpv_value= float(Photo_Value* 5) / 1023;
    floatRp= (10 * pv_value) / (5 - pv_value);
    floaty= (log10(200 / Rp)) / 0.7;
    floatEa= pow(10, y);node-red-contrib-webcam
    node-red-node-arduino

• JSON(JavaScript Object Notation)은 경량의 DATA-교환 방식으로 Javascript에서 객체를 만들 때 사용하는 표현식을 의미합니다. JSON 표현식은 사람과 기계 모두 이해하기 쉬우며 용량이 작아서, 최근에는 JSON이 XML을 대체해서 데이터 전송 등에 많이 사용합니다. 특정 언어에 종속되지 않으며, 대부분의 프로그래밍 언어에서 JSON 포맷의 데이터를 핸들링 할 수 있는 라이브러리를 제공합니다.

• JSON 구조는 ①데이터는 이름과 값의 쌍으로 이루어지고, ②데이터는 쉼표(,)로 나열되며, ③객체(object)는 중괄호({ })로 둘러쌓아 표현하며, ④배열(array)은 대괄호([ ])로 둘러쌓아 표현합니다 |

2 PART

Node-red
노드레드

1 Node-red 대쉬보드(dashboard)

전체 코드와 세부 설정 사항은 다음과 같다.

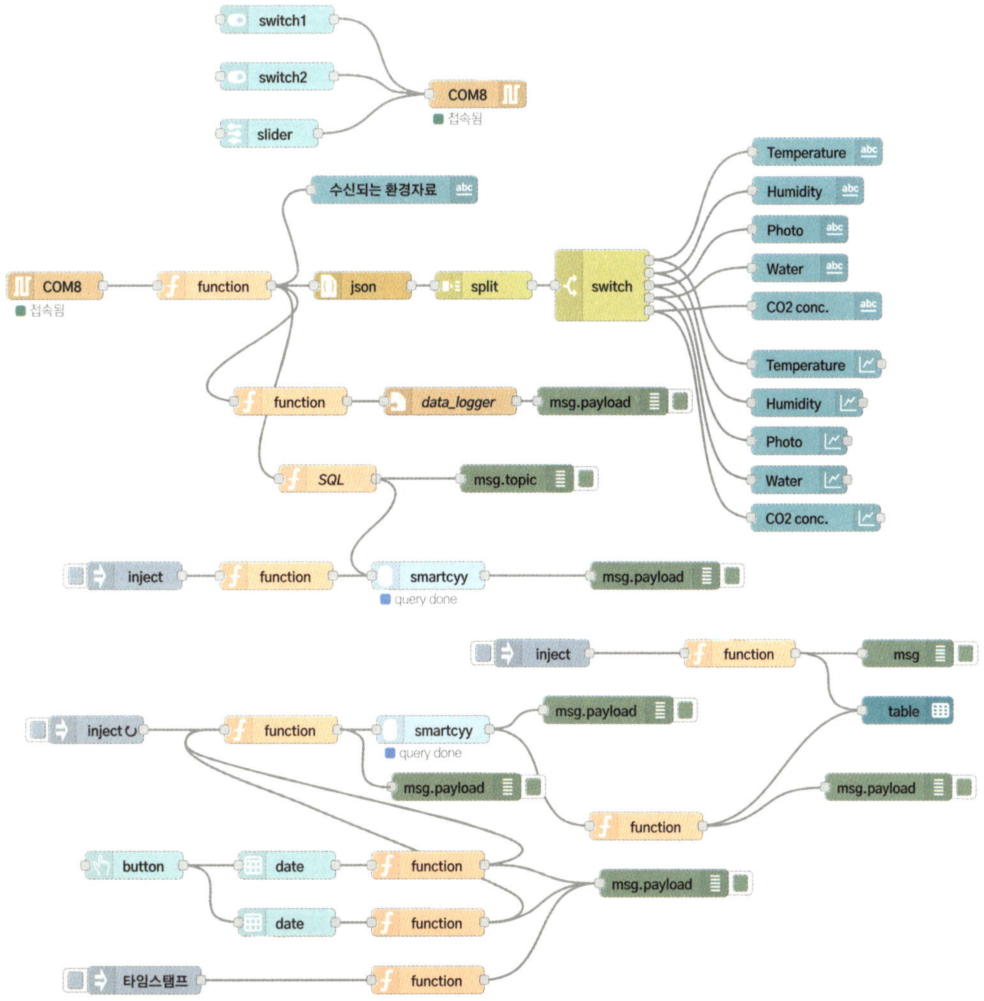

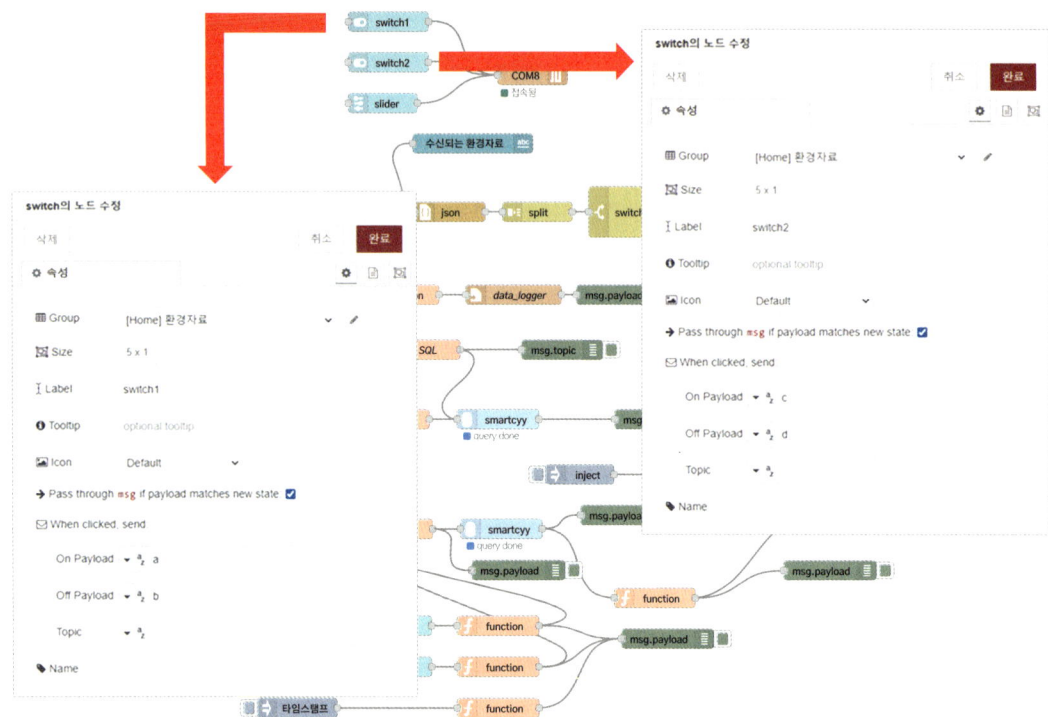
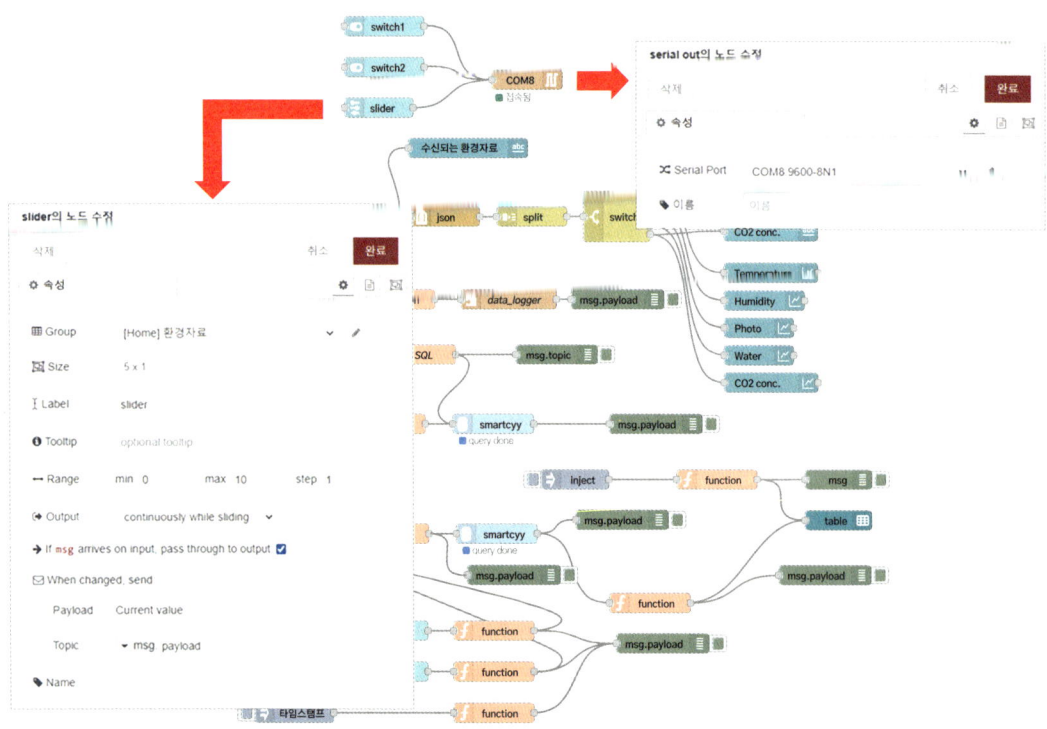

switch1
switch2
slider
COM8
접속됨
수신되는 환경자료
function
json
split
data_logger
msg.payload
SQL
msg.topic
smartcyy
query done
inject
msg
table
button
date
타임스탬프
serial in의 노드 수정
삭제
취소
완료
속성
Serial Port
COM8 9600-8N1
이름
text의 노드 수정
Group
[Home] 환경자료
Size
14 x 1
Label
수신되는 환경자료
Value format
{{msg.payload}}
Layout
label value
Name

switch1
switch2
slider
COM8
접속됨
수신되는 환경자료
function
json
split
data_logger
msg.payload
msg.topic
Water
CO2 conc.
inject
msg
table
button
date
타임스탬프
json의 노드 수정
삭제
취소
완료
속성
동작
JSON문자열과 오브젝트간의 상호변환
프로퍼티
msg. payload
이름
오브젝트에서 JSON로 변환
JSON문자열 형식
function의 노드 수정
Setup
On Start
코드
On Stop
var b=Buffer.from(msg.payload);
var s=b.toString();
var out=s;
msg.payload= out;
return msg;

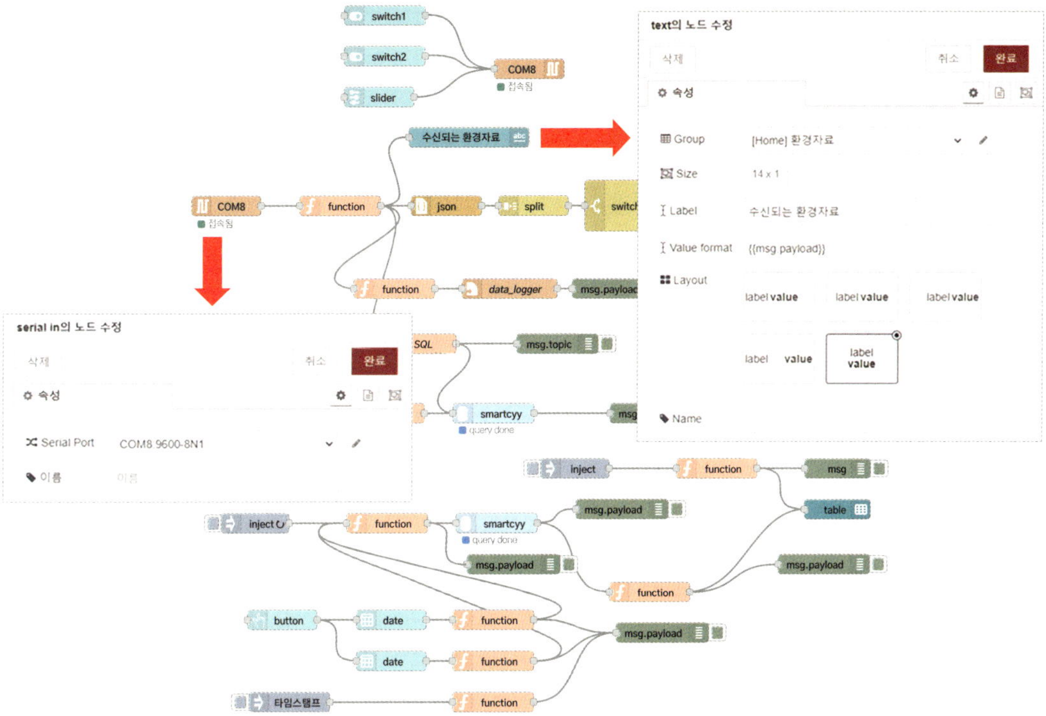

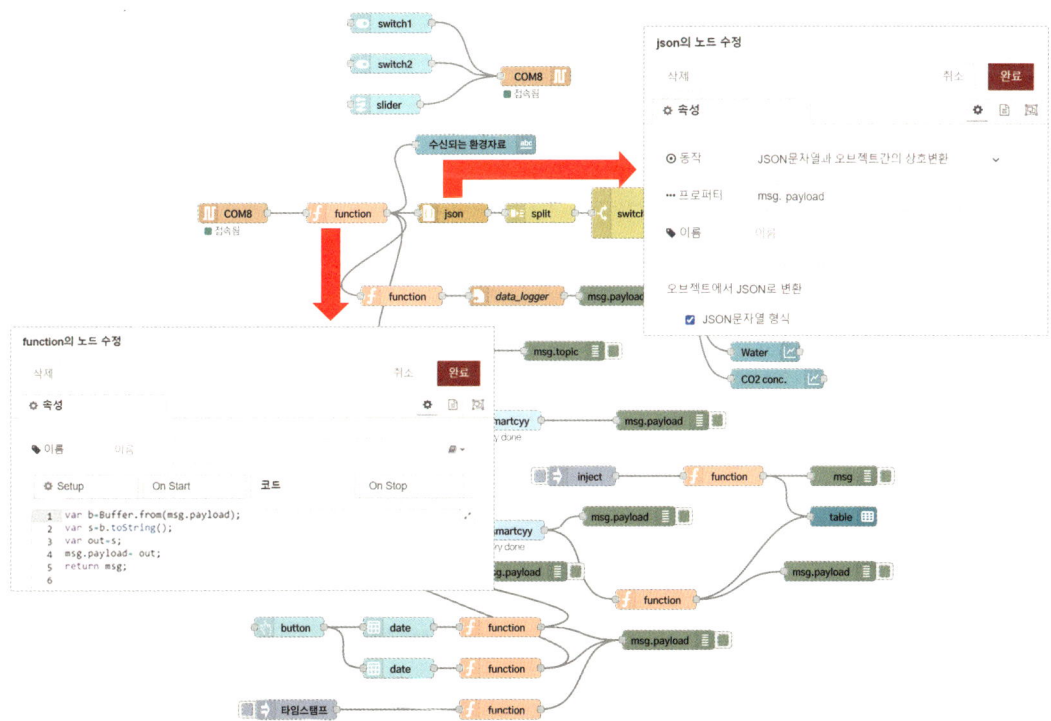

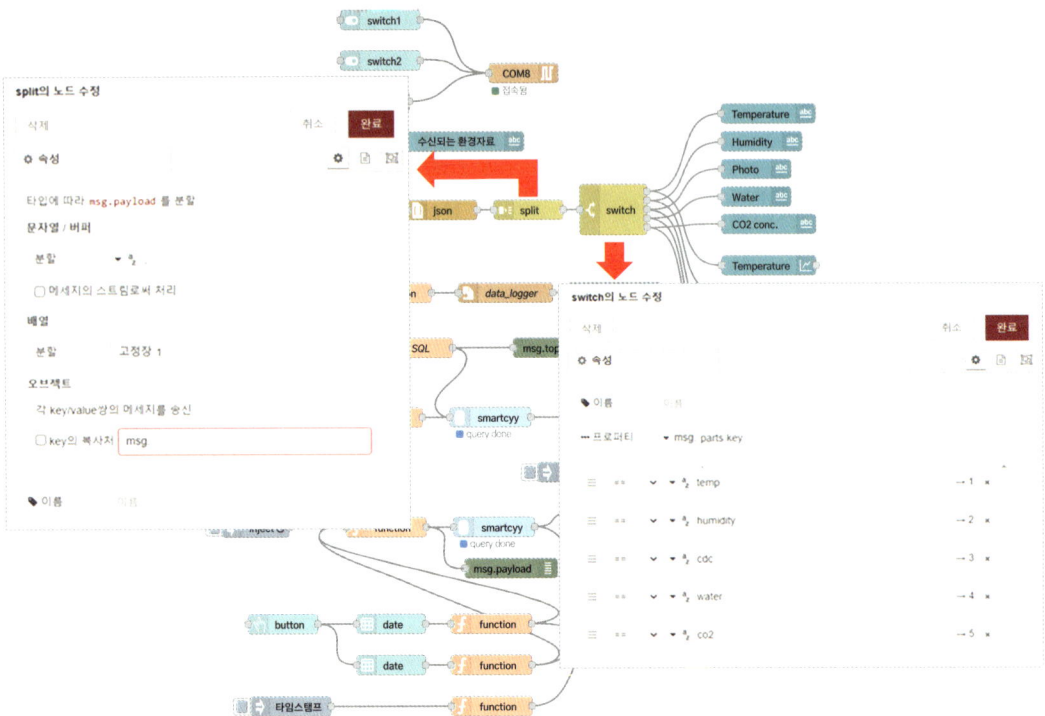

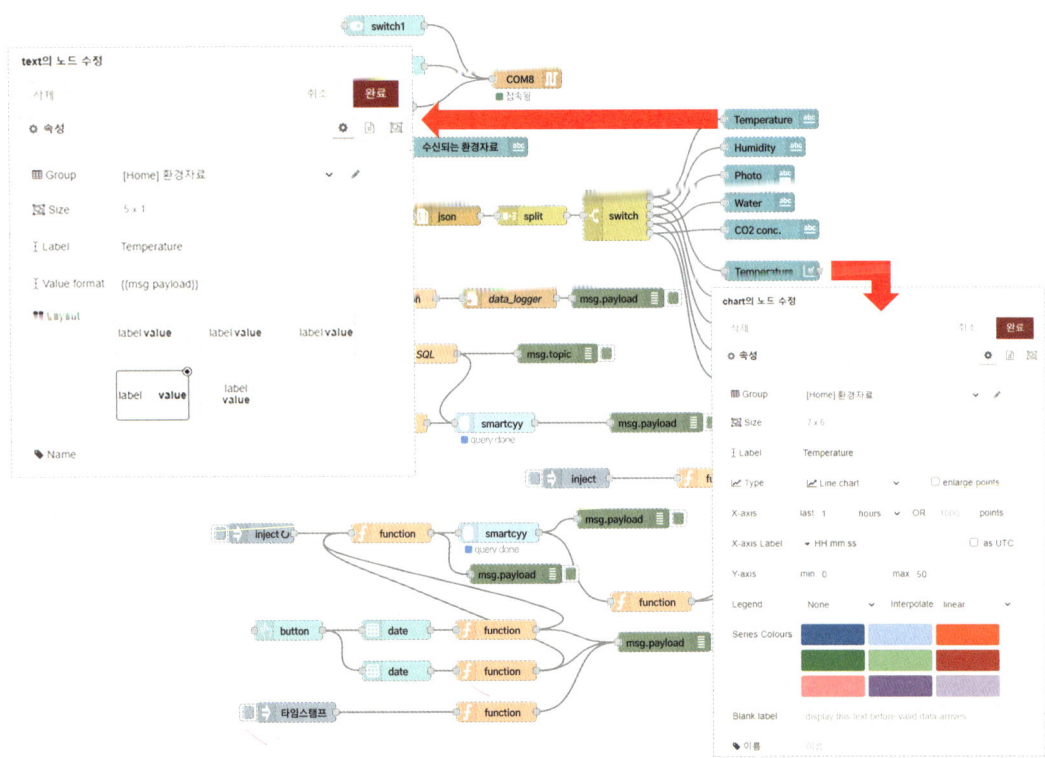

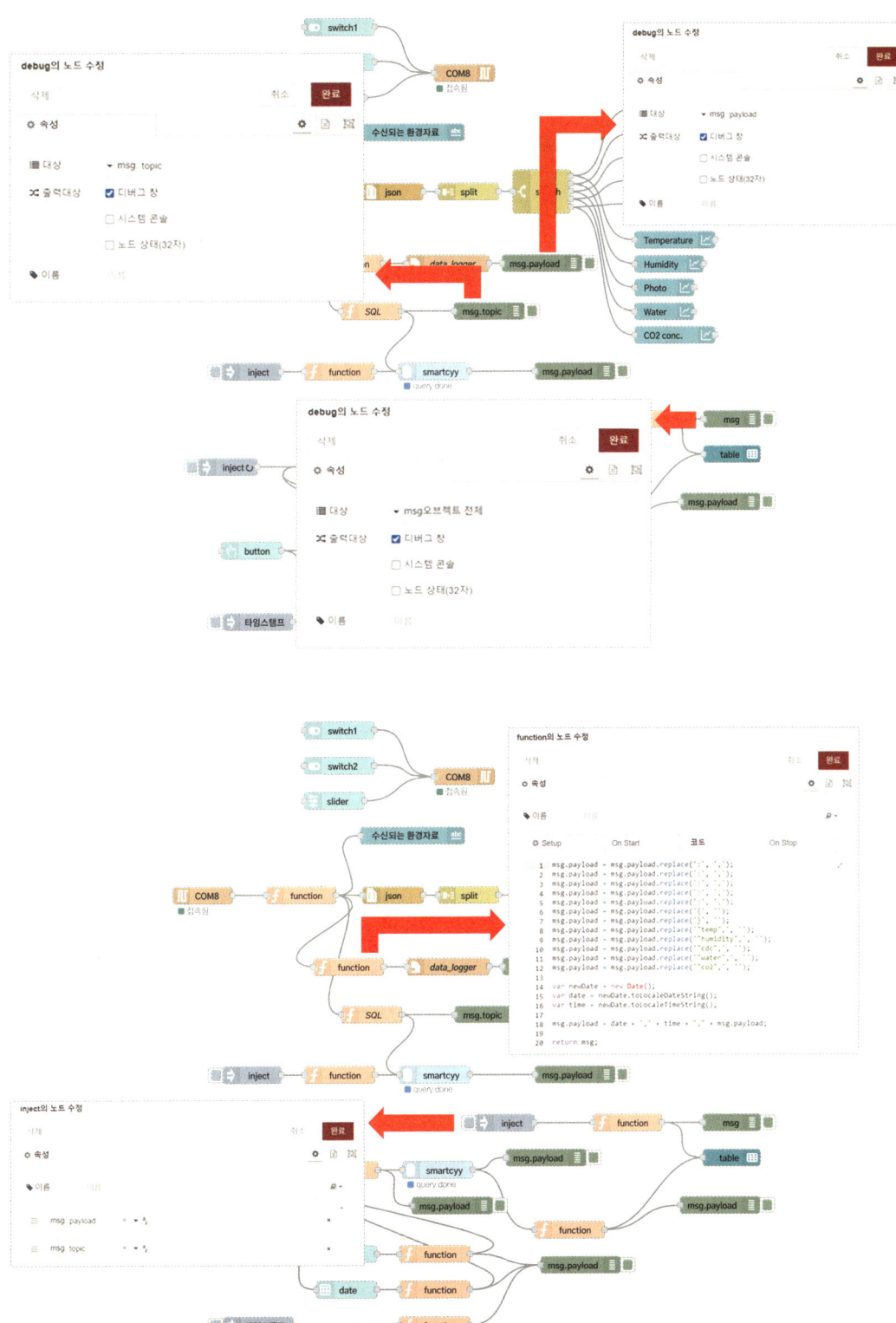

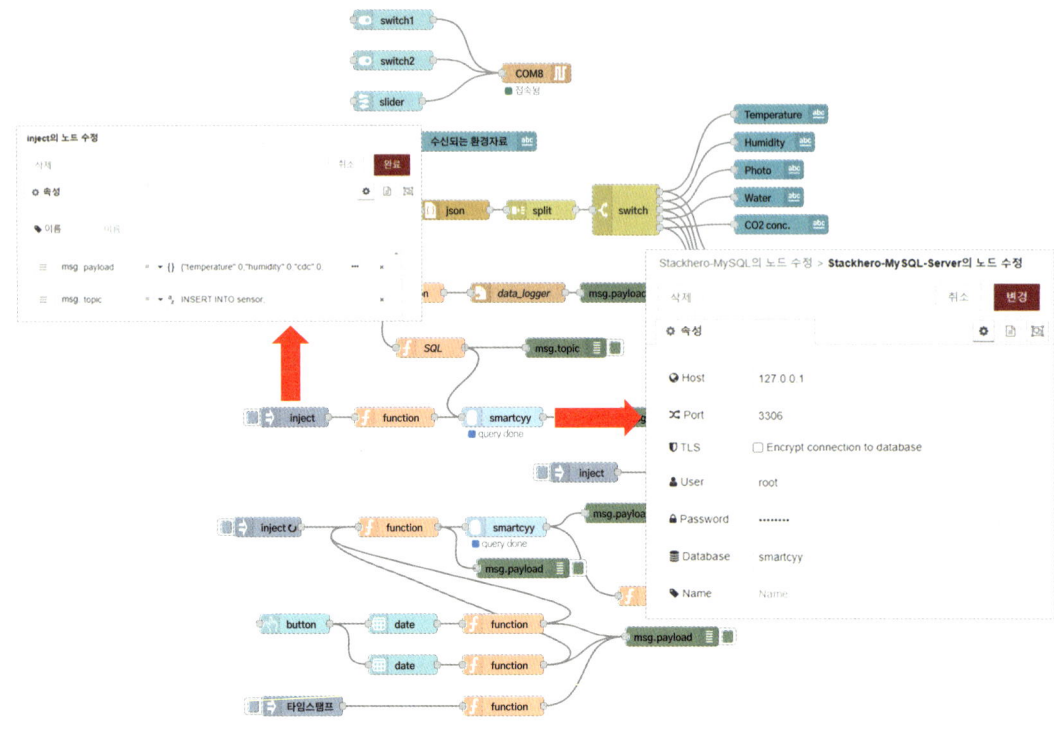
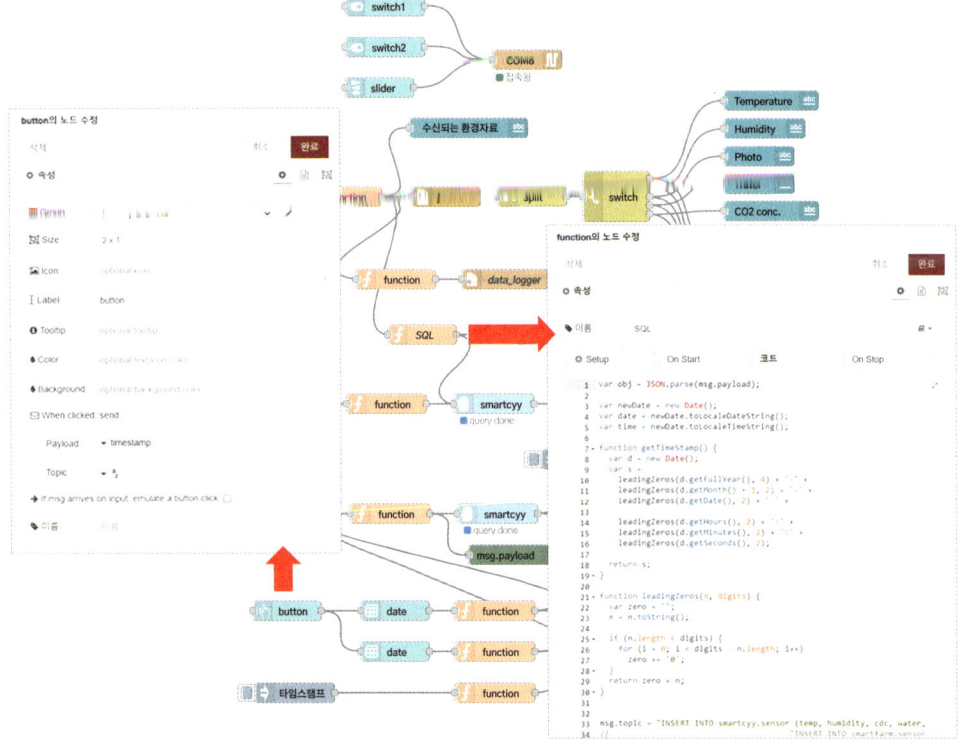

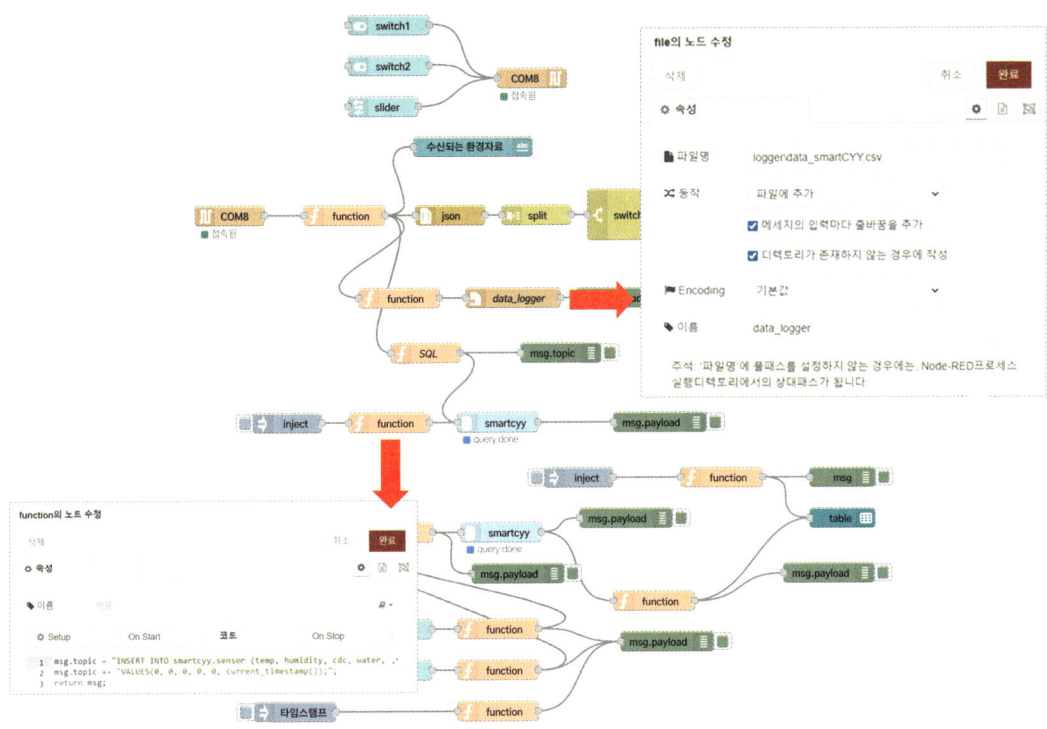
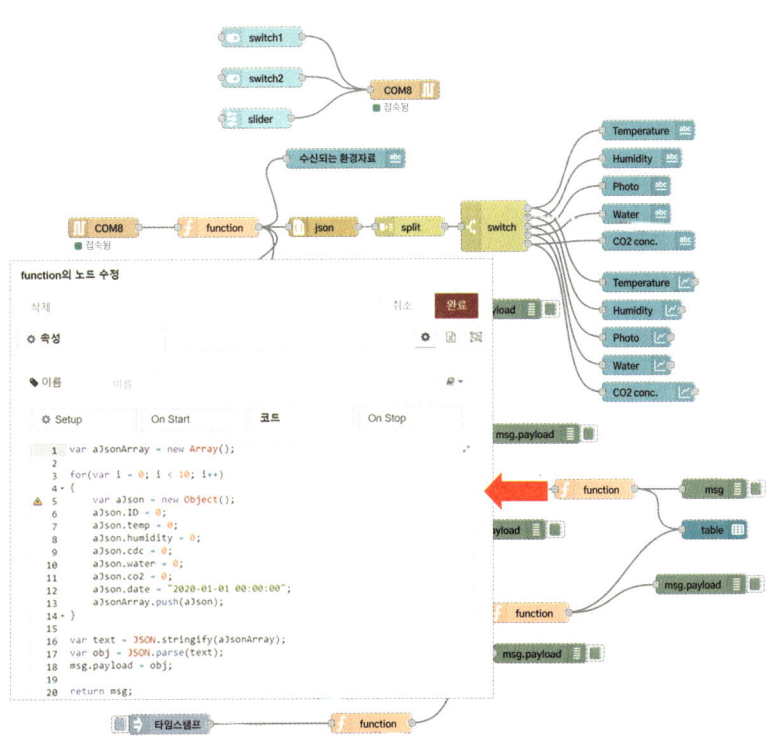

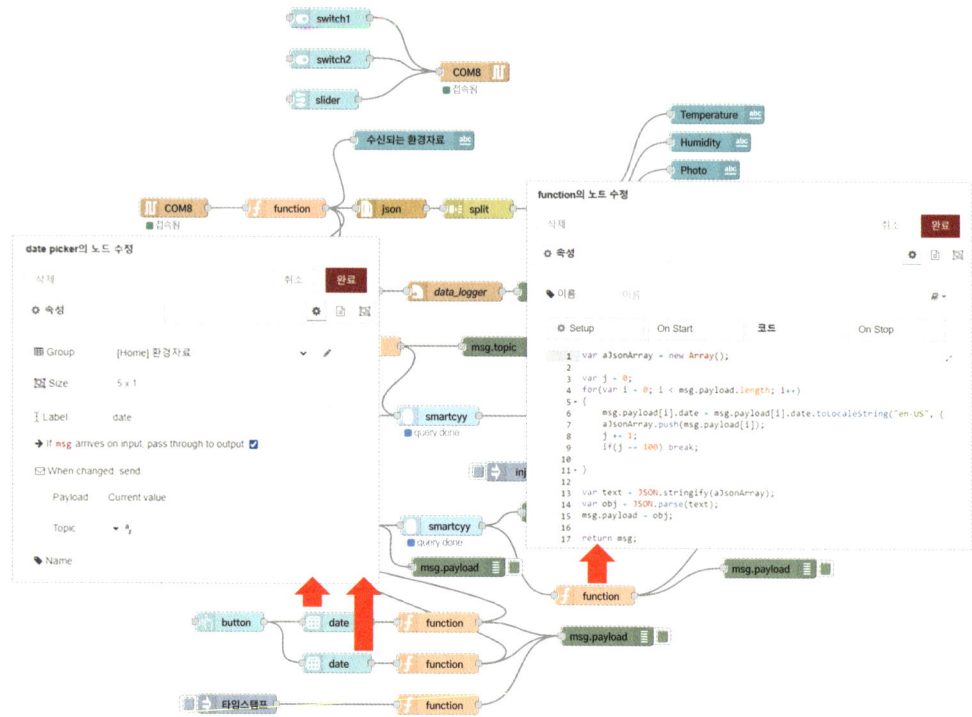
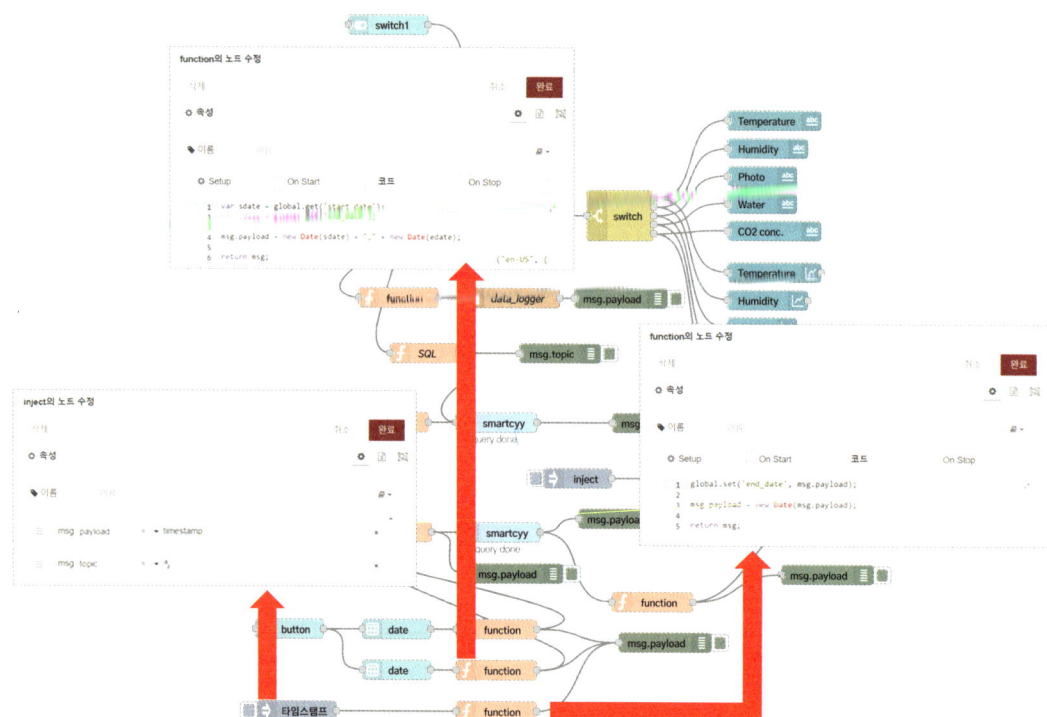

❷ 실행 화면

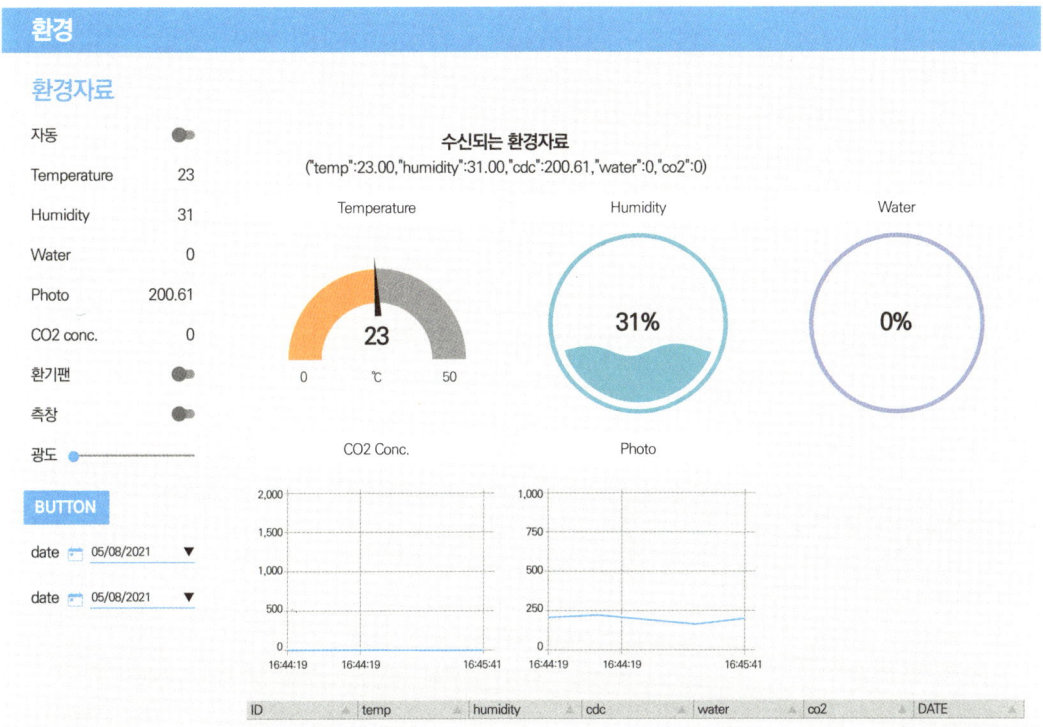

❸ 전체 코드

```
[{"id":"2b2a1a0a.b140c6","type":"tab","label":"Flow 7","disabled":false,"info":""},{"id":"231aeacc.a9
44c6","type":"json","z":"2b2a1a0a.b140c6","name":"","property":"payload","action":"","pretty":true,
"x":414,"y":315.0000009536743,"wires":[["5b1f64a7.d35f8c"]]},{"id":"b570478d.50cda8","type":"
function","z":"2b2a1a0a.b140c6","name":"","func":"var b=Buffer.from(msg.payload);\nvars=b.
toString();\nvarout=s;\nmsg.payload= out;\nreturnmsg;\n","outputs":1,"noerr":0,"initialize":"","fi
nalize":"","libs":[],"x":258,"y":314.00002002716064,"wires":[["231aeacc.a944c6","20f13884.df43
f8","d2658571.93dca8","d6137f0c.e7e5b"]]},{"id":"5b1f64a7.d35f8c","type":"split","z":"2b2a1a0a.
b140c6","name":"","splt":",","spltType":"str","arraySplt":1,"arraySpltType":"len","stream":false,"add
name":"","x":541.9999961853027,"y":314.00000286102295,"wires":[["875db9bc.6b3fc8"]]},{"id"
:"875db9bc.6b3fc8","type":"switch","z":"2b2a1a0a.b140c6","name":"","property":"parts.key","pro
pertyType":"msg","rules":[{"t":"eq","v":"temp","vt":"str"},{"t":"eq","v":"humidity","vt":"str"},{"t":"eq","v
":"cdc","vt":"str"},{"t":"eq","v":"water","vt":"str"},{"t":"eq","v":"co2","vt":"str"}],"checkall":"true","repair":f
alse,"outputs":5,"x":668,"y":314.00002002716064,"wires":[["17119b3d.547b85","216c6e37.1fb
```

다음 페이지에 계속

```
f62"],["255f9b5f.3377b4","b42af60b.4df6c8"],["7c4bd81d.21e8b8","76c1ce01.4412"],["19
fbed21.ad9813","ecccb8f.f928448"],["f4618d28.a580d","78505735.9ff5c8"]]},{"id":"d2658
571.93dca8","type":"function","z":"2b2a1a0a.b140c6","name":"","func":"msg.payload =
msg.payload.replace(':', ',');\nmsg.payload= msg.payload.replace(':', ',');\nmsg.payload=
msg.payload.replace(':', ',');\nmsg.payload= msg.payload.replace(':', ',');\nmsg.payload=
msg.payload.replace(':', ',');\nmsg.payload= msg.payload.replace('{', '');\nmsg.payload=
msg.payload.replace('}', '');\nmsg.payload= msg.payload.replace('\"temp\"',', '');\nmsg.
payload= msg.payload.replace('\"humidity\"',', '');\nmsg.payload= msg.payload.
replace('\"cdc\"',', '');\nmsg.payload= msg.payload.replace('\"water\"',', '');\nmsg.payload=
msg.payload.replace('\"co2\"',', '');\n\nvarnewDate= newDate();\nvardate= newDate.
toLocaleDateString();\nvartime= newDate.toLocaleTimeString();\n\nmsg.payload= date+
',' + time+ \",\" + msg.payload;\n\nreturnmsg;","outputs":1,"noerr":0,"initialize":"","finalize":
"","libs":[],"x":338,"y":434.00002002716064,"wires":[["90656f75.b49fd"]]},{"id":"90656f75.
b49fd","type":"file","z":"2b2a1a0a.b140c6","name":"data_logger","filename":"logger\\data_
smartCYY.csv","appendNewline":true,"createDir":true,"overwriteFile":"false","encoding":"n
one","x":508,"y":434.00002002716064,"wires":[["43bae508.572d2c"]]},{"id":"43bae508.57
2d2c","type":"debug","z":"2b2a1a0a.b140c6","name":"","active":true,"tosidebar":true,"cons
ole":false,"tostatus":false,"complete":"false","statusVal":"","statusType":"auto","x":668,"y":4
34.00002002716064,"wires":[]},{"id":"e4710101.c19bd","type":"inject","z":"2b2a1a0a.b140
c6","name":"","props":[{"p":"payload"},{"p":"topic","vt":"str"}],"repeat":"5","crontab":"","once":tr
ue,"onceDelay":0.1,"topic":"","payloadType":"str","x":134,"y":775.0000009536743,"wires":[[
"d6a306a1.ee8b18"]]},{"id":"d6a306a1.ce8b18","type":"function","z":"2b2a1a0a.
b140c6","name":"","func":"msg.topic = \"SELECT * FROM smartcyy.sensorWHERE
DATE(date) BETWEEN :sdateAND :edateorderbyID desclimit100\";\nvarvs= global.
get('start_date');\nvarve= global.get('end_date');\n\nvarvsdate= newDate(vs);\
nvarvedate= newDate(ve);\n\nvarvsdd= vsdate.getDate();\nif(vsdd< 10) vsdd= '0' +
vsdd;\nvarvsmm= vsdate.getMonth()+1;\nvarvsyy= vsdate.getFullYear();\n\nvarvedd=
vedate.getDate();\nif(vedd< 10) vodd= '0' + vedd;\nvarvemm= vedate.getMonth()+1;\
nvarveyy= vedate.getFullYear();\n\nvarvsday= vsyy+ '-' + vsmm+ '-' + vsdd;\nvarveday=
veyy+ '-' + vemm+ '-' + vedd;\n\n\n// msg.payload= { sdate: '2021-01-15', edate:
'2021-01-15' };\nmsg.payload= { sdate: vsday, edate: veday};\nreturnmsg;","outputs":1,"
noerr":0,"initialize":"","finalize":"","libs":[],"x":328,"y":774.0000200271606,"wires":[["4295b3
2e.290a3c","7c419b0dd37cfa45"]]},{"id":"4b63af91.84346","type":"debug","z":"2b2a1a0a.
b140c6","name":"","active":true,"tosidebar":true,"console":false,"tostatus":false,"complete"
:"payload","targetType":"msg","statusVal":"","statusType":"auto","x":674,"y":755.000000953
6743,"wires":[]},{"id":"d6137f0c.e7e5b","type":"function","z":"2b2a1a0a.b140c6","name":"S
QL","func":"var obj = JSON.parse(msg.payload);\n\nvarnewDate= newDate();\nvardate=
newDate.toLocaleDateString();\nvartime= newDate.toLocaleTimeString();\n\
nfunctiongetTimeStamp() {\n  vard= newDate();\n  vars=\n    leadingZeros(d.
```

```
getFullYear(), 4) + '-' +\n    leadingZeros(d.getMonth() + 1, 2) + '-' +\n    leadingZeros(d.
getDate(), 2) + ' ' +\n\n    leadingZeros(d.getHours(), 2) + ':' +\n    leadingZeros(d.
getMinutes(), 2) + ':' +\n    leadingZeros(d.getSeconds(), 2);\n\n  returns;\n}\n\
nfunctionleadingZeros(n, digits) {\n  varzero= '';\n  n= n.toString();\n\n  if(n.length< digits)
{\n    for(i= 0; i< digits- n.length; i++)\n      zero+= '0';\n  }\n  returnzero+ n;\n}\n\n\nmsg.
topic= \"INSERT INTO smartcyy.sensor(temp, humidity, cdc, water, co2, `date`)\";\n//
\"INSERT INTO smartfarm.sensor(temp, humidity, cdc, water, co2, `date`)VALUES(18,
33, 56, 3, 0, '2021-01-13 17:47:41');\"\n// msg.topic+= \"VALUES(\" + obj['temp'] + \",
\" + obj['humidity'] + \", \" + obj['cdc'] + \", \" + obj['water'] + \", \" + obj['co2'] +    \",
'2021-01-03 00:00:00');\";\nmsg.topic+= \" VALUES(\" + obj['temp'] + \", \" +
obj['humidity'] + \", \" + obj['cdc'] + \", \" + obj['water'] + \", \" + obj['co2'] + \", current_
timestamp());\";\n\nmsg.payload= { \"temperature\":0, \"humidity\":0, \"cdc\":0,
\"water\":0, \"co2\":0, \"date\": \"2021-01-03 00:00:00\" }\n//  msg.topic+= \"
VALUES(1, 1, 1, 1, 1, '2021-01-03 00:00:00');\";\n\n// \"INSERT INTO sensor(temp,
humidity, cdc, water, co2, `date`) VALUES(18, 33, 56, 3, 0, '2021-1-13 17:36:10');\"\nret
urnmsg;","outputs":1,"noerr":0,"initialize":"","finalize":"","libs":[],"x":378,"y":514.0000200271
606,"wires":[["2c8ca16e.0c453e","831024eaece0b4c7"]]},{"id":"2c8ca16e.0c453e","type":"
debug","z":"2b2a1a0a.b140c6","name":"","active":true,"tosidebar":true,"console":false,"tost
atus":false,"complete":"topic","targetType":"msg","statusVal":"","statusType":"auto","x":578,
"y":514.0000200271606,"wires":[]},{"id":"14012352.5804ad","type":"ui_
switch","z":"2b2a1a0a.b140c6","name":"","label":"switch1","tooltip":"","group":"49eed59c.
ec92cc","order":9,"width":5,"height":1,"passthru":true,"decouple":"false","topic":"","topicTyp
e":"str","style":"","onvalue":"a","onvalueType":"str","onicon":"","oncolor":"","offvalue":"b","offv
alueType":"str","officon":"","offcolor":"","animate":false,"x":324,"y":35.000000953674316,"
wires":[["25d658ddea20bef7"]]},{"id":"7486c409.86b70c","type":"ui_switch","z":"2b2a1a0a.
b140c6","name":"","label":"switch2","tooltip":"","group":"49eed59c.ec92cc","order":10,"widt
h":5,"height":1,"passthru":true,"decouple":"false","topic":"","topicType":"str","style":"","onval
ue":"c","onvalueType":"str","onicon":"","oncolor":"","offvalue":"d","offvalueType":"str","officon
":"","offcolor":"","animate":false,"x":324,"y":95.00000095367432,"wires":[["25d658ddea20b
ef7"]]},{"id":"216c6e37.1fbf62","type":"ui_text","z":"2b2a1a0a.b140c6","group":"49eed59c.
ec92cc","order":1,"width":5,"height":1,"name":"","label":"Temperature","format":"{{msg.
payload}}","layout":"row-spread","x":894,"y":175.00000095367432,"wires":[]},{"id":"255f9b
5f.3377b4","type":"ui_text","z":"2b2a1a0a.b140c6","group":"49eed59c.ec92cc","order":5,"
width":5,"height":1,"name":"","label":"Humidity","format":"{{msg.payload}}","layout":"row-sp
read","x":884,"y":215.00000095367432,"wires":[]},{"id":"ecccb8f.f928448","type":"ui_
text","z":"2b2a1a0a.b140c6","group":"49eed59c.ec92cc","order":6,"width":5,"height":1,"na
me":"","label":"Water","format":"{{msg.payload}}","layout":"row-spread","x":874,"y":295.000
0009536743,"wires":[]},{"id":"78505735.9ff5c8","type":"ui_text","z":"2b2a1a0a.
b140c6","group":"49eed59c.ec92cc","order":8,"width":5,"height":1,"name":"","label":"CO2
```

```
conc.","format":"{{msg.payload}}","layout":"row-spread","x":894,"y":335.0000009536743,"wires":[]},{"id":"76c1ce01.4412","type":"ui_text","z":"2b2a1a0a.b140c6","group":"49eed59c.ec92cc","order":7,"width":5,"height":1,"name":"","label":"Photo","format":"{{msg.payload}}","layout":"row-spread","x":874,"y":255.00000095367432,"wires":[]},{"id":"20f13884.df43f8","type":"ui_text","z":"2b2a1a0a.b140c6","group":"49eed59c.ec92cc","order":11,"width":14,"height":1,"name":"","label":"수신되는 환경자료","format":"{{msg.payload}}","layout":"col-center","x":448,"y":214.00002002716064,"wires":[]},{"id":"17119b3d.547b85","type":"ui_chart","z":"2b2a1a0a.b140c6","name":"","group":"49eed59c.ec92cc","order":2,"width":7,"height":6,"label":"Temperature","chartType":"line","legend":"false","xformat":"HH:mm:ss","interpolate":"linear","nodata":"","dot":false,"ymin":"0","ymax":"50","removeOlder":1,"removeOlderPoints":"","removeOlderUnit":"60","cutout":0,"useOneColor":false,"useUTC":false,"colors":["#1f77b4","#aec7e8","#ff7f0e","#2ca02c","#98df8a","#d62728","#ff9896","#9467bd","#c5b0d5"],"outputs":1,"useDifferentColor":false,"x":894,"y":395.0000009536743,"wires":[[]]},{"id":"b42af60b.4df6c8","type":"ui_chart","z":"2b2a1a0a.b140c6","name":"","group":"49eed59c.ec92cc","order":3,"width":7,"height":6,"label":"Humidity","chartType":"line","legend":"false","xformat":"HH:mm:ss","interpolate":"linear","nodata":"","dot":false,"ymin":"0","ymax":"100","removeOlder":1,"removeOlderPoints":"","removeOlderUnit":"3600","cutout":0,"useOneColor":false,"useUTC":false,"colors":["#1f77b4","#aec7e8","#ff7f0e","#2ca02c","#98df8a","#d62728","#ff9896","#9467bd","#c5b0d5"],"outputs":1,"useDifferentColor":false,"x":884,"y":435.0000009536743,"wires":[[]]},{"id":"7c4bd81d.21e8b8","type":"ui_chart","z":"2b2a1a0a.b140c6","name":"","group":"49eed59c.ec92cc","order":15,"width":7,"height":6,"label":"Photo","chartType":"line","legend":"false","xformat":"HH:mm:ss","interpolate":"linear","nodata":"","dot":false,"ymin":"0","ymax":"1000","removeOlder":1,"removeOlderPoints":"","removeOlderUnit":"3600","cutout":0,"useOneColor":false,"useUTC":false,"colors":["#1f77b4","#aec7e8","#ff7f0e","#2ca02c","#98df8a","#d62728","#ff9896","#9467bd","#c5b0d5"],"outputs":1,"useDifferentColor":false,"x":874,"y":475.0000009536743,"wires":[[]]},{"id":"19fbed21.ad9813","type":"ui_chart","z":"2b2a1a0a.b140c6","name":"","group":"49eed59c.ec92cc","order":14,"width":7,"height":6,"label":"Water","chartType":"line","legend":"false","xformat":"HH:mm:ss","interpolate":"linear","nodata":"","dot":false,"ymin":"0","ymax":"1023","removeOlder":1,"removeOlderPoints":"","removeOlderUnit":"3600","cutout":0,"useOneColor":false,"useUTC":false,"colors":["#1f77b4","#aec7e8","#ff7f0e","#2ca02c","#98df8a","#d62728","#ff9896","#9467bd","#c5b0d5"],"outputs":1,"useDifferentColor":false,"x":874,"y":515.0000009536743,"wires":[[]]},{"id":"f4618d28.a580d","type":"ui_chart","z":"2b2a1a0a.b140c6","name":"","group":"49eed59c.ec92cc","order":4,"width":7,"height":6,"label":"CO2 Conc.","chartType":"line","legend":"false","xformat":"HH:mm:ss","interpolate":"linear","nodata":"","dot":false,"ymin":"0","ymax":"2000","removeOlder":1,"removeOlderPoints":"","removeOlderUnit":"3600","cutout":0,"useOneColor":false,"useUTC":false,"colors":["#1f77b4","#aec7e8","#ff7f0e","#2ca02c","#98df8a","#d62728","#ff9896","#9467bd","#c5b0d5"],"outputs":1,"useDifferentColor":false,"x":894,"y":555.0000009536743,"wires":[
```

Code ≡

```
]]},{"id":"4295b32e.290a3c","type":"Stackhero-MySQL","z":"2b2a1a0a.b140c6","server":"7ec4cf82.90519","name":"","x":488,"y":774.0000200271606,"wires":[["4b63af91.84346","fb63be79eb03a224"]]},{"id":"df17dc7ca3b74c3c","type":"serial in","z":"2b2a1a0a.b140c6","name":"","serial":"1f625b7d.1c1c65","x":88,"y":314.00002002716064,"wires":[["b570478d.50cda8"]]},{"id":"25d658ddea20bef7","type":"serial out","z":"2b2a1a0a.b140c6","name":"","serial":"3a1aeb33.47d014","x":534,"y":115.00000095367432,"wires":[]},{"id":"2190e8a7709d98fa","type":"ui_slider","z":"2b2a1a0a.b140c6","name":"","label":"slider","tooltip":"","group":"49eed59c.ec92cc","order":13,"width":5,"height":1,"passthru":true,"outs":"all","topic":"payload","topicType":"msg","min":0,"max":10,"step":1,"x":314,"y":155.00000095367432,"wires":[["25d658ddea20bef7"]]},{"id":"997c77a62a607034","type":"ui_button","z":"2b2a1a0a.b140c6","name":"","group":"49eed59c.ec92cc","order":17,"width":2,"height":1,"passthru":false,"label":"button","tooltip":"","color":"","bgcolor":"","icon":"","payload":"","payloadType":"date","topic":"","topicType":"str","x":174,"y":915.0000009536743,"wires":[["a873f966962cd453","a564523924e9bc30"]]},{"id":"a873f966962cd453","type":"ui_date_picker","z":"2b2a1a0a.b140c6","name":"","label":"date","group":"49eed59c.ec92cc","order":20,"width":5,"height":1,"passthru":true,"topic":"","topicType":"str","x":334,"y":915.0000009536743,"wires":[["3dfd7d9123c52ce5"]]},{"id":"a564523924e9bc30","type":"ui_date_picker","z":"2b2a1a0a.b140c6","name":"","label":"date","group":"49eed59c.ec92cc","order":22,"width":5,"height":1,"passthru":true,"topic":"","topicType":"str","x":334,"y":975.0000009536743,"wires":[["6328cc7d4722e5dc"]]},{"id":"3dfd7d9123c52ce5","type":"function","z":"2b2a1a0a.b140c6","name":"","func":"global.set('start_date', msg.payload);\n\nmsg.payload= newDate(msg.payload);\n\nreturnmsg;","outputs":1,"noerr":0,"initialize":"","finalize":"","libs":[],"x":484,"y":915.0000009536743,"wires":[["d6a306a1.ee8b18","a7c8409dcc59ae50"]]},{"id":"6328cc7d4722e5dc","type":"function","z":"2b2a1a0a.b140c6","name":"","func":"global.set('end_date', msg.payload);\n\nmsg.payload= newDate(msg.payload);\n\nreturnmsg;","outputs":1,"noerr":0,"initialize":"","finalize":"","libs":[],"x":484,"y":975.0000009536743,"wires":[["d6a306a1.ee8b18","a7c8409dcc59ae50"]]},{"id":"a7c8409dcc59ae50","type":"debug","z":"2b2a1a0a.b140c6","name":"","active":true,"tosidebar":true,"console":false,"tostatus":false,"complete":"payload","targetType":"msg","statusVal":"","statusType":"auto","x":734,"y":935.0000009536743,"wires":[]},{"id":"c190402af2197368","type":"inject","z":"2b2a1a0a.b140c6","name":"","props":[{"p":"payload"},{"p":"topic","vt":"str"}],"repeat":"","crontab":"","once":false,"onceDelay":0.1,"topic":"","payloadType":"date","x":184,"y":1035.0000009536743,"wires":[["e85998d910f2e331"]]},{"id":"e85998d910f2e331","type":"function","z":"2b2a1a0a.b140c6","name":"","func":"var sdate= global.get('start_date');\nvaredate= global.get('end_date');\n\nmsg.payload= newDate(sdate) + \",\" + newDate(edate);\n\nreturnmsg;","outputs":1,"noerr":0,"initialize":"","finalize":"","libs":[],"x":484,"y":1035.0000009536743,"wires":[["a7c8409dcc59ae50"]]},{"id":"347b5b23e3097764","type":"ui_table","z":"2b2a1a0a.b140c6","group":"49eed59c.ec92cc","name":"","order":28,"width":19,"height":1,"columns":[{"field":"ID","title":"ID","width":"","align":"left","formatter":"plaintext","formatterParams":{"tar
```

다음 페이지에 계속

Code

```
get":"_blank"}},{"field":"temp","title":"temp","width":"","align":"left","formatter":"plaintext","formatterParams":{"target":"_blank"}},{"field":"humidity","title":"humidity","width":"","align":"left","formatter":"plaintext","formatterParams":{"target":"_blank"}},{"field":"cdc","title":"cdc","width":"","align":"left","formatter":"plaintext","formatterParams":{"target":"_blank"}},{"field":"water","title":"water","width":"","align":"left","formatter":"plaintext","formatterParams":{"target":"_blank"}},{"field":"co2","title":"co2","width":"","align":"left","formatter":"plaintext","formatterParams":{"target":"_blank"}},{"field":"date","title":"DATE","width":"","align":"left","formatter":"plaintext","formatterParams":{"target":"_blank"}}],"outputs":0,"cts":false,"x":994,"y":755.0000009536743,"wires":[]},{"id":"fb63be79eb03a224","type":"function","z":"2b2a1a0a.b140c6","name":"","func":"var aJsonArray= newArray();\n\nvarj= 0; \nfor(vari= 0; i< msg.payload.length; i++)\n{\n    msg.payload[i].date= msg.payload[i].date.toLocaleString(\"en-US\", {timeZone: \"Asia/Seoul\"});\n    aJsonArray.push(msg.payload[i]);\n    j+= 1;\n    if(j== 100) break;\n  \n}\n\nvartext= JSON.stringify(aJsonArray);\nvarobj= JSON.parse(text);\nmsg.payload= obj;\n\nreturnmsg;","outputs":1,"noerr":0,"initialize":"","finalize":"","libs":[],"x":714,"y":875.0000009536743,"wires":[["347b5b23e3097764","44c3e20e7dbb6a29"]]},{"id":"9e944bf91792b86c","type":"inject","z":"2b2a1a0a.b140c6","name":"","props":[{"p":"payload"},{"p":"topic","vt":"str"}],"repeat":"","crontab":"","once":false,"onceDelay":0.1,"topic":"","payloadType":"str","x":604,"y":695.0000009536743,"wires":[["19fc2993ebc44244"]]},{"id":"19fc2993ebc44244","type":"function","z":"2b2a1a0a.b140c6","name":"","func":"var aJsonArray= newArray();\n\nfor(vari= 0; i< 10; i++)\n{\n    varaJson= newObject();\n    aJson.ID = 0;\n    aJson.temp= 0;\n    aJson.humidity= 0;\n    aJson.cdc= 0;\n    aJson.water= 0;\n    aJson.co2 = 0;\n    aJson.date= \"2020-01-01 00:00:00\";\n    aJsonArray.push(aJson);\n}\n\nvartext= JSON.stringify(aJsonArray);\nvarobj= JSON.parse(text);\nmsg.payload= obj;\n\nreturnmsg;","outputs":1,"noerr":0,"initialize":"","finalize":"","libs":[],"x":814,"y":695.0000009536743,"wires":[["347b5b23e3097764","680845a292188052"]]},{"id":"680845a292188052","type":"debug","z":"2b2a1a0a.b140c6","name":"","active":true,"tosidebar":true,"console":false,"tostatus":false,"complete":"true","targetType":"full","statusVal":"","statusType":"auto","x":994,"y":695.0000009536743,"wires":[]},{"id":"44c3e20e7dbb6a29","type":"debug","z":"2b2a1a0a.b140c6","name":"","active":true,"tosidebar":true,"console":false,"tostatus":false,"complete":"payload","targetType":"msg","statusVal":"","statusType":"auto","x":974,"y":835.0000009536743,"wires":[]},{"id":"7c419b0dd37cfa45","type":"debug","z":"2b2a1a0a.b140c6","name":"","active":true,"tosidebar":true,"console":false,"tostatus":false,"complete":"payload","targetType":"msg","statusVal":"","statusType":"auto","x":514,"y":835.0000009536743,"wires":[]},{"id":"ddac732a0c8c5a06","type":"inject","z":"2b2a1a0a.b140c6","name":"","props":[{"p":"payload"},{"p":"topic","vt":"str"}],"repeat":"","crontab":"","once":false,"onceDelay":0.1,"topic":"INSERT INTO sensor;","payload":"{\"temperature\":0,\"humidity\":0,\"cdc\":0,\"water\":0,\"co2\":0,\"date\":\"2021-01-03 00:00:00\"}","payloadType":"json","x":174,"y":615.0000009536743,"wires":[["6c6294e647fbfb47"]]},{"id":"6c6294e647fbfb47","type":"function","z":"2b2a1a
```

다음 페이지에 계속

```
0a.b140c6","name":"","func":"msg.topic = \"INSERT INTO smartcyy.sensor(temp, humidity, cdc, water, co2, `date`)\";\nmsg.topic+= \"VALUES(0, 0, 0, 0, 0, current_timestamp());\";\nreturnmsg;","outputs":1,"noerr":0,"initialize":"","finalize":"","libs":[],"x":324,"y":615.0000009536743,"wires":[["831024eaece0b4c7"]]},{"id":"831024eaece0b4c7","type":"Stackhero-MySQL","z":"2b2a1a0a.b140c6","server":"7ec4cf82.90519","name":"","x":484,"y":615.0000009536743,"wires":[["85367ac22de702d6"]]},{"id":"85367ac22de702d6","type":"debug","z":"2b2a1a0a.b140c6","name":"","active":true,"tosidebar":true,"console":false,"tostatus":false,"complete":"payload","targetType":"msg","statusVal":"","statusType":"auto","x":724,"y":615.0000009536743,"wires":[]},{"id":"9bb9686495af9c29","type":"ui_spacer","z":"2b2a1a0a.b140c6","name":"spacer","group":"49eed59c.ec92cc","order":12,"width":7,"height":1},{"id":"f47153f07c59e823","type":"ui_spacer","z":"2b2a1a0a.b140c6","name":"spacer","group":"49eed59c.ec92cc","order":16,"width":7,"height":1},{"id":"eece549025e91d77","type":"ui_spacer","z":"2b2a1a0a.b140c6","name":"spacer","group":"49eed59c.ec92cc","order":18,"width":3,"height":1},{"id":"29b4499cb5bbab8f","type":"ui_spacer","z":"2b2a1a0a.b140c6","name":"spacer","group":"49eed59c.ec92cc","order":19,"width":7,"height":1},{"id":"13a9dd5d9a321550","type":"ui_spacer","z":"2b2a1a0a.b140c6","name":"spacer","group":"49eed59c.ec92cc","order":21,"width":7,"height":1},{"id":"de65c643228ab1da","type":"ui_spacer","z":"2b2a1a0a.b140c6","name":"spacer","group":"49eed59c.ec92cc","order":23,"width":7,"height":1},{"id":"645e596dda55678d","type":"ui_spacer","z":"2b2a1a0a.b140c6","name":"spacer","group":"49eed59c.ec92cc","order":24,"width":5,"height":1},{"id":"5e64aaa6f68b0f76","type":"ui_spacer","z":"2b2a1a0a.b140c6","name":"spacer","group":"49eed59c.ec92cc","order":25,"width":7,"height":1},{"id":"3395ee356f6413d8","type":"ui_spacer","z":"2b2a1a0a.b140c6","name":"spacer","group":"49eed59c.ec92cc","order":26,"width":5,"height":1},{"id":"18e43582079c0a76","type":"ui_spacer","z":"2b2a1a0a.b140c6","name":"spacer","group":"49eed59c.ec92cc","order":27,"width":7,"height":1},{"id":"29096db0f5fbd59f","type":"ui_spacer","z":"2b2a1a0a.b140c6","name":"spacer","group":"49eed59c.ec92cc","order":29,"width":7,"height":1},{"id":"49eed59c.ec92cc","type":"ui_group","name":"환경자료","tab":"778fa598.35f71c","order":7,"disp":true,"width":26,"collapse":false},{"id":"7ec4cf82.90519","type":"Stackhero-MySQL-Server","name":"","host":"127.0.0.1","port":"3306","tls":false,"database":"smartcyy","credentials":{}},{"id":"1f625b7d.1c1c65","type":"serial-port","serialport":"COM8","serialbaud":"9600","databits":"8","parity":"none","stopbits":"1","waitfor":"","dtr":"none","rts":"none","cts":"none","dsr":"none","newline":"\\n","bin":"false","out":"char","addchar":"","responsetimeout":"10000"},{"id":"3a1aeb33.47d014","type":"serial-port","z":"2b2a1a0a.b140c6","serialport":"COM8","serialbaud":"9600","databits":"8","parity":"none","stopbits":"1","waitfor":"","newline":"\\n","bin":"false","out":"char","addchar":"true","responsetimeout":""},{"id":"778fa598.35f71c","type":"ui_tab","name":"Home","icon":"dashboard","disabled":false,"hidden":false}]
```

| 주의사항 및 참고사항 | • DB 설치: 오픈 소스의 관계형 데이터베이스 관리 시스템인 마리아 DB를 웹사이트를 통해 설치합니다.
https://mariadb.org
• DB 작성에 필요한 DBeaver 프로그램을 설치합니다.
https://dbeaver.io/download/
• DBeaver 프로그램을 실행한다. 다음과 같은 절차로 DB를 작성합니다.
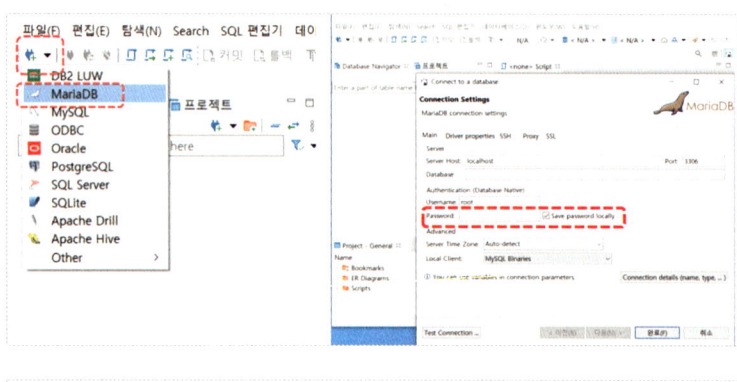
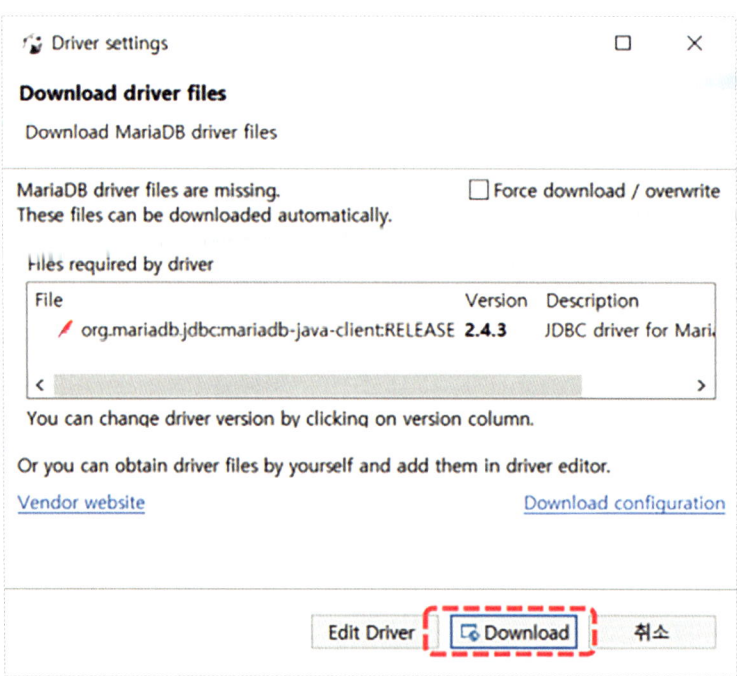 |

주의사항
및 참고사항

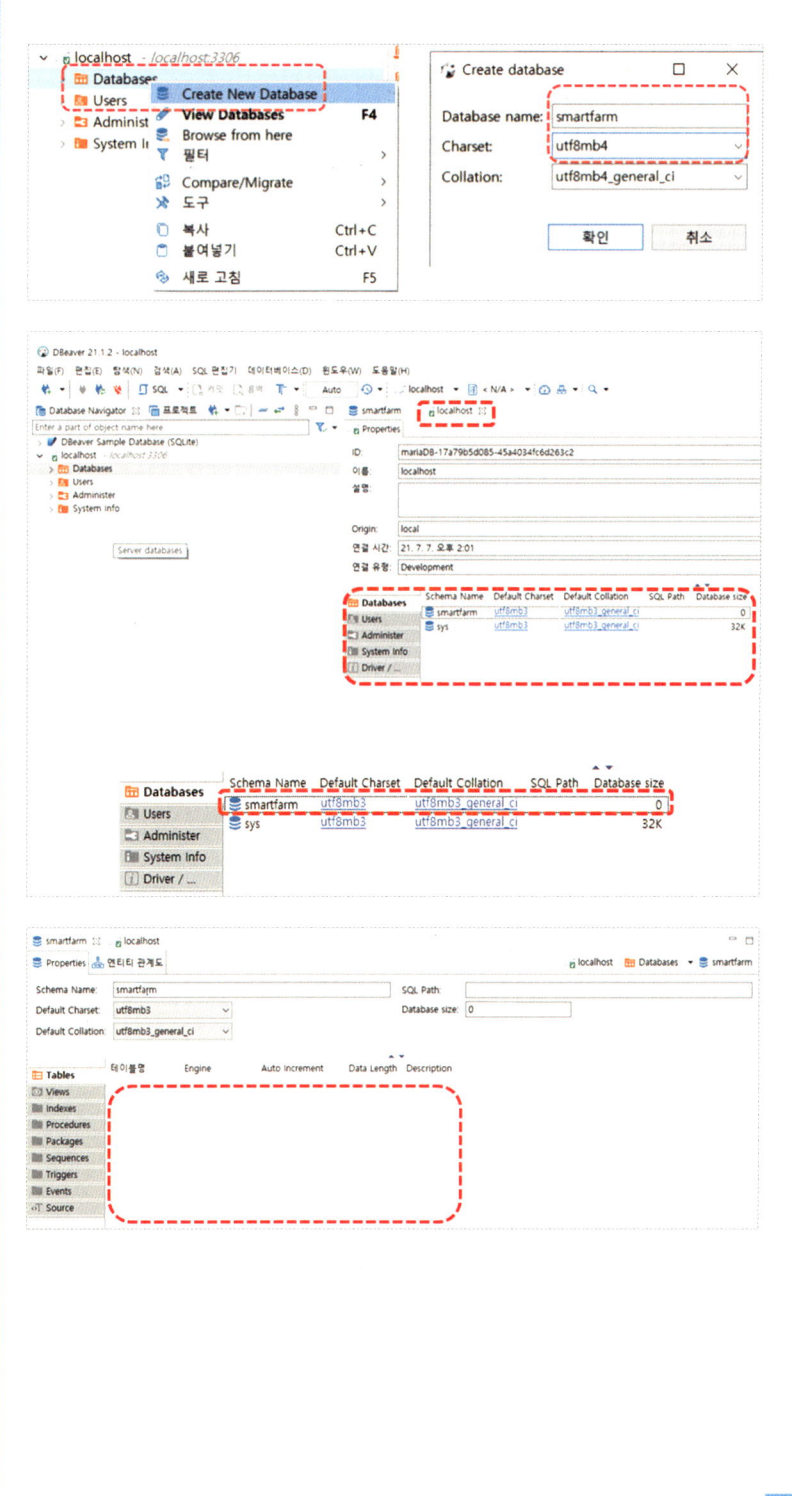

주의사항 및 참고사항

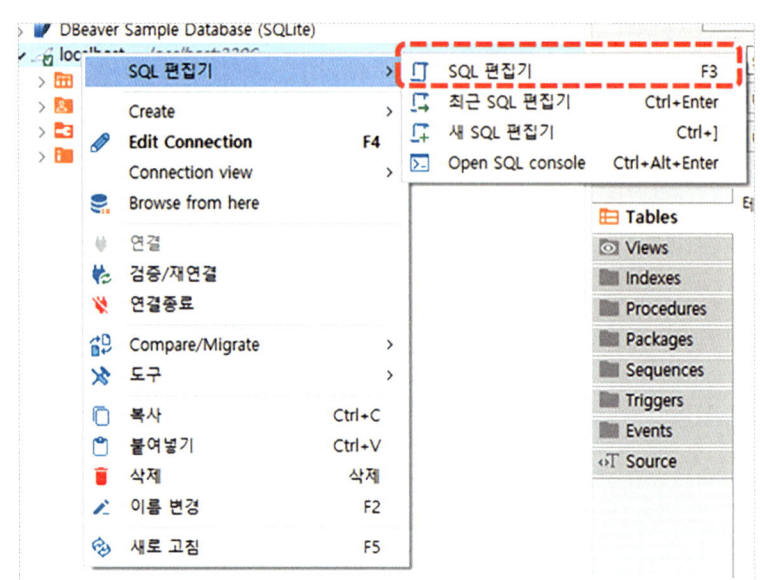

```
CREATE TABLE `sensor` (
`ID` int(10) unsignedNOT NULL AUTO_INCREMENT,
`temp` int(11) DEFAULT 0,
`humidity` int(10) unsignedDEFAULT 0,
`lx` int(10) unsignedDEFAULT 0,
`cdc` int(10) unsignedDEFAULT 0,
`water` int(10) unsignedDEFAULT 0,
`co2` int(10) unsignedDEFAULT 0,
`date` timestampNULL DEFAULT current_timestamp(),
PRIMARY KEY (`ID`)
) ENGINE=InnoDBAUTO_INCREMENT=33 DEFAULT CHARSET=utf8mb4
```

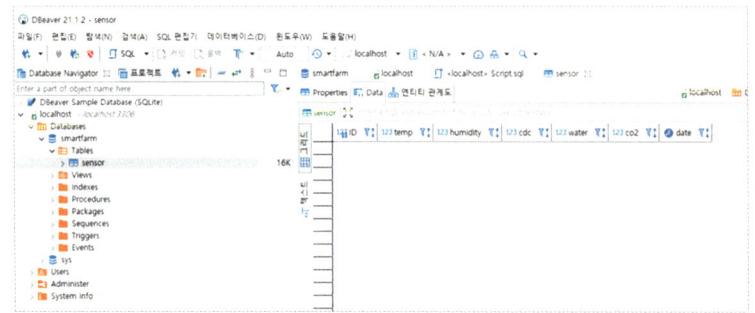

mBlock
엠블럭

OPEN SOURCE COMPUTER PROGRAM
for SMART FARM

19

mBlock
사용방법

① mBlock 프로그램으로 https://mblock.makeblock.com/en-us/download/ 에서 다운로드해 봅시다.

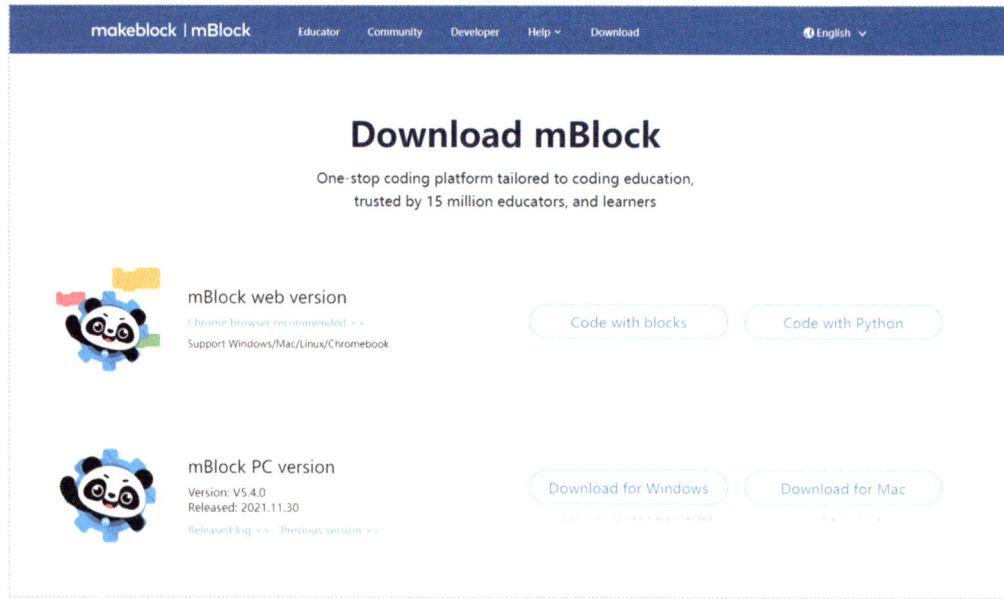

② mBlock PC version으로 다운로드한 후 설치해 봅시다. 드라이브로 설치합니다.

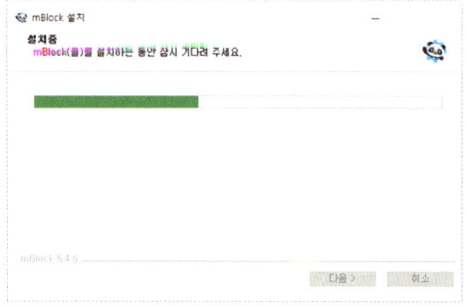
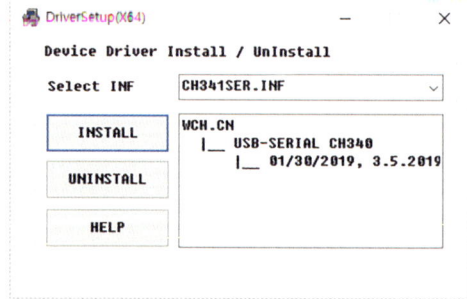

3️⃣ 설치가 완료되면 mBlock을 실행해 봅시다.

④ 확장 블록 추가는 다음과 같은 힝목이 나타나게 됩니다. 사용하는 모듈을 선택하여 추가하면 됩니다. 확장센터에는 스프라이트 확장과 디바이스 확장 탭이 있습니다.

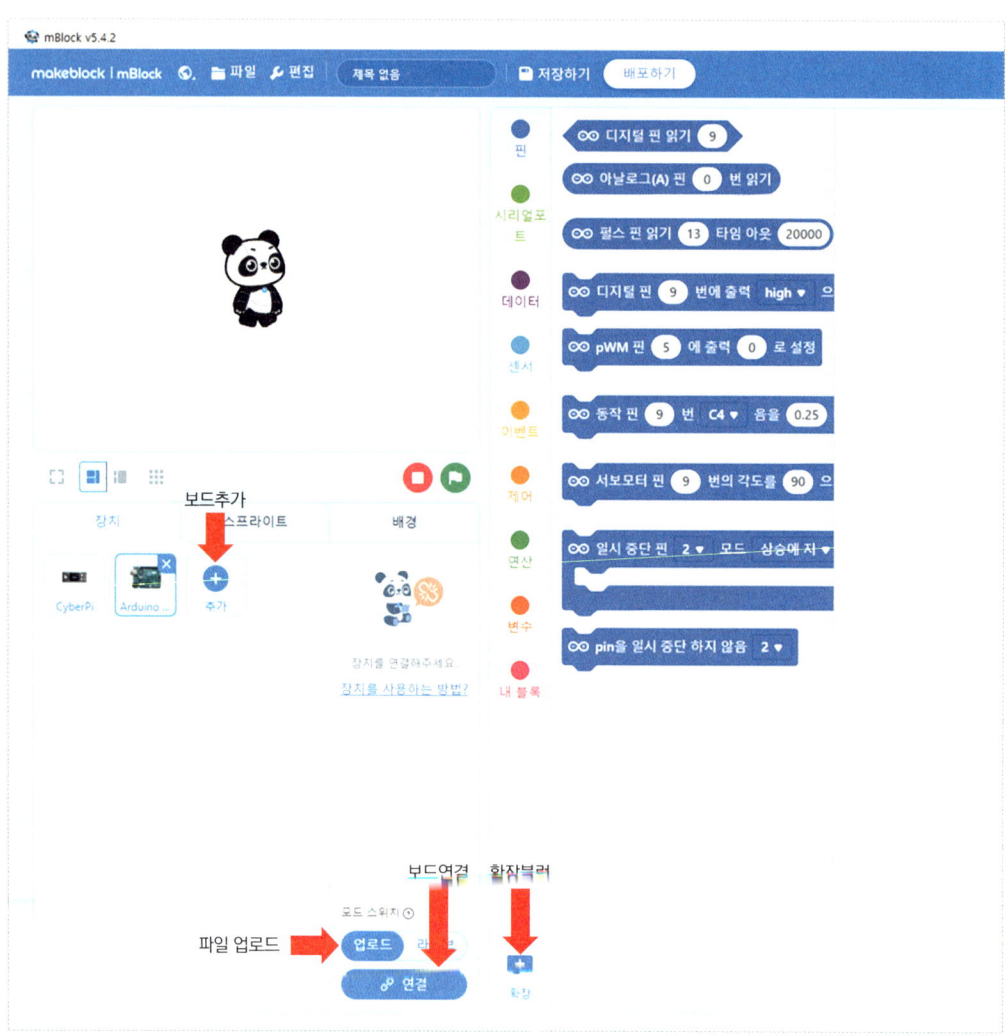

5 아두이노와 연결하기 위해서는 디바이스 확장의 업로드 모드 브로드 캐스트와 스프라이트 확장의 업로드 모드 브로드 캐스트를 추가하면 됩니다.

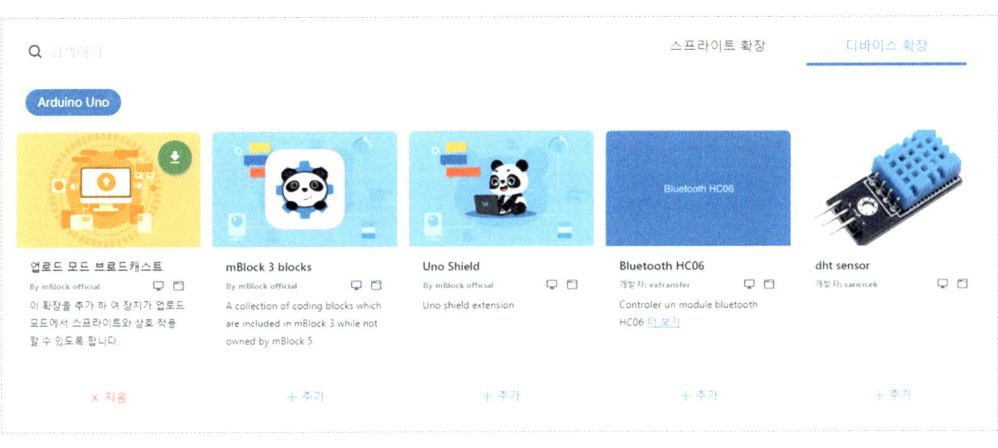

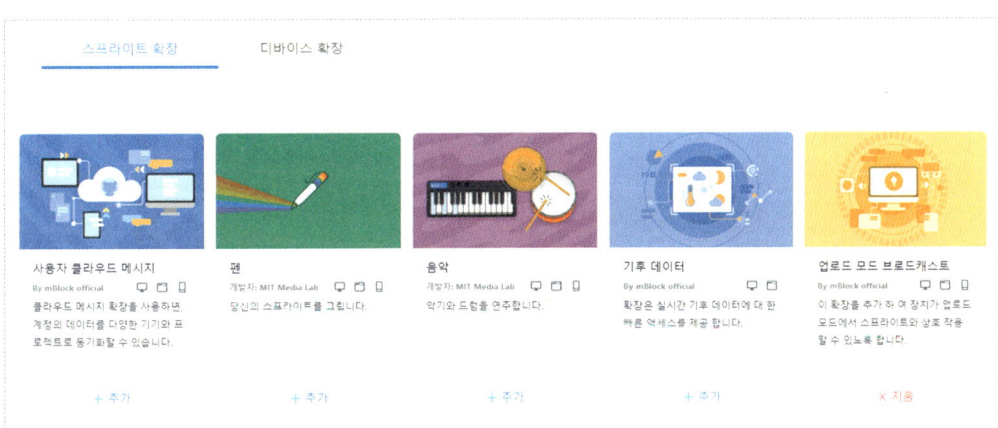

온습도 센서

1 아두이노

아두이노와 온습도 센서를 연결한 모습입니다.

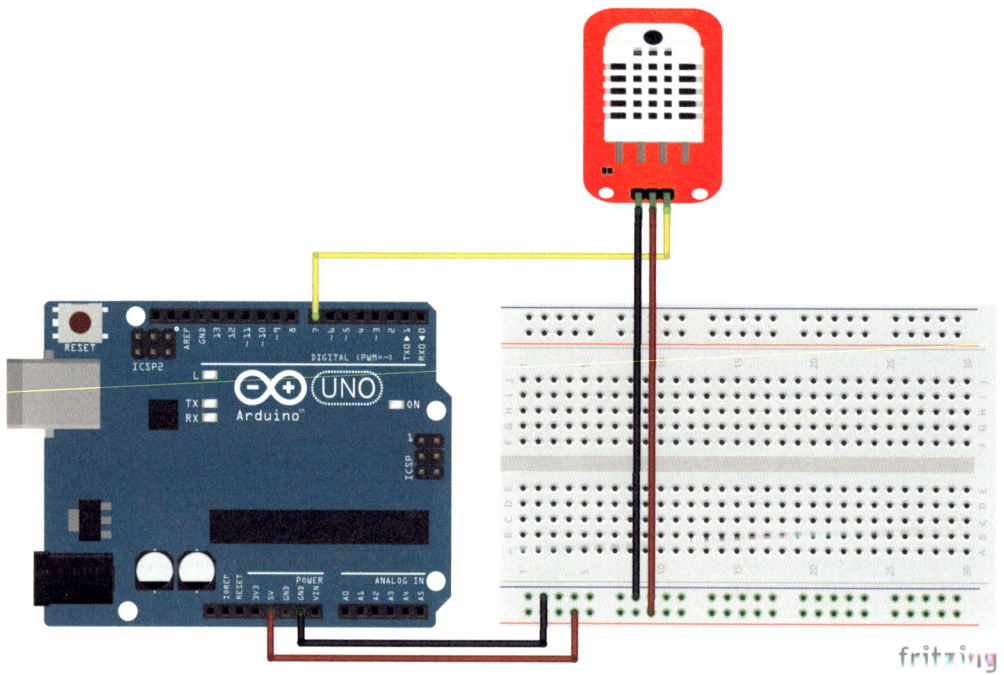

디바이스 확장의 한국과학창의재단을 추가합니다.

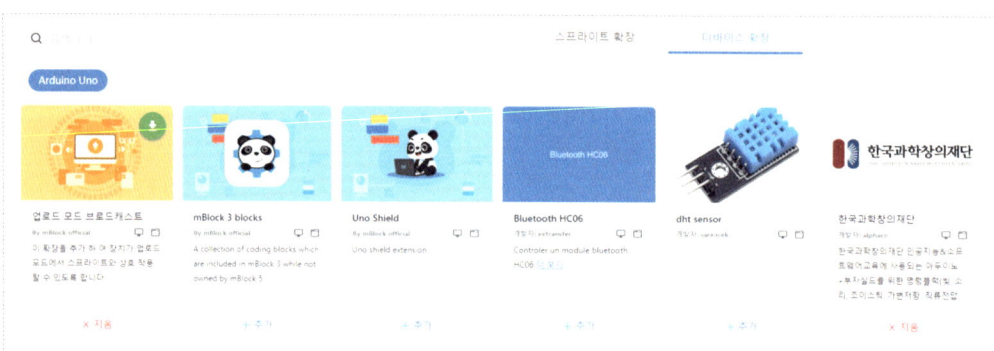

❷ 디바이스(장치) 소프트웨어 코딩

mBlock 프로그램을 이용해 코딩한 예제입니다.

❸ 스프라이트 소프트웨어 코딩

mBlock 프로그램을 이용해 코딩한 예제입니다.

❹ 화면 출력

Temperature : 27.80

Humidity : 27.20

온습도 센서와 LCD

1 아두이노

아두이노, LCD와 온습도 센서를 연결한 모습입니다.

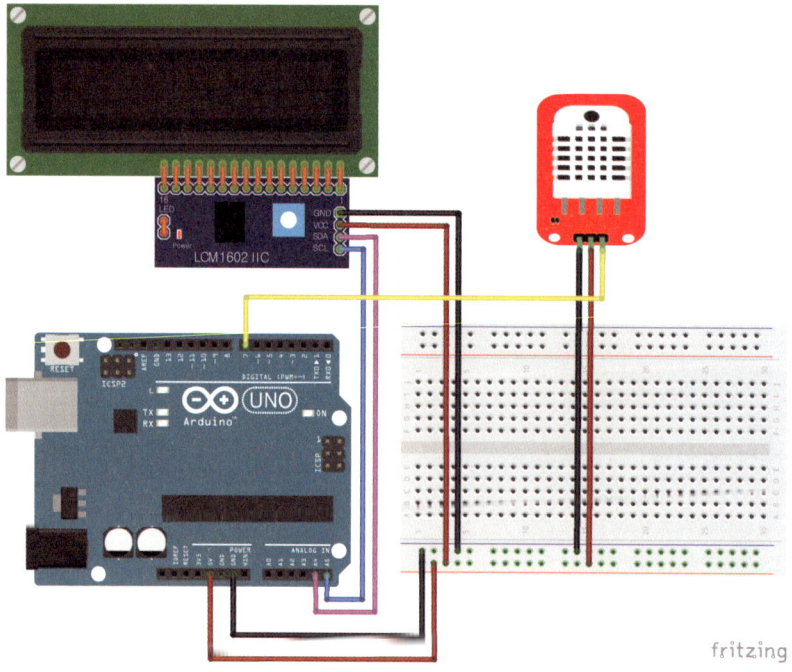

2 디바이스(장치) 소프트웨어 코딩

디바이스 확장의 한국과학창의재단을 추가합니다.

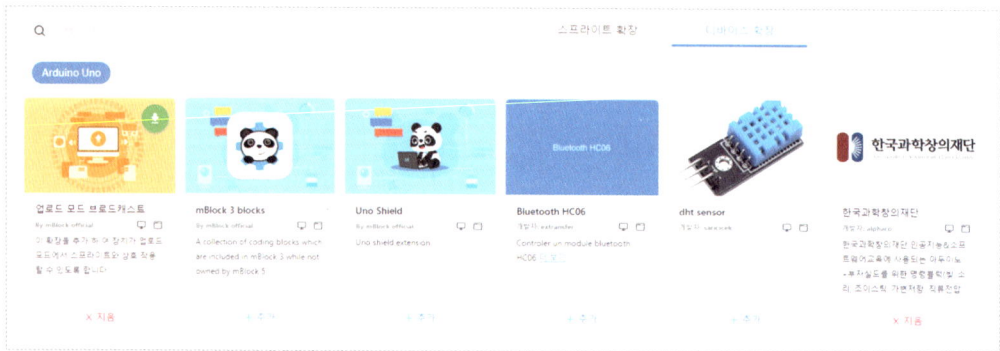

mBlock 프로그램을 이용해 코딩한 예제입니다.

장치만 사용할 경우

장치와 스프라이트를 같이 사용할 경우

③ 스프라이트 소프트웨어 코딩

mBlock 프로그램을 이용해 코딩한 예제입니다.

④ 화면 출력

Temperature : 22.20℃   Humidity : 34.50%

PART 4 수분센서, LCD와 릴레이

1 아두이노
아두이노, LCD, 릴레이와 수분 센서를 연결한 모습입니다.

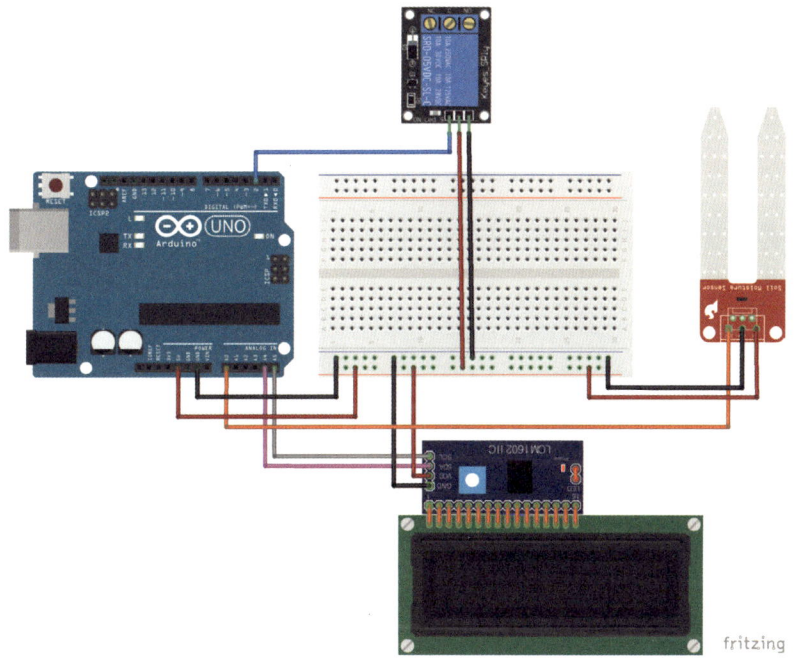

2 디바이스(장치) 소프트웨어 코딩
디바이스 확장의 스마트팜 블록코딩 교육을 추가합니다.

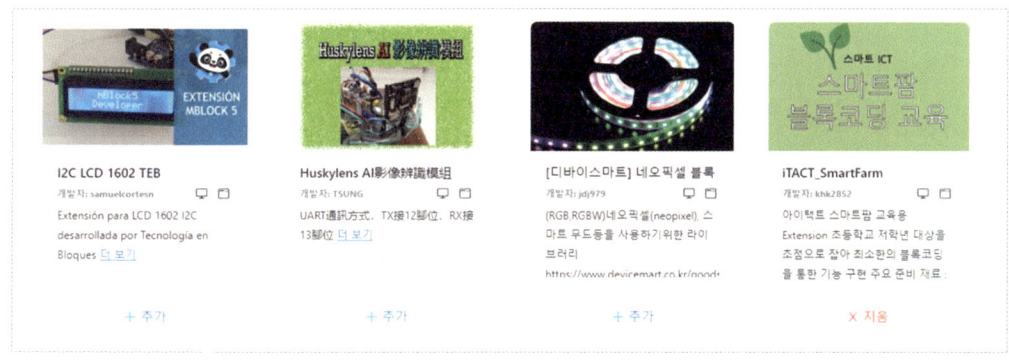

mBlock 프로그램을 이용해 코딩한 예제입니다.

③ 스프라이트 소프트웨어 코딩

mBlock 프로그램을 이용해 코딩한 예제입니다.

④ 화면 출력

릴레이와 블루투스

1 아두이노

아두이노, 릴레이와 블루투스를 연결한 모습입니다.

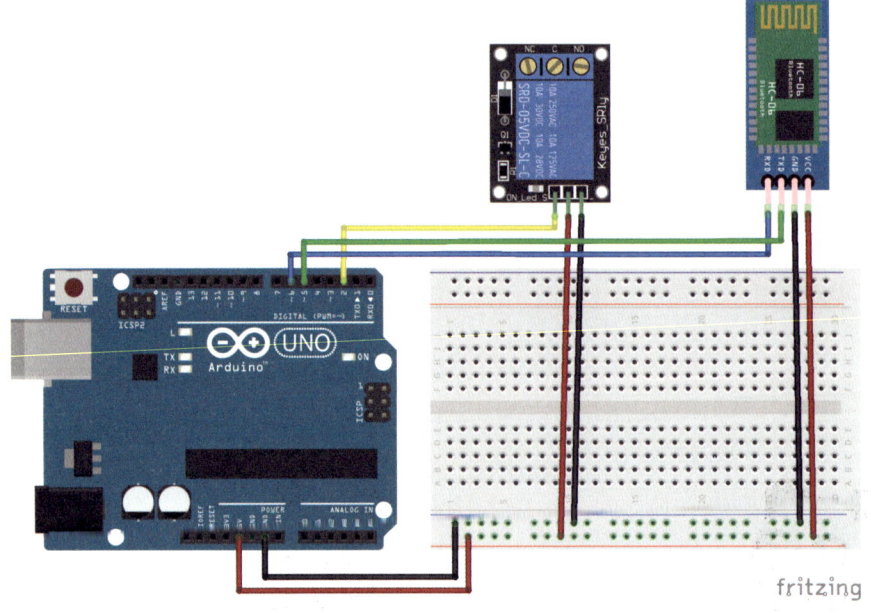

2 디바이스(장치) 소프트웨어 코딩

디바이스 확장의 Communication CELL을 추가합니다.

mBlock 프로그램을 이용해 코딩한 예제입니다.

③ 앱 인벤터 소프트웨어 코딩

앱 인벤터의 디자이너와 블록입니다.

LCD, 릴레이와 리얼타임

❶ 아두이노

아두이노, 릴레이와 리얼타임를 연결한 모습입니다.

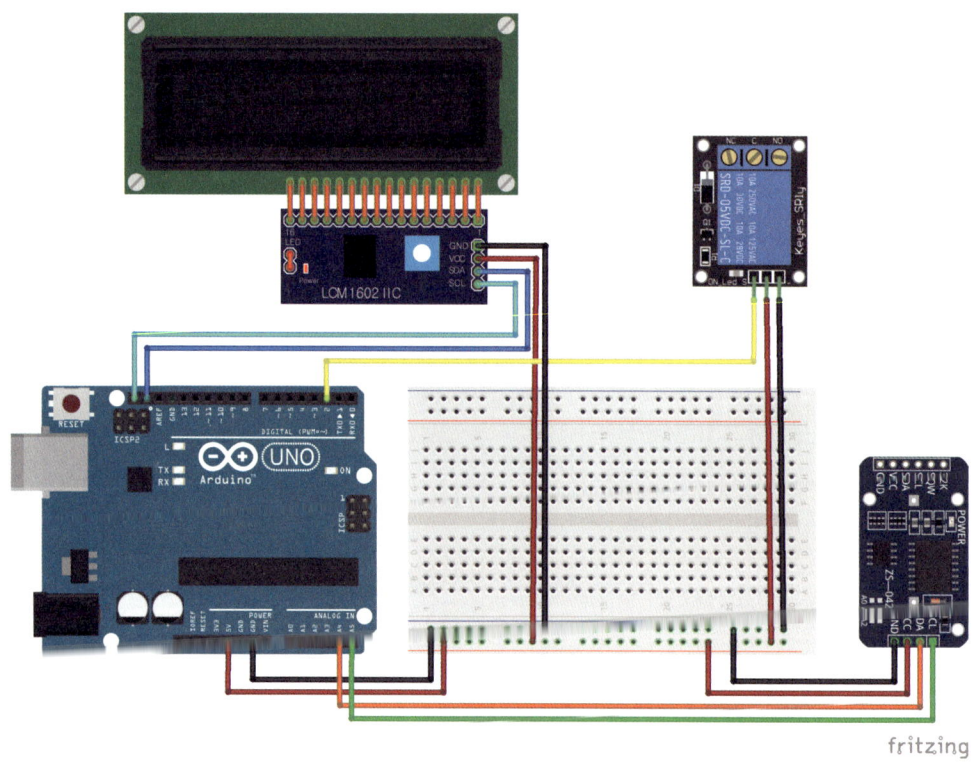

❷ 디바이스(장치) 소프트웨어 코딩

디바이스 확장의 ARDUINO_EXTENSION을 추가합니다.

mBlock 프로그램을 이용해 코딩한 예제입니다.

LCD, 릴레이, 온습도와 수분 센서

❶ 아두이노

아두이노, LCD, 릴레이, 온습도와 수분 센서를 연결한 모습입니다.

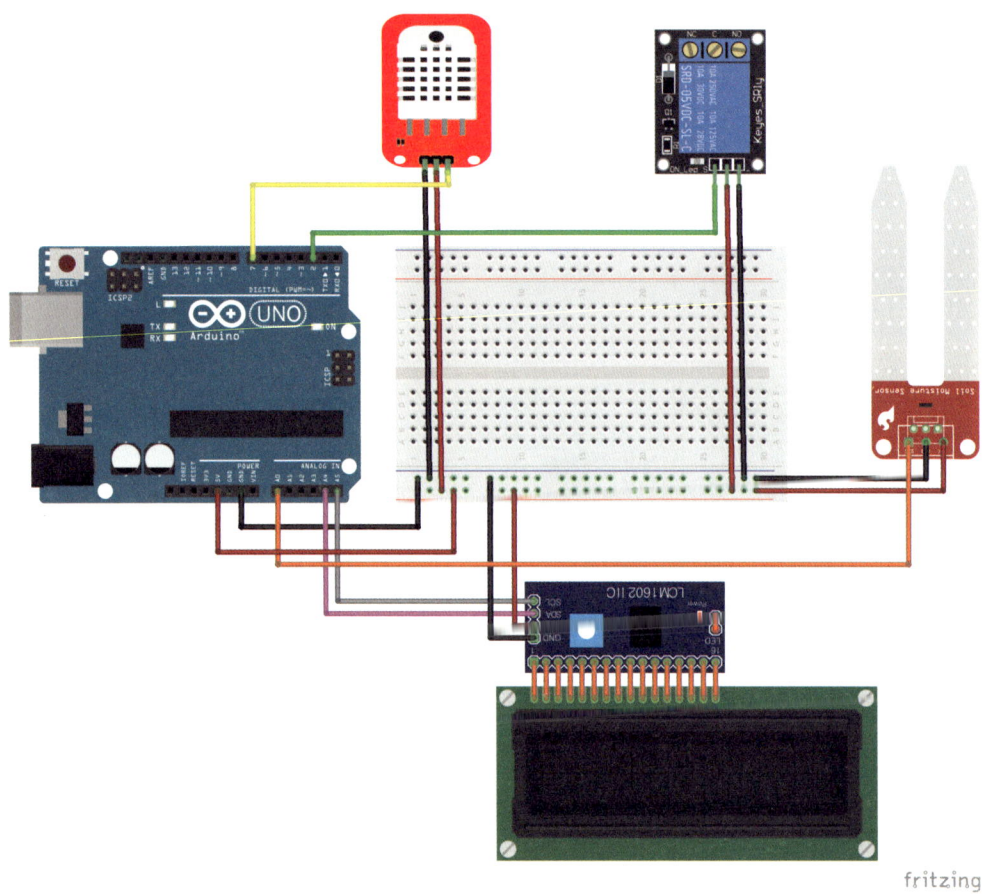

fritzing

❷ 디바이스(장치) 소프트웨어 코딩

디바이스 확장의 한국과학창의재단을 추가합니다.

mBlock 프로그램을 이용해 코딩한 예제입니다.

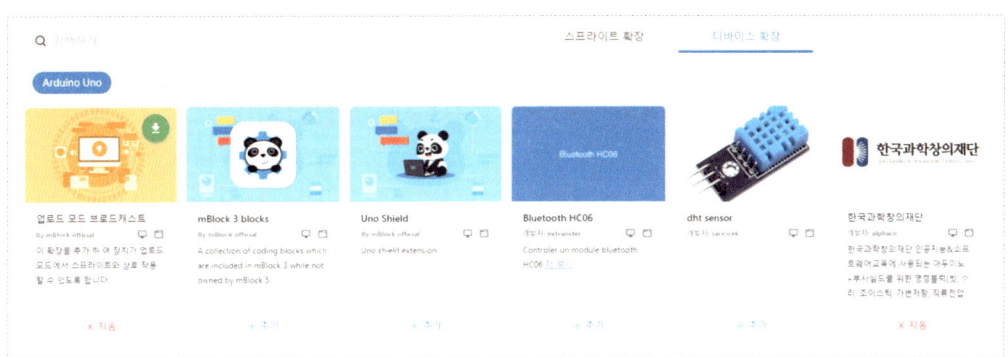

3 스프라이트 소프트웨어 코딩

mBlock 프로그램을 이용해 코딩한 예제입니다.

4 화면 출력

상대습도 36.80%

수분함량 88.00%

네오픽셀

1 아두이노

아두이노, LCD, 릴레이, 네오픽셀, 리얼타임, 온습도와 수분 센서를 연결한 모습입니다.

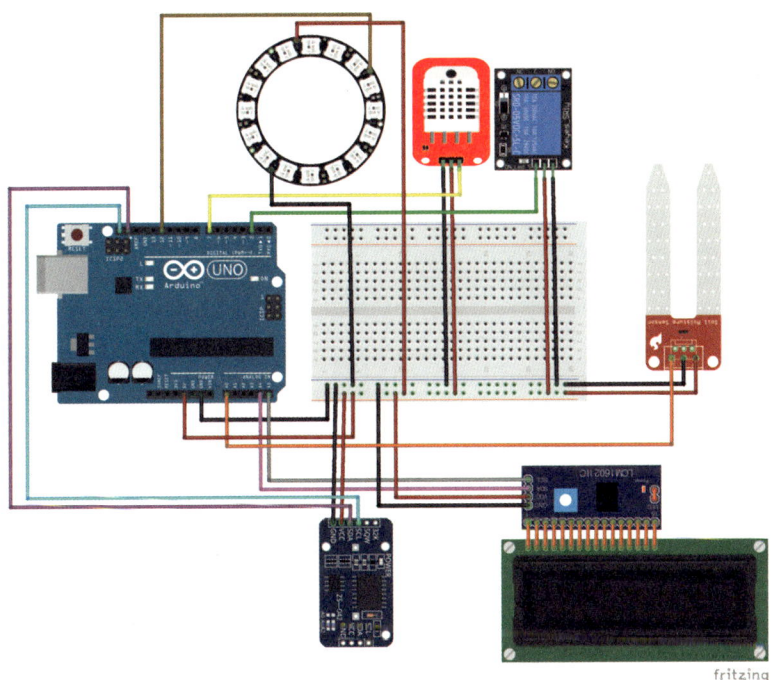

2 디바이스(장치) 소프트웨어 코딩

디바이스 확장의 한국과학창의재단을 추가합니다.

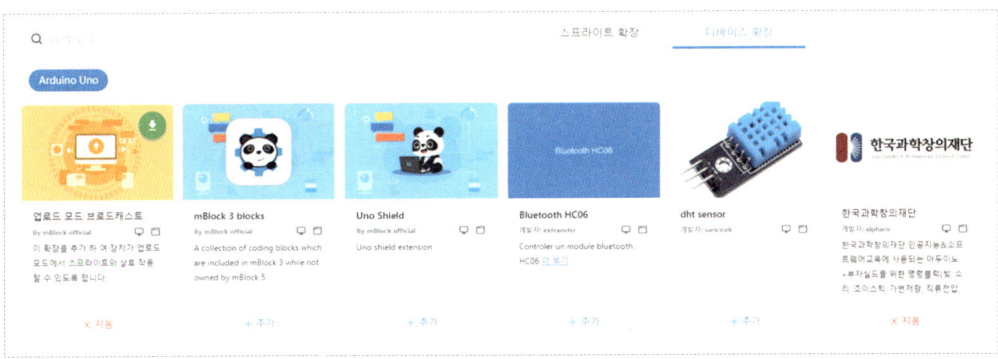

리얼타임없이 온습도 또는 수분함량 센서로 네오픽셀을 제어하는 mBlock 프로그램한 코딩 예제입니다.

❸ 디바이스(장치) 소프트웨어 코딩

디바이스 확장의 SMILE clock modul (time으로 검색)를 추가합니다.

리얼타임으로 네오픽셀을 제어하는 mBlock 프로그램한 코딩 예제입니다.

먼지 센서

1 아두이노

아두이노, 리얼타임, 릴레이, LED와 먼지 센서를 연결한 모습입니다(150Ω 저항과 220㎌ 캐패시터 필요함).

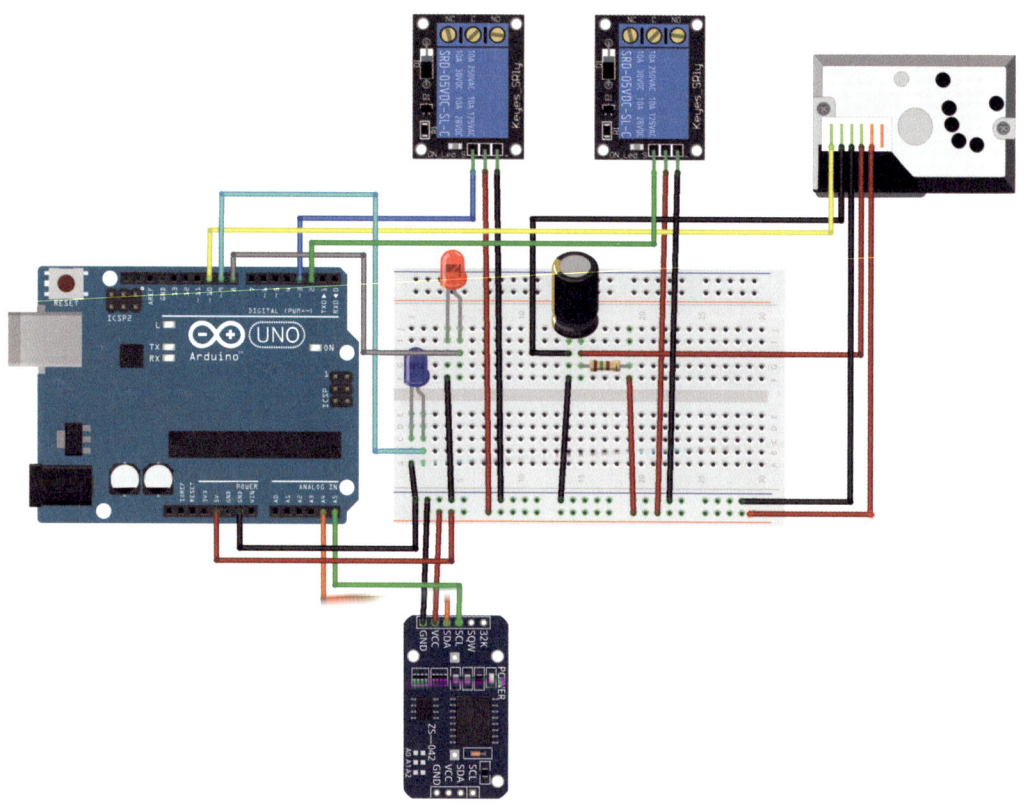

❷ 디바이스(장치) 소프트웨어 코딩

디바이스 확장의 ARDUINO_EXTENSION을 추가합니다.

mBlock 프로그램을 이용해 코딩한 예제입니다.

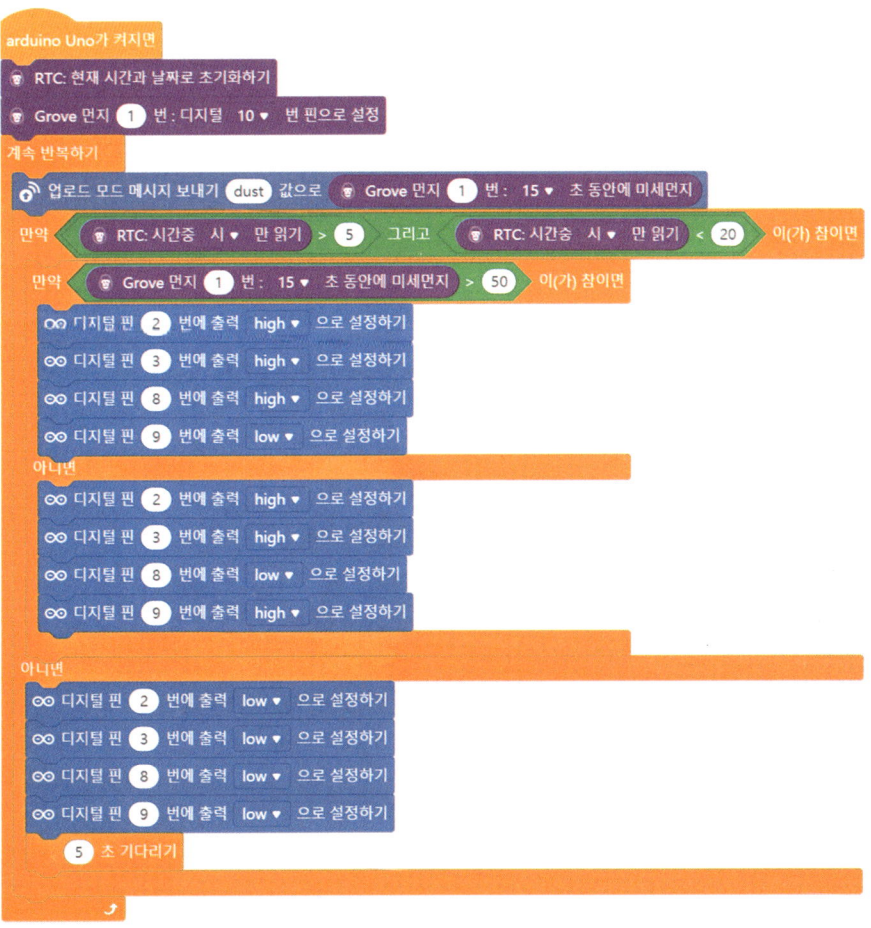

❸ 스프라이트 소프트웨어 코딩

mBlock 프로그램을 이용해 코딩한 예제입니다.

❹ 화면 출력

미세먼지 : 62.66㎍/㎥

미세먼지 나쁨

인공지능

1 아두이노(이미지 인식)

아두이노와 LED를 연결한 모습입니다.

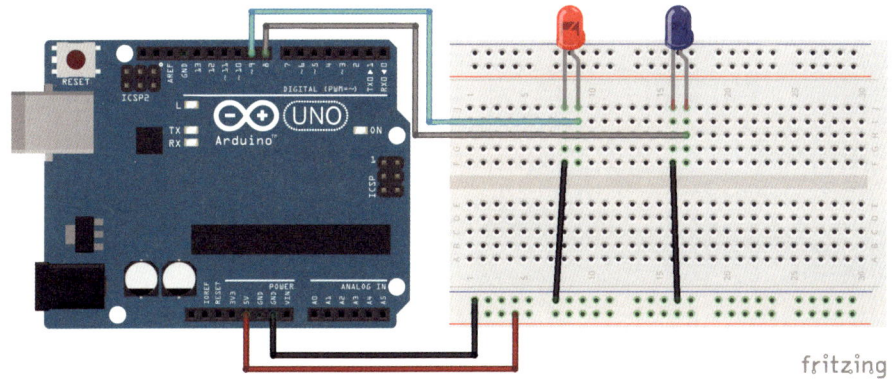

2 디바이스(장치) 소프트웨어 코딩

모델을 학습하여 결과값을 나타냅니다.

모델학습

0 예시   전체목록1

         배우기

0 예시   전체목록2
                                    결과
         배우기

0 예시   전체목록3

         배우기

(새로운 모델 만들기)   (모델 사용)

mBlock 프로그램을 이용해 코딩한 예제입니다.

③ 스프라이트 소프트웨어 코딩

스프라이트 확장의 기계학습과 Text to Speech를 추가합니다.

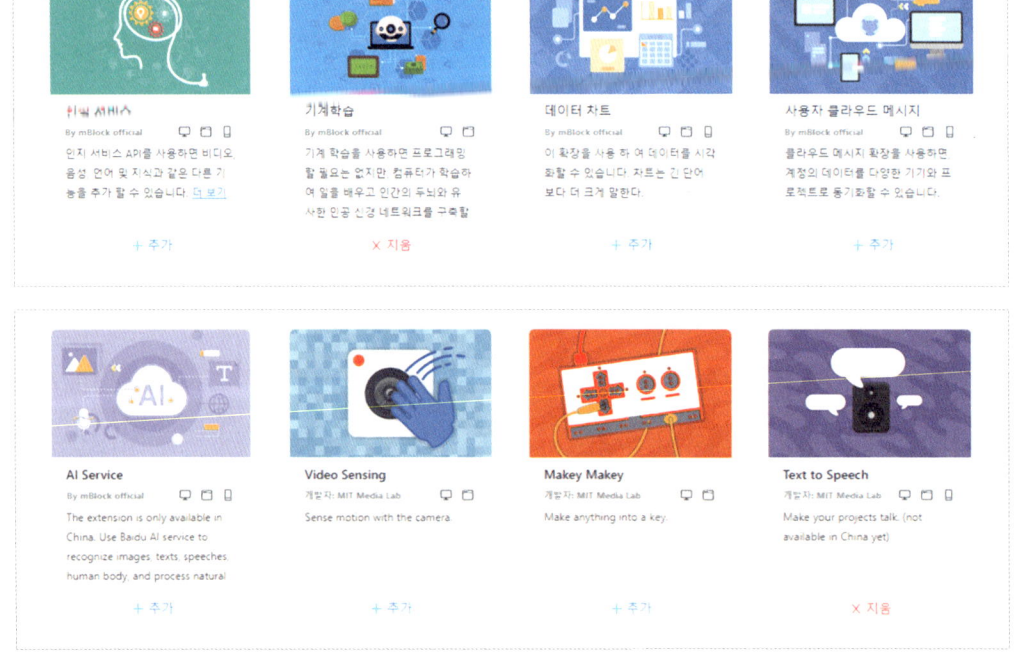

mBlock 프로그램을 이용해 코딩한 예제입니다.

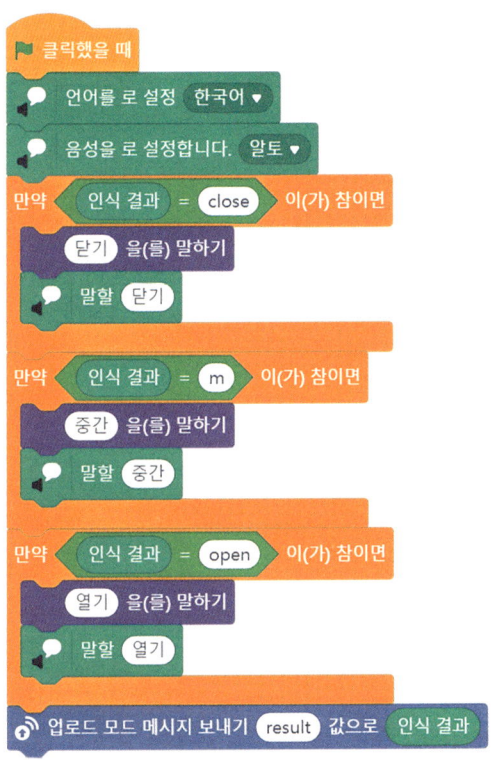

④ 화면 출력

5 아두이노(음성 인식)

아두이노와 LED를 연결한 모습입니다.

6 디바이스(장치) 소프트웨어 코딩

mBlock 프로그램을 이용해 코딩한 예제입니다.

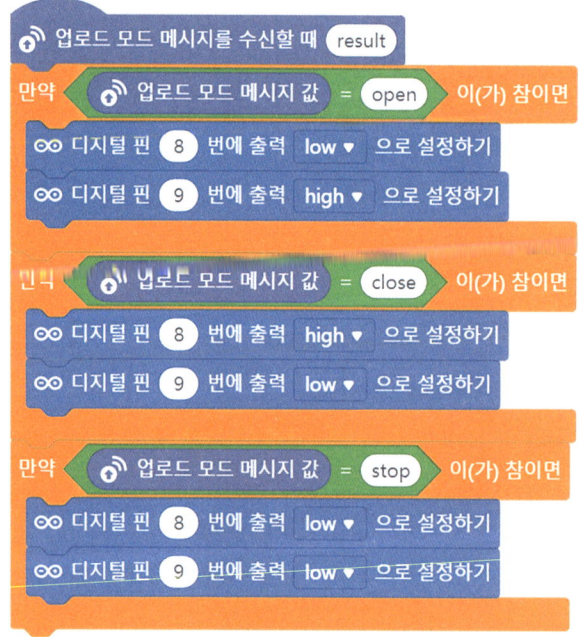

7 스프라이트 소프트웨어 코딩

스프라이트 확장의 인식 서비스를 추가합니다.

mBlock 프로그램을 이용해 코딩한 예제입니다.

스마트팜을 위한
오픈소스
컴퓨터
프로그램

발행일 2023년 10월 16일
저자 조영열
발행인 김일환
발행처 제주대학교 출판부

등록 1984년 7월 9일 제주시 제9호
주소 63243 제주특별자치도 제주시 제주대학로 102
전화 064-754-2278
팩스 064-756-2204
www.jejunu.ac.kr

제작 나사린신우
제주특별자치도 제주시 연미길82(오라삼동) · 064-746-5030

ISBN 978-89-5971-154-3
ⓒ 조영열 2023
정가 20,000원

※ 이 책은 저작권법에 따라 보호를 받는 저작물이므로 무단 전재와 복제를 금합니다.
※ 파손된 책은 구입하신 곳에서 교환해 드립니다.

본 출판물은 농림축산식품부 및 과학기술정보통신부, 농촌진흥청의 재원으로 농림식품기술기획평가원과 재단법인 스마트팜연구개발사업단의 스마트팜다부처패키지혁신기술개발사업의 지원을 받아 연구되었음 (421009043HD020)